Zum Wandel räumlicher
Bevölkerungsstrukturen in Bayern
1. Teil: Fall-Studien

CIP-Kurztitelaufnahme der Deutschen Bibliothek

Zum Wandel räumlicher Bevölkerungsstrukturen in Bayern:
1. Teil — Fall-Studien —
Hannover: Schroedel, 1979
   (Veröffentlichungen der Akademie für Raumforschung und
   Landesplanung: Forschungs- und Sitzungsberichte; Bd. 129)
   ISBN 3-507-91701-7

VERÖFFENTLICHUNGEN
DER AKADEMIE FÜR RAUMFORSCHUNG UND LANDESPLANUNG

Forschungs- und Sitzungsberichte
Band 129

Zum Wandel räumlicher Bevölkerungsstrukturen in Bayern
1. Teil: Fall-Studien

HERMANN SCHROEDEL VERLAG KG · HANNOVER · 1979

Zu den Autoren dieses Bandes

Karl Ruppert, Dr. rer. nat., 53, o. Prof., Vorstand des Instituts für Wirtschaftsgeographie der Universität München, Vizepräsident und Ordentliches Mitglied der Akademie für Raumforschung und Landesplanung.

Jörg Maier, Dr. oec. publ., Dr. rer. pol. habil., 39, Prof., Inhaber des Lehrstuhls Wirtschaftsgeographie und Regionalplanung an der Universität Bayreuth, Korrespondierendes Mitglied der Akademie für Raumforschung und Landesplanung.

Editha Kerstiens-Koeberle, Dr. rer. pol., 29, Wissenschaftliche Assistentin am Lehrstuhl Wirtschaftsgeographie der Universität München.

Friedrich Hösch, Dr. rer. pol., Dipl.-Ing., Dipl.-Wirtsch.-Ing., 45, Prof., Lehrstuhl für Volkswirtschaftslehre der Technischen Universität München, Korrespondierendes Mitglied der Akademie für Raumforschung und Landesplanung.

Wulf Walter, Dr., 35, ehemaliger wissenschaftlicher Assistent am Lehrstuhl für Volkswirtschaftslehre der Technischen Universität München.

Thomas Polensky, Dr. rer. pol., Dipl.-Kfm., 41, Akademischer Oberrat am Institut für Wirtschaftsgeographie und Regionalplanung der Universität Bayreuth.

Reinhard Paesler, Dr. phil., 36, Akademischer Rat am Institut für Wirtschaftsgeographie der Universität München.

Peter Gräf, Dr. rer. pol., Dipl.-Kfm., 32, Wissenschaftlicher Assistent am Institut für Wirtschaftsgeographie der Universität München.

Rüdiger Freist, Dr., 32, ehemaliger Wissenschaftlicher Assistent am Institut für Wirtschaftsgeographie der Universität München.

Herwig Grimm, Dipl.-Handelslehrer, 32, Studienreferendar, ehemaliger wissenschaftlicher Assistent am Institut für Wirtschaftsgeographie der Universität München.

Best.-Nr. 91701
ISBN 3-507-91701-7

Gesamtherstellung: Berenberg'sche Druckerei GmbH, Hannover
Auslieferung durch den Verlag
Alle Rechte vorbehalten · Hermann Schroedel Verlag KG Hannover · 1979
ISSN 0344-0311

INHALTSVERZEICHNIS

Seite

Karl Ruppert, München	Vorwort	5
Karl Ruppert, München	Zur jüngeren Bevölkerungsentwicklung in Bayern — eine Einführung	7
Jörg Maier und Editha Kerstiens-Koeberle, Bayreuth	Räumliche Auswirkungen der Stadt-Rand-Wanderung — Sozioökonomische Strukturmuster und aktivitätsräumliche Verhaltensweisen im Westen von München	19
Friedrich Hösch und Wulf Walter, München	Zum Wanderungsverhalten der Bewohner des niederbayerischen Dorfes Diepoltskirchen — Eine Modelluntersuchung	59
Jörg Maier, Bayreuth	Bevölkerungsdynamik und Raumverhalten in regional und sozioökonomisch unterschiedlichen Standorten — das Beispiel eines traditionellen Unterzentrums im ländlichen Raum und einer dynamisch gewachsenen Stadt-Rand-Gemeinde —	87
Thomas Polensky, München	Bevölkerungsmobilität in der Region Oberfranken-Ost (5) unter besonderer Berücksichtigung des Mittelzentrums Marktredwitz/Wunsiedel	101
Reinhard Paesler, München	Typen urbanisierter Gemeinden — Anwendung des Urbanisierungskonzepts am Beispiel Südbayerns	119
Peter Gräf, München	Funktionale Zusammenhänge von Infrastrukturen und Bevölkerung — Beispiel eines randalpinen Landkreises	129
Rüdiger Freist, München	Reichweiten sozialgeographischer Gruppen — dargestellt am Beispiel Moosburg an der Isar	137
Herwig Grimm, München	Zur bevölkerungsgeographischen Gliederung einer Mittelstadt — dargestellt am Beispiel Landshut	145
Editha Kerstiens-Koeberle, Bayreuth	Räumliche Strukturmuster ausländischer Arbeitnehmer in der Region München — dargestellt am Beispiel der Gemeinde Karlsfeld bei München	151

Mitglieder der Landesarbeitsgemeinschaft Bayern

Prof. Dr. F. Schaffer (Leiter)
Dr. H. von Krezmar (Stellv. Leiter)
Dr. G. Thürauf (Geschäftsführer)
Prof. Dr. O. Barbarino
Dipl.-Vw. L. Baudrexl
Prof. Dr. O. Boustedt
Dr. W. Buchner
Prof. Dr. B. Dietrichs
Dipl.-Vw. R. Färber
Dipl.-Vw. L. Geiger
Prof. Dr. W. Guthsmuths
Dipl.-Vw. G. Herderich
Prof. Dr. F. Hösch
Dr. Dr. W. Istel
Prof. Dr. S. Klatt
Dipl.-Vw. M. Küspert
Prof. Dr. J. Maier
Prof. Dr. D. Marx
Dr. K. Mayer
Prof. Dr. Dr. W. Meinhold
Prof. Dr. K. Oettle
Dr. Th. Polensky
Prof. Dr. K. Ruppert
Dr. J. Schönhofer
Dr. J. Strunz
Dipl.-Ing. W. Terhalle
Dipl.-Vw. E. Tetzner
Prof. Dr. J. Umlauf
Dipl.-Vw. H. Vill
Prof. Dr. H. G. Wagner
Dr. D. Wilhelm
Dr. K. Witzmann

Die Landesarbeitsgemeinschaft stellt sich als Ganzes ihre Aufgaben und Themen und diskutiert die einzelnen Beiträge mit den Autoren. Die wissenschaftliche Verantwortung für jeden Beitrag trägt der Autor allein.

Vorwort

Die Landesarbeitsgemeinschaft Bayern hat sich in den letzten Jahren vornehmlich mit Fragen der Bevölkerungsentwicklung befaßt. Ziele der von 1976 bis 1978 laufenden Untersuchungen waren die Erforschung von Raumstrukturen und räumlichen Prozeßabläufen in Bayern. Die Studien wurden sowohl von Wissenschaftlern als auch von Praktikern der Landesplanung durchgeführt. Wesentliche Ergebnisse gingen sowohl direkt als auch über die Mitwirkung von Angehörigen der LAG Bayern in Planungsbeiräten in die praktische Arbeit der Landesplanung ein. Teilergebnisse dieser Studien werden in mehreren Bänden der Reihe „Forschungs- und Sitzungsberichte" veröffentlicht werden.

Im vorliegenden Band geht es zunächst um eine Einführung in die jüngste Bevölkerungsentwicklung in Bayern, die den räumlichen Bezug im Überblick darbietet. Sie verweist besonders darauf, daß trotz der im Blickfeld der Öffentlichkeit stehenden Veränderungen der generativen Verhaltensweisen nach wie vor die Wanderungsbewegungen als dominanter Faktor der Bevölkerungsentwicklung anzusprechen sind.

In den anschließenden Fall-Studien steht demgemäß auch das Wanderungsgeschehen deutlich im Vordergrund. Am Beispiel des Münchner Verdichtungsraumes werden die räumlichen Auswirkungen der Stadt-Rand-Wanderung aufgezeigt, die in regional typischer Weise zum Umbau von demographischen Strukturen führen. Die Erfassung aktivitätsräumlicher Verhaltensmuster im Westen der Region bedeuten eine wichtige Grundlage im Hinblick auf die Diskussion der Stadt-Umland-Problematik.

Die Korrektur mancher Klischeevorstellungen über Mobilitätsbereitschaft und Wanderungsverhalten zeigt ein Fall-Beispiel aus Niederbayern. Wenn auch die Ergebnisse nicht verallgemeinert werden können, so besitzen sie doch den Charakter situationslogischer Vermutungen und stellen manche als gesichert geltende Auffassung bezüglich des Wanderungsverhaltens im ländlichen Raum erneut in Frage.

Oberfranken zählt innerhalb Bayerns nach wie vor zu den Gebieten, die schon durch Jahrzehnte hindurch von Abwanderungsproblemen gekennzeichnet sind. Die Darlegung des Mobilitätsproblems wird hier am Beispiel des Mittelzentrums Marktredwitz/Wunsiedel erörtert. Einseitige Wirtschaftsstruktur, fehlende qualifizierte Arbeitsplätze im tertiären Sektor haben vielerorts über einen deutlichen Siebungsprozeß durch Abwanderung zu einer vom Landesdurchschnitt stark abweichenden demographischen Struktur geführt. Das Beispiel wird durch eine Mobilitätsanalyse des oberfränkischen Raumes im nächsten Publikationsband ergänzt.

In Südbayern werden schließlich Verhaltenstypen des Urbanisierungsprozesses auf Gemeindebasis erfaßt. Die Ausbreitung urbaner Verhaltensweisen zeigt Maß und regionalen Bezug der Transformation von Gemeindestrukturen im Kern-Rand-Gefälle der Regionen. Gemeindetypen werden nicht nach den üblichen Strukturdaten, sondern durch Verhaltensweisen der Bevölkerung bestimmt.

Im randalpinen Bereich konnten funktionale Zusammenhänge von Infrastruktur und Bevölkerung aufgezeigt werden. Von Interesse für die Planungspraxis sind die Hinweise auf die schichtengebundene Bewertung von Infrastrukturmuster bzw. die gruppenspezifischen Verhaltensweisen auf der Nachfrageseite.

Drei Beiträge mit kleinräumlichem Bezug beschließen den Band. Am Beispiel Moosburg werden für eine Kleinstadt am Rande der Region München durch diese Fall-Studie grundfunktional orientierte Reichweiten räumlich fixiert und zur Gruppenbestimmung benutzt. Hier handelt es sich um eine wichtige Grundlage z. B. für die Erfassung der innerstädtischen Differenzierung oder zur Bewertung innerstädtischer Standorte. Die Erörterung innerstädtischer Raumstrukturen auf der Basis demographischer Daten wird sodann für die Stadt Landshut erörtert. Die beigefügte Karte zeigt deutlich das Mosaik spezieller Bevölkerungsmuster, das in mehrfacher Hinsicht eine wichtige Grundlage raumbezogener Aktivitäten der Stadtplanung darstellt. Am Fall Karlsfeld wird in der letzten Studie das Segregationsproblem ausländischer Arbeitnehmer am Rande von München erörtert, insbesondere werden für den jugoslawischen Bevölkerungsteil Integrationstendenzen aufgezeigt.

Durch minutiöse Erfassung raumbezogener demographischer Struktur- und Prozeßmuster leisten die Fall-Studien den örtlichen Planungsbehörden Hilfestellung innerhalb der Stadt- und Regionalplanung.

München 1979 *Karl Ruppert*

Zur jüngeren Bevölkerungsentwicklung in Bayern – eine Einführung

von

Karl Ruppert, München[*]

Die Bevölkerung stellt zweifellos das wichtigste Element der Raumplanung dar. Die Kenntnisse von natürlicher und räumlicher Bevölkerungsbewegung gehören zu den elementaren Kriterien der Raumbeurteilung. Als Rahmen für die nachfolgenden Einzelfallstudien soll hier die demographische Situation in Bayern an Hand folgender Punkte skizziert werden:

1. Entwicklung der natürlichen Bevölkerungsbewegung

2. Dominanz der Wanderungsdaten

3. Folgerungen für die Raumentwicklung

Die einschneidenden Veränderungen der Bevölkerungsentwicklung in der Bundesrepublik Deutschland haben in den letzten Jahren zu umfangreichen Diskussionen geführt. Erst wenige Jahre alte Prognosen erwiesen sich rasch als Fehlprognosen, da sie den sich wandelnden generativen Verhaltensweisen viel zu wenig Rechnung trugen. Tatsache ist, daß ein deutlicher Bevölkerungsrückgang bereits stattgefunden hat und vermutlich wird sich diese Entwicklung in den nächsten Jahren weiter fortsetzen.

Die Entwicklung trägt nicht nur alters- sondern vor allem auch regionalspezifische Züge, die hier am Beispiel Bayerns näher betrachtet werden sollen.

1. Zur Entwicklung der natürlichen Bevölkerungsbewegung

Seit geraumer Zeit beschäftigt der anhaltende Geburtenrückgang in starkem Maße die Diskussion raumordnerischer Fragestellungen. Die in der Mitte der 60er Jahre bei etwa 18—19 liegende Geburtenziffer pro 1000 Einwohner begann vor über einem Jahrzehnt stetig zu sinken und lag 1978 bei 9,8 ⁰/₀₀.

In diesem Jahr wurde mit 106 145 die niedrigste Geburtenzahl in Bayern seit der Registrierung (1825) gemessen. Die Sterbeziffer schwankte nur zwischen 11 und 12, so daß

---

[*] Der Verfasser dankt Frau Dipl.-Geogr. Esterhammer† und Fräulein cand. Kupsch für die Hilfe bei der Datensammlung, besonders auch Herrn Reg. Dir. Dr. Rost, Bayerisches Statistisches Landesamt, München.

der Saldo, d. h. die natürliche Bevölkerungsbewegung seit 1972 negativ ist und 1978 den Wert von — 1,7 ⁰/₀₀ erreichte.

Generell läßt sich feststellen, daß das generative Verhalten eine Änderung erfuhr, die auch vor dem ländlichen Raum nicht halt machte. In Gebieten traditionell hohen Geburtenüberschusses, wie Bayerischer Wald, Oberpfälzer Wald, Rhönvorland usw., verringerten sich die Geburtenziffern drastisch. Schon 1974 und auch 1975 hatten nur noch ca. $1/3$ der bayerischen Landkreise eine positive Geburtenbilanz aufzuweisen. 1976 war ein Defizit von 15 589, 1977 von 13 854 und 1978 von 18 630 Geburten zu verzeichnen.

Das Spektrum der Gründe für diese Entwicklung ist sehr breit. Zahl und Zeitpunkt der Geburt von Kindern werden nicht allein durch die Vorstellungen von dem wünschenswerten Lebensstandard und seinen Begleiterscheinungen bestimmt, sondern u. a. auch **durch die schwach besetzten Geburtenjahrgänge der ersten Nachkriegszeit.** In der Bundesrepublik Deutschland gehen nach K. Schwarz etwa 25 ⁰/₀ des Geburtenrückgangs der letzten 10 Jahre auf diesen Altersstruktureffekt zurück, weitere 16 ⁰/₀ sind damit zu erklären, daß sich der Abstand zwischen den einzelnen Geburten verlängert hat. Da in den nächsten Jahren infolge des Nachrückens geburtenstarker Jahrgänge wieder mehr junge Ehen zu erwarten sind als in der jüngsten Vergangenheit und die Geburtenabstände sich wohl nicht mehr entscheidend verändern werden, kann unter Umständen mit einer gewissen Stabilisierung, vielleicht sogar mit einer leichten Steigerung der Geburtenziffern gerechnet werden, ohne daß der frühere Zustand wieder erreicht wird.

Betrachtet man in diesem Zusammenhang die Veränderung der Geburtenziffern in Bayern unter regionalen Aspekten, dann läßt sich deutlich zeigen, daß die nahen Umlandbereiche der großen Verdichtungsräume zu den Gebieten höherer Geburtenziffern gehören (z. B. München, Nürnberg, Würzburg, Aschaffenburg). 1978 haben in Bayern nurmehr 29 von 71 Landkreisen einen Geburtenüberschuß. Etwa 80 ⁰/₀ dieser Kreise liegen in unmittelbarer Nähe eines Verdichtungskernes und gehören zumindest mit Teilen zum benachbarten Verdichtungsraum. Der ländliche Raum dagegen übernimmt immer mehr, früher als städtisch bezeichnete, Verhaltensweisen und weist zum Teil schon deutlich negative Salden bezüglich der natürlichen Bevölkerungsbewegung auf. Eine stark vereinfachte Modellvorstellung im Sinne eines Kern-Rand-Profils sieht im Augenblick so aus, daß die großen städtischen Kerne nach wie vor ein Geburtendefizit aufweisen, ihr unmittelbares Umland aber leicht positive Salden besitzt, die sich je nach der Stärke des Urbanisierungsgrades nach außen verringern, wo schließlich negative Werte auftreten können. Die Entwicklung der letzten Jahre zeigte deutlich, daß von 1970 bis 1976 die Geburtenziffern im ländlichen Raum stärker rückläufig waren als im Verdichtungsraum. Dieser Sachverhalt macht sich auch im Grenzgebiet Ostbayerns besonders deutlich bemerkbar.

Diese Form der regionalen Differenzierung generativer Verhaltensweisen, die unter Beachtung der Zuwanderungen junger Familien zu erklären ist, deutete sich schon seit mehreren Jahren an. Sie findet aber merkwürdigerweise erst in dem Augenblick breitere **Aufmerksamkeit,** wo ein negativer Geburten-Saldo und eine staatlich gebremste Ausländerwanderungswelle zu sinkenden Einwohnerzahlen führen. Wenn auch eine Prognose der zukünftigen Verhaltensweisen kaum möglich ist, so läßt sich doch vermuten, daß in Zukunft die Geburtenraten in den städtischen Kernbereichen kaum wesentlich unter den heutigen Daten liegen werden, während sie im ländlichen Raum möglicherweise — wenn auch langsam — sinken. Diese Entwicklung hat weitreichende Konsequenzen für den ländlichen Raum, auf die ich in Punkt 3 noch näher eingehen werde. Folgende Beispiele seien hier genannt:

Landkreis	1972	1974	1976	1978	
A Freyung	16	14	13	12,7	GZ*)
	11	11	11	11,9	SZ *)
B Wunsiedel	10	8	9	7,7	GZ
	14	14	15	15,2	SZ
C Fürstenfeldbruck	13	11	11	9,7	GZ
	8	8	8	7,8	SZ
D Miesbach	11	9	9	8,7	GZ
	12	13	12	12,1	SZ
Stadt München	8	8	8	7,3	GZ
	10	10	10	10,1	SZ
Stadt Nürnberg	9	9	9	7,9	GZ
	12	13	13	13,0	SZ
Stadt Coburg	8	8	7	7,9	GZ
	14	14	15	14,7	SZ

*) GZ (Geburtenziffer)
*) SZ (Sterbeziffer)

1972—1976 (gerundete Werte)

Diese Auswahl repräsentiert den Abbau hoher Geburtenziffern im Bayerischen Wald (A), die starke Überalterung in Nordostfranken (B), die Zuwanderungszone in der **Nachbarschaft** der Verdichtungskerne (C) und den Bereich niedriger Geburtenziffern und schwacher Überalterung in den Alpen (D). Die Einzelbeispiele ordnen sich ein in die Entwicklung von Gebietskategorien, d. h. der Verdichtungsräume, wo von 1970—1976 die Geburtenziffern nur um 2,8 ⁰/₀₀ sank, während der entsprechende Wert im „ländlichen Raum" bei 4,1, im Zonenrandgebiet sogar bei 4,4 und im Alpenraum bei 3,8 ⁰/₀₀ lag.

2. Zur Dominanz der Wanderungsdaten

Während die Veränderung der Geburtenziffern bereits beachtliche Aufmerksamkeit erfährt, tritt zurzeit die Diskussion der Wanderungen häufig ins zweite Glied. Diese Vernachlässigung der Wanderungsdaten ist kaum gerechtfertigt. Man hat vielfach den Eindruck, daß die oben skizzierte Veränderung manche Politiker nur noch wie das Kaninchen auf die Schlange, d. h. nun auf die Geburtenziffern starren lassen. Dabei wird zu wenig berücksichtigt, daß die gesamte Bevölkerungsbewegung nicht allein von Geburten- und Sterberaten, sondern viel bedeutender durch die Wanderung bestimmt wird. Insbesondere im Hinblick auf die räumliche Bevölkerungsverteilung, aber auch auf die Bestimmung der Altersstruktur muß deutlich festgestellt werden, daß hier die Wanderungsvorgänge hervorgehoben werden müssen. Eine Betrachtung von Daten seit dem Rezessionsjahr 1974, d. h. auch nach dem Ende 1973 verfügten Anwerbestop für ausländische Arbeitnehmer, belegt diesen Sachverhalt allzu deutlich.

So betrug z. B. das Wanderungsvolumen, d. h. die Summe der Zu- und Fortzüge, 1974 in Bayern knapp 1,47 Millionen Menschen, was gegenüber dem Vorjahr nur eine Verringerung von etwa 9 % ausmacht. 1975 wurde ein Wanderungsvolumen von 1,32 Millionen erfaßt, d. h. in beiden Jahren waren 13,6 % bzw. 12,2 % der Bevölkerung Bayerns statistisch gesehen an Wanderungsvorgängen beteiligt (1978: 11,6 %). In beiden Jahren lag aber auch die Summe der Lebendgeborenen und der Gestorbenen bei ungefähr 230 000 (1978: 230 920), d. h. ihr Anteil betrug etwa 15—17 % des Wanderungsvolumens. Diese Relation gilt auch für die Jahre 1976—1978. Beachtet man nun noch die bekannte Tatsache, daß Wanderungen als typischer Siebungsvorgang altersspezifisch verlaufen, dann wird ihr Einfluß auf die Interpretation der regionalen Bevölkerungsstruktur noch bedeutsamer. Die Überalterung in den Abwanderungsgebieten gibt bekanntlich zahlreiche Probleme auf.

Unter diesem Aspekt wird die Aussage von Bedeutung, daß 1974 und 1975 die Bevölkerungsentwicklung in fast 90 % aller bayerischen Landkreise — von den Wanderungsbewegungen dominant bestimmt wird, wobei aber nur 30 % dieser Landkreise, insbesondere Oberbayerns — einen Wanderungsgewinn verbuchen. Auch aus dieser Überlegung heraus wird erkennbar, daß die Wanderungen mehr als die natürliche Bevölkerungsbewegung für die oben skizzierte Modellvorstellung verantwortlich sind.

Wanderungsgewinne weisen insbesondere die großen Verdichtungsräume auf, während in den sowieso dünner besiedelten ländlichen Gebieten und in industriellen Problemräumen Wanderungsdefizite auftreten. Die beträchtliche Beteiligung junger Menschen am Wanderungsvorgang trägt gleichzeitig dazu bei, daß die Geburtenzahlen im Umland der Verdichtungskerne relativ hoch sind, im Abwanderungsbereich aber ständig niedriger werden. Eine Polarisierung der genannten Gebietskategorien wird sichtbar. In absehbarer Zeit ist kaum mit einer grundsätzlichen Änderung zu rechnen. Eine der Hauptursachen für die Wanderungsbewegungen: der Zug zum attraktiven Arbeits- und Wohnplatz — dem ja auch die ausländischen Arbeitskräfte folgten — wird wahrscheinlich auch weiterhin den ländlichen Raum benachteiligen. 1974—1976 führten die Wanderungsbewegungen im Zonenrandgebiet Bayerns zu einem Wanderungsverlust von etwa 18 000 Einwohnern, im sogenannten ländlichen Raum von ca. 16 500 Personen, während für die Verdichtungsräume ein positiver Wanderungssaldo von über 29 000 Personen erfaßt wurde (Bayer. Statistisches Landesamt).

3. Einige Folgerungen für die Raumentwicklung

Die bisher geschilderten Tendenzen der natürlichen und räumlichen Bevölkerungsbewegung haben zu einer räumlich sehr unterschiedlichen Entwicklung der Bevölkerung in Bayern geführt. Die Raumstrukturen werden in den folgenden 3 Karten dokumentiert. Als räumlicher Bezug wurden die Mittelbereiche gewählt. Es handelt sich dabei um weitgehend funktionsräumlich abgegrenzte Einzugsbereiche der zentralen Orte auf der mittleren Stufe (vgl. Bayerisches Landesentwicklungsprogramm) und nicht um Verwaltungsgebiete. Dies hat den Vorteil, daß eine solche Gebietsabgrenzung stärker raumplanerischen Zielen entspricht.

Die Gesamtentwicklung der Bevölkerung in Bayern wurde nach 3 Zeitabschnitten dargestellt:

— Der Zeitraum 1961 bis 1976 bilanziert etwa über 15 Jahre. Da diese Zeitspanne aber sehr unterschiedliche Tendenzen subsumiert, gibt sie keinen Einblick in die so stark

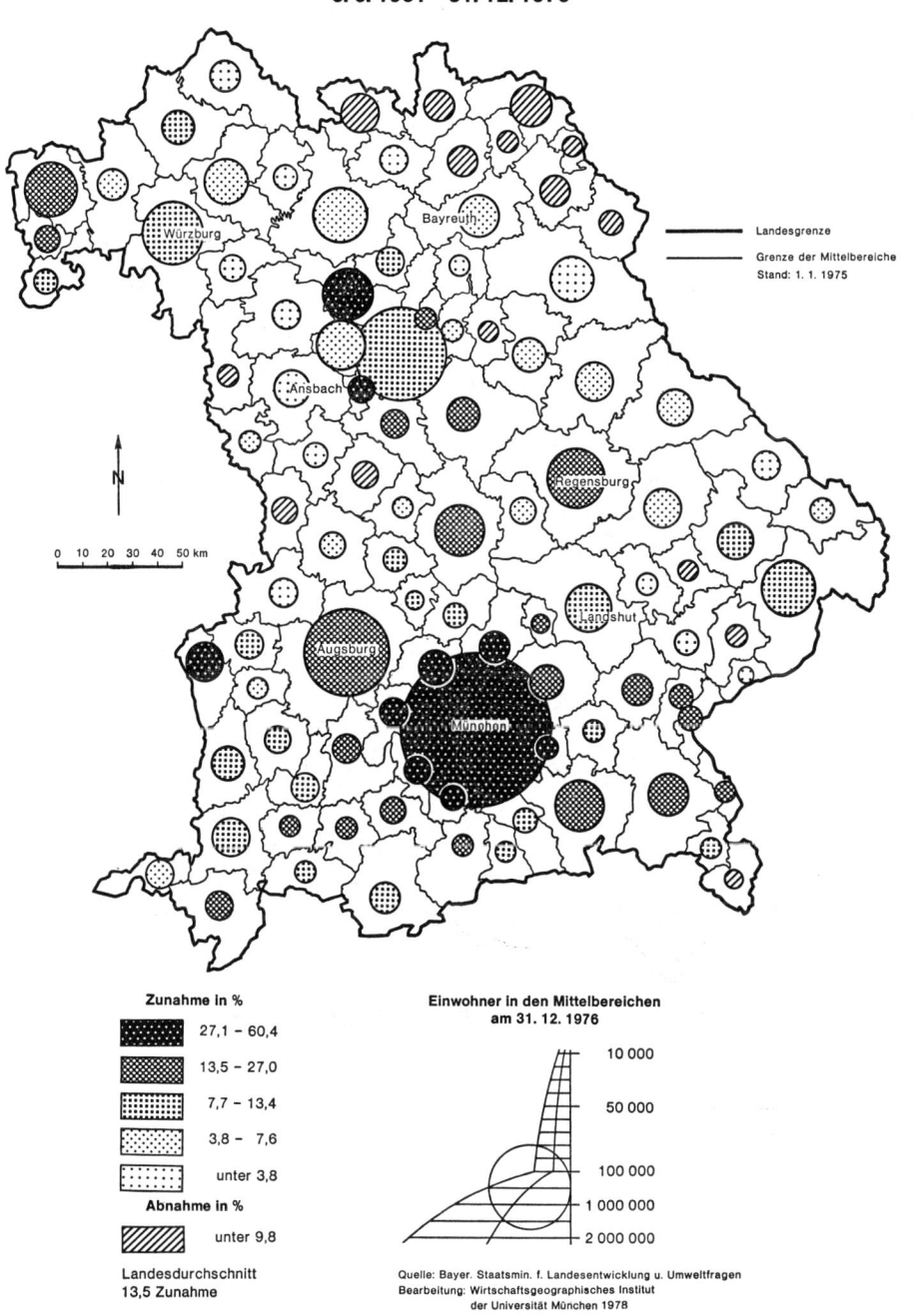

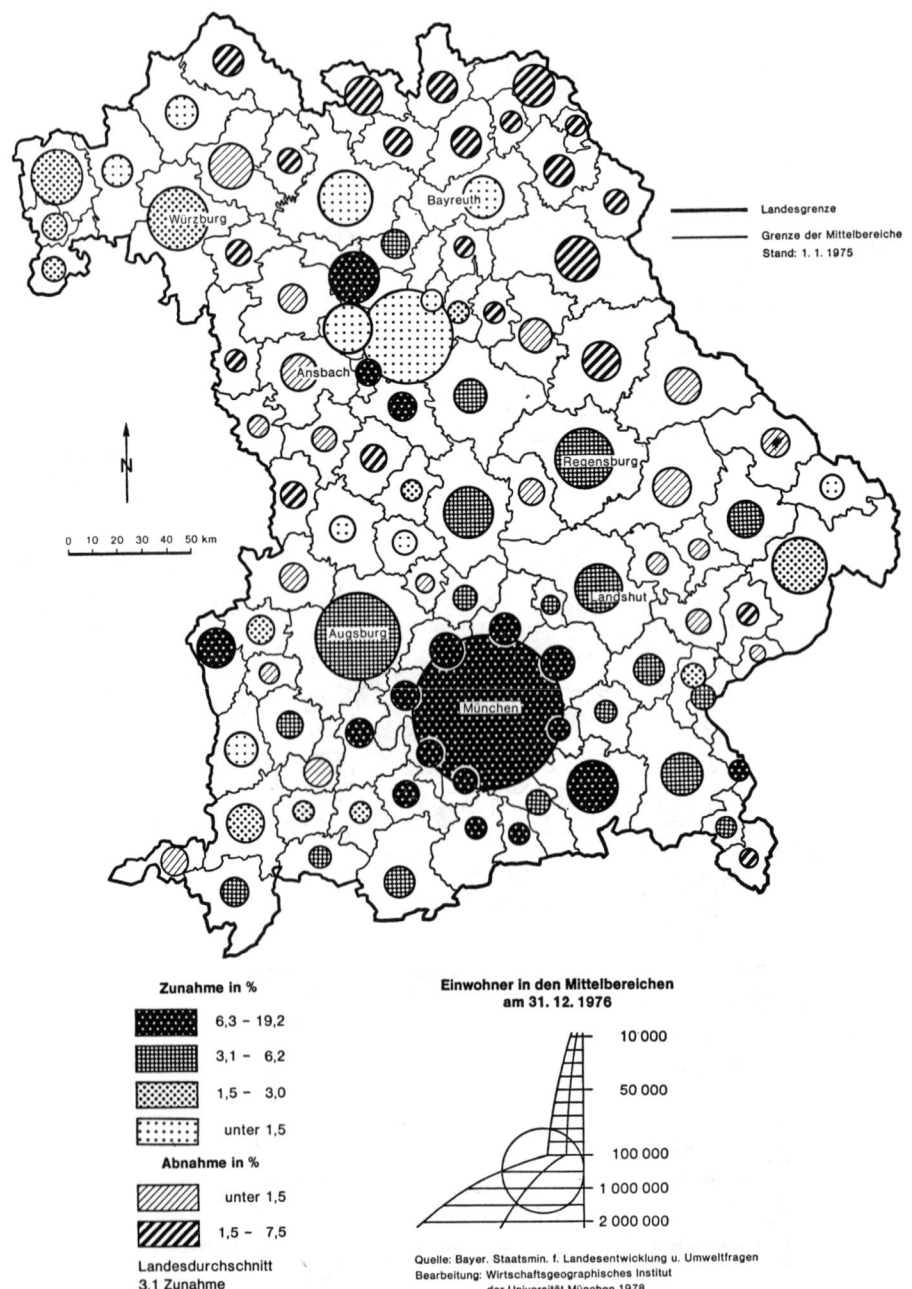

Karte 3

Bevölkerungsentwicklung in den Mittelbereichen Bayerns
1. 1. 1975 – 31. 12. 1976

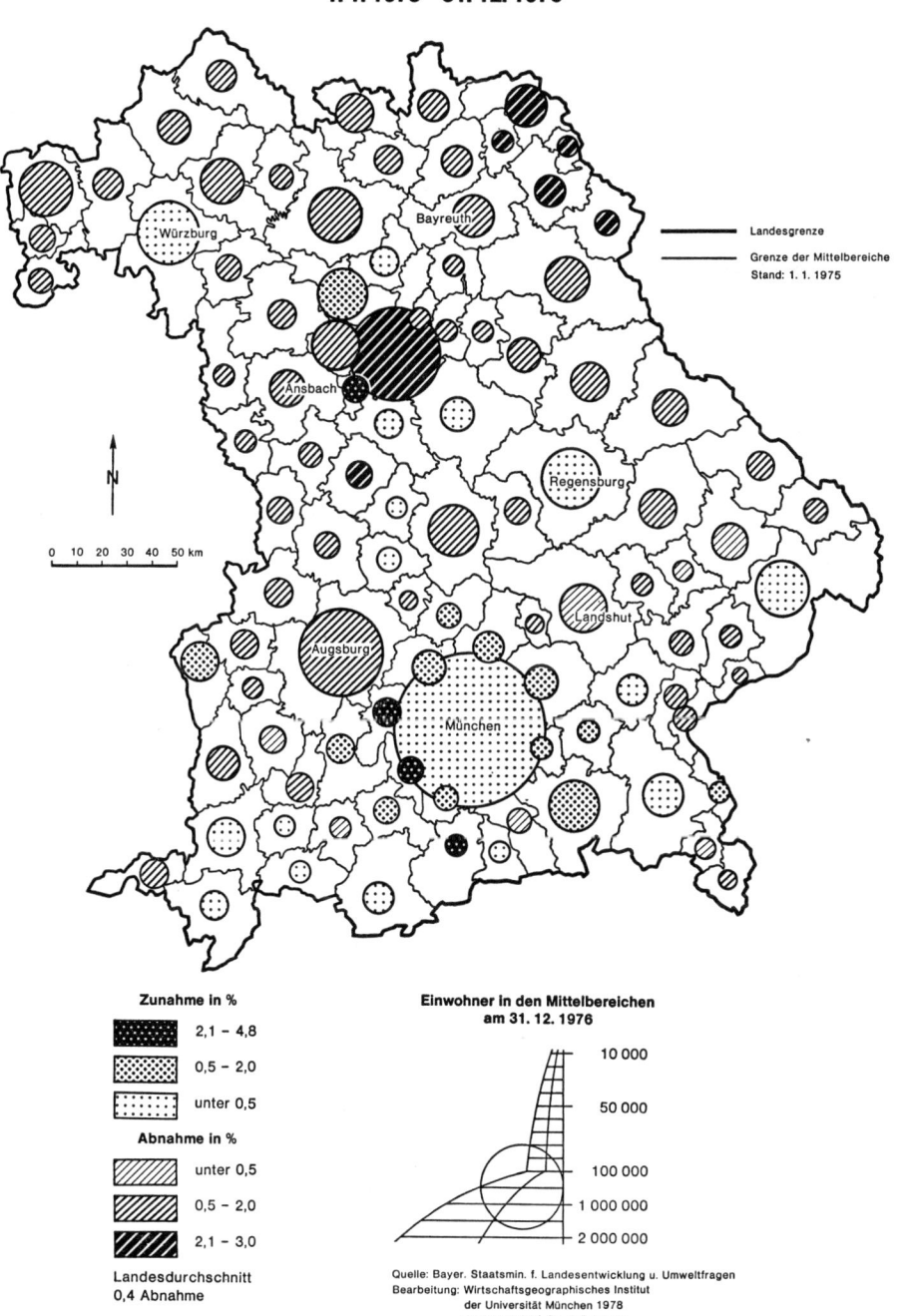

Zunahme in %
- 2,1 – 4,8
- 0,5 – 2,0
- unter 0,5

Abnahme in %
- unter 0,5
- 0,5 – 2,0
- 2,1 – 3,0

Landesdurchschnitt
0,4 Abnahme

Einwohner in den Mittelbereichen
am 31. 12. 1976

- 10 000
- 50 000
- 100 000
- 1 000 000
- 2 000 000

Landesgrenze
Grenze der Mittelbereiche
Stand: 1. 1. 1975

Quelle: Bayer. Staatsmin. f. Landesentwicklung u. Umweltfragen
Bearbeitung: Wirtschaftsgeographisches Institut
der Universität München 1978
Vorstand: Prof. Dr. K. Ruppert

veränderte jüngste Entwicklung (Karte 1), sondern zumeist nur abgeklungene Grundtendenzen der Nachkriegszeit an. Die Problemsituation des nordöstlichen Oberfrankens wird jedoch auch in dieser Zeitspanne schon sichtbar.

— Der Zeitraum 1970—1976 setzt an der letzten Volkszählung an. Die jüngsten Tendenzen werden aber noch nicht deutlich sichtbar, wohl aber lassen sich schon häufiger sinkende Zuwachsraten erkennen. Relativ hohe Geburtenziffern und die Zuwanderung ausländischer Arbeitskräfte bestimmen aber zu Beginn der 70er Jahre weithin noch das Bild (Karte 2).

— Erst die Zeitspanne 1975—1976 verdeutlicht die Entwicklung, wie sie sich seit 1973 bemerkbar macht und zurzeit Gültigkeit besitzt (Karte 3).

Die Kartenserie verdeutlicht, daß in der jüngsten Zeit nur noch ein schwaches Wachstum am Rande der großen Verdichtungsräume, insbesondere durch die Stadt-Rand-Wanderung, zu beobachten ist, während die ländlichen Räume, besonders auch der industriell bestimmte Problembereich in Nordostbayern seine absolute Bevölkerungszahl verringert.

Für den ländlichen Raum wäre aus landesplanerischer Sicht u. a. zu diskutieren:

— *Verringerung der Bevölkerungsdichte*

Sie hätte eine geringer werdende Auslastung vorhandener Infrastruktur, u. U. eine Vergrößerung vorhandener Einzugsbereiche zur Konsequenz. Möglicherweise würde die Versorgung der Bevölkerung nachteilig beeinflußt.

Seit Jahren wird die Diskussion um die Erfassung einer gewissen Mindestbevölkerungsdichte geführt. Werte um 35—40 Einwohner pro km² waren in der Diskussion. Heidtmann hat sich erneut mit dieser Frage beschäftigt und nennt den Wert von 30—35 Einwohner pro km² als Mindestgrenze infrastruktureller Tragfähigkeit. Ohne solche Angaben überzubewerten, sei doch darauf verwiesen, daß 1975 in Niederbayern etwa 100 Gemeinden existieren, die 40 und weniger Einwohner pro km² besitzen (Daten vor Abschluß der Kommunalreform).

Wenn auch die jeweilige Anbindung an die zentralen Orte entscheidend ist, so gibt der hohe Anteil dieser dünn besiedelten Gemeinden von knapp 30 % im Landkreis Kelheim, 40 % im Landkreis Landshut und 34 % im Landkreis Straubing/Bogen Anlaß, diese Problematik räumlich differenziert neu zu überdenken. Von den 4177 Gemeinden Bayerns (Stand 1. 5. 1975) hatten etwa 20 % im Jahr 1975 weniger Einwohner als 1840. Davon waren die Regierungsbezirke wie folgt betroffen:

Oberbayern mit 6 % aller Gemeinden
Niederbayern mit 15 % aller Gemeinden
Oberpfalz mit 25 % aller Gemeinden
Oberfranken mit 28 % aller Gemeinden
Mittelfranken mit 40 % aller Gemeinden
Unterfranken mit 23 % aller Gemeinden
Schwaben mit 18 % aller Gemeinden

Innerhalb der BRD hatten von 1960—1971 etwa 40 % aller Gemeinden außerhalb der Ballungsgebiete trotz Geburtenüberschuß eine Bevölkerungsabnahme. Obwohl von den Politikern bisher kaum ernsthafter die Frage der passiven Sanierung angesprochen wird, können wir auf die Dauer eine Diskussion dieses Problems nicht aussparen, im Kleinräumigen haben wir ja bereits Beispiele dafür (Leopoldsreut). Strittig ist jedoch sehr bald die Größenordnung.

Die rückläufigen Geburtenzahlen sind seit einiger Zeit — in der Kernstadt wie im ländlichen Raum — im Hinblick auf die Auslastung von Schulen und Kindergärten in der Diskussion. Annoncen über freie Plätze in Kindergärten tauchen in den Tageszeitungen auf. Für die Oberpfalz würden bei der Beibehaltung einer Richtzahl von 25 Schülern pro Jahrgangsstufe für das Jahr 1979/80 schon 18 %, für 1982/83 bereits 30 % der öffentlichen Grundschulen als gefährdet angesehen. Inzwischen tragen die veränderten Richtzahlen jedoch der regional differenzierten Situation stärker Rechnung.

— *Sinkende Attraktivität der Arbeitsstandorte*

Auch wenn die Angaben über die Mindestgröße von Arbeitsmärkten sehr problematisch sind — Klemmer nennt 90 000 bis 100 000 Einwohner bzw. 40 000 bis 50 000 Erwerbspersonen, die aber m. E. nicht alle in *einem* Kern konzentriert sein müssen, wenn günstige Verkehrsverbindungen existieren —, so wird man doch mit Sicherheit vermuten können, daß die sinkende Bevölkerungsdichte gerade in der Kombination mit einer abseitigen Lage die Entwicklung eines Raumes weiterhin außerordentlich erschweren wird. Teilarbeitsmärkte, die sich aus ungeschulten Erwerbstätigen mit niedriger sozialer Stellung zusammensetzen, zeigen besonders hohe konjunkturelle Empfindlichkeit.

Wie wenig attraktiv Standorte in verdichtungsfernen kleinen Gemeinden sein können, hat eine kürzlich von Kohler und Reyher durchgeführte Analyse der im Zeitraum von 1955 bis 1969 in Niederbayern angesiedelten Betriebe gezeigt. Zwar erhöhte sich dort die Zahl der Beschäftigten in diesem Zeitraum stärker als in Bayern und im Bundesgebiet, aber die Qualifikationsstruktur war durch einen wesentlich geringeren Anteil von Angestellten und Facharbeitern gekennzeichnet. Eine Aufgliederung der Stillegungsquote aller staatlich geförderten, neu angesiedelten Betriebe zeigt deutlich die Benachteiligung kleinerer Standorte. Der Durchschnittswert der Stillegungen von 17,4 % betrug in den kleinen Gemeinden unter 1000 Einwohnern 28,3 % gegenüber nur 11,4 % bei Gemeinden über 10 000 Einwohnern.

In diesem Zusammenhang muß aber auch festgestellt werden, daß höhere Bildung positiv mit zunehmender Mobilität korreliert, d. h. daß dort die Abwanderung noch gefördert wird, wo die Ausweitung des Bildungssektors nicht von einer gleichzeitigen Schaffung qualifizierter Arbeitsplätze begleitet ist. Dieses Problem wird in Nordost-Oberfranken und in der Oberpfalz besonders deutlich sichtbar.

— *Überdenken der Leitbilder für den ländlichen Raum*

Fragt man sich abschließend, welche Folgerungen nun für das Leitbild des ländlichen Raumes weiter zu überdenken sind, dann muß man darauf hinweisen, daß zunächst einmal die Veränderung der generativen Verhaltensweisen und die Wanderungsbewegungen noch stärker regional differenziert gesehen werden müssen.

Mehr als bisher werden unsere statistischen Angaben unter dem Blickpunkt von Raumkategorien zu überdenken sein. Diese regionalspezifische Sicht gilt insbesondere auch im Hinblick auf die zu große Zahl der zentralen Orte in allen Bundesländern. Wenn z. B. in Bayern die Mittelzentren in Verdichtungsräumen 1974 im Durchschnitt einen positiven Wanderungssaldo, diejenigen im bayerischen Zonenrandgebiet aber ein Wanderungsdefizit aufweisen — wobei im Einzelfall nur ganz wenige Abweichungen auftreten —, dann ist damit auch zum Ausdruck gebracht, daß sich innerhalb dieser Kategorie von Gemeinden höchst unterschiedliche Individualsituationen verbergen. Dieses unterschiedliche Verhalten hat sich 1975 zwar verringert, besteht aber in der Grundtendenz weiter fort. Wenn auch diese Daten nun erste Anhaltspunkte geben — die Randwanderung ist nicht vollständig einbezogen — so zeigen sie doch die Fortsetzung der Polarisierung an. Dieser Sachverhalt beweist, daß auf dieser Zentralitätsstufe im Zonenrandgebiet bisher der Gebietstyp den Gemeindetyp bestimmt und möglicherweise erst auf einer höheren Ebene mit einem größeren Eigengewicht gerechnet werden kann.

Auch die Entwicklung der Unterzentren belegt diese Tendenz. Innerhalb der letzten 5 Jahre wächst die Mehrzahl der Unterzentren der größeren Verdichtungsräume, während eine gegensätzliche Aussage für diese Siedlungskategorie im Zonenrandgebiet gilt. Dieser Sachverhalt ist ein deutliches Votum für eine stärkere Beachtung der Gebietskategorien im planerischen Instrumentarium.

Geht man von der Zielvorstellung einer Erhaltung der Funktionsfähigkeit des ländlichen Raumes aus, dann wird man dort dem Gesichtspunkt der Verdichtung von Bevölkerung und Arbeitsplätzen noch mehr Aufmerksamkeit schenken müssen. Folgende Überlegungen sollten dann stärker als bisher innerhalb der Leitbilddiskussion im ländlichen Raum angesprochen werden:

1. Auch der ländliche Raum muß unter der Modellvorstellung urbaner Intensitätsfelder gesehen werden. Die Entwicklung von Städten mittlerer Größenordnung ist eine Voraussetzung zur Verbesserung der Lebenssituation im ländlichen Raum. Das bedeutet nicht, daß dörfliche Strukturen keine Existenzberechtigung mehr hätten, aber sie benötigen Städte mit entsprechenden außerlandwirtschaftlichen Arbeitsplätzen und Infrastrukturen in erreichbarer Entfernung.

2. Dies bedeutet nicht, daß der ländliche Raum nur in einseitiger Abhängigkeit von Ballungszentren zu sehen ist. Vielmehr muß der Eigenwert dieser Raumkategorie viel stärker als bisher betont werden. Es kann nicht befriedigen, wenn schon bei der amtlichen Raumgliederung nur Negativverfahren zur Anwendung kommen. Die Gleichung Gesamtgebiet — Verdichtungsraum = ländlicher Raum bleibt unbefriedigend und ist auch inhaltlich falsch.

3. In Zukunft wird man noch mehr als bisher Sorge tragen müssen, daß das vorhandene geringe Potential — insbesondere Arbeitskräfte, öffentliche und private Mittel usw. — stärker konzentriert wird. Dabei wird der Übergang von der flächenbezogenen Agrar- zur standortorientierten postindustriellen Gesellschaft noch manche schwierige Umorientierung verlangen. Nur eine Besinnung auf die Eigenwerte und eine Konzentration des Entwicklungspotentials kann einer weiteren Entleerung des ländlichen Raumes entgegenwirken: Die künftige Gestaltung des ländlichen Raumes wird auch ein Plädoyer für Verdichtung der Kernstrukturen sein.

— *Zur Problematik der Bevölkerungsentwicklung in den Großstädten*

Für die Großstädte stellt die Abwanderung, vor allem der deutschen Bevölkerung, ein schwieriges Problem dar, das seit Ende der 60er Jahre lebhafter diskutiert wurde, ohne daß die Auswirkungen voll erkannt waren. Die Ziele einer Stadt-Rand-Wanderung sind vor allem die Gemeinden des angrenzenden Umlandes. Hier kommt es zur Siedlungsverdichtung und zu hohen Anforderungen an die Infrastruktur, wie F. Schaffer für

Augsburg zeigen konnte. Die innerstädtischen Abwanderungsgebiete werden vor allem von nachrückenden Ausländern aufgefüllt, Segregationserscheinungen bieten neue Probleme für die Stadtverwaltungen, die Gesamtstruktur der Städte wird wesentlich beeinflußt.

Neben der Abwanderung aus der Stadt hat auch die Verlagerung von Industriestandorten die Verdichtung im Umlandbereich zur Folge. Beide Tendenzen führen zur finanziellen Benachteiligung, der die Großstädte durch Erhöhung der innerstädtischen Attraktivität zu begegnen versuchen. Trotz Sanierung von Altbauvierteln, Schaffung von Grünzonen und verstärktem Wohnungsbau ist es jedoch bisher nicht gelungen, die oben angesprochene Entwicklung entscheidend zu beeinflussen. Immer stärker bemüht man sich auch, der Wohnnutzungsverdrängung in den Innenstädten durch Arbeitsplätze des tertiären Sektors zu begegnen. Die stärkere Abhängigkeit von Kernstadt und Umland muß dringend eine Verbesserung der Effizienz interkommunaler Kooperation zur Folge haben. Die in den letzten Jahren entwickelten Schnellbahnsysteme haben nicht nur das Stadtzentrum rascher erreichbar gemacht, sondern auch zur leichteren Abwanderung aus der Stadt beigetragen. So wird für die Erhaltung der Funktionsfähigkeit der Großstädte ein großräumigeres Denken notwendig, das nicht an den Grenzen der Kommunen halt machen darf. Die jüngsten Bevölkerungsveränderungen haben auch hier zu einem Überdenken landesplanerischer Zielvorstellungen und Maßnahmen Anlaß gegeben.

Mit diesen skizzenhaften Bemerkungen konnte nur ein Bruchteil der Auswirkungen veränderter demographischer Raumstrukturen angesprochen werden. Immer wieder werden die verschiedensten Arbeitskreise der Akademie für Raumforschung und Landesplanung mit diesen Auswirkungen konfrontiert. Ein eigener Ausschuß des Bayerischen Landesplanungsbeirats beschäftigt sich zur Zeit mit den Konsequenzen der veränderten Bevölkerungsentwicklung, um Grundlagen für die Fortschreibung des Landesentwicklungsprogramms zu erarbeiten. Dabei zeigt sich, daß auch bei einer interessierten Öffentlichkeit die tatsächlichen Auswirkungen viel zu wenig bekannt sind. Auch die unter dem Thema „Bevölkerung als Gegenstand der Raumordnung" durchgeführten Untersuchungen der LAG Bayern können daher dem Ziele dienen, Planungsgrundlagen bereitzustellen und kommende Entwicklungen sichtbar zu machen.

Räumliche Auswirkungen der Stadt-Rand-Wanderung

– Sozioökonomische Strukturmuster und aktivitätsräumliche Verhaltensweisen im Westen von München – *)

von

Jörg Maier und Editha Kerstiens-Koeberle, Bayreuth

I. Stadt-Rand-Wanderung und ihre räumlichen Erscheinungsformen im Vergleich Bundesrepublik Deutschland – USA

1. Erscheinungsformen räumlicher Mobilität im Verdichtungsraum

Räumliche Bevölkerungsbewegungen als Ergebnis ökonomischer, sozialer oder politischer Disparitäten im Raum hat es zu allen Zeiten gegeben. Seit der Industrialisierung und verstärkten Urbanisierung ist der Verdichtungsraum zu einem bevorzugten Ziel der Wanderungsbewegungen geworden. Dominierte dabei die Land-Stadt-Wanderung über lange Zeit hinweg, so ist insbesondere nach dem 2. Weltkrieg eine starke Differenzierung der Wanderungsvorgänge im Verdichtungsraum aufgetreten. Neben den wachsenden innerstädtischen Wanderungen ist seit Ende der 50er Jahre und vor allem in Verbindung mit dem wirtschaftlichen Aufschwung und der gestiegenen verkehrsräumlichen Aktivität zwischen 1968 und 1972 eine Stadt-Rand-Wanderung in großem Ausmaße vor sich gegangen[1]. Sie wurde zum prägenden Element der Wanderungsbewegungen im Verdichtungsraum.

Nun könnte man feststellen, daß diese Stadt-Rand-Wanderung keineswegs etwas Neues darstellt, sondern eben nur die Fortsetzung der Vororte-/Vorstadtbildungen

---

*) Dieser Bericht baut u. a. auf Ergebnissen zweier studentischer Praktika im WS 1975/76 und im SS 1976 sowie den Diskussionen der Projektgruppe „Westlicher Stadtrand von München" des Wirtschaftsgeographischen Instituts der Universität München (Vorstand: Prof. Dr. K. RUPPERT) auf. Die Verfasser sind daher neben den beteiligten Studenten für ihre Mitarbeit bei den Kartierungen und Befragungen in den Stadt-Rand-Gemeinden vor allem den Mitgliedern der Projektgruppe E. APPEL, E. BAIER, S. CLAASSEN, B. KÖNIG, E. KREITMAYR, R. RAMPF und W. WAGNER sowie der Akademie für Raumforschung und Landesplanung in Hannover für die Unterstützung bei der Umzeichnung der Darstellungen zu Dank verpflichtet.

[1] Aus der Vielzahl vorhandener Literatur sei auswahlweise nur hingewiesen auf F. SCHAFFER: Probleme der Bevölkerungsentwicklung in Verdichtungsgebieten Bayerns. In: Arbeitsmaterialien 1976-9 der LAG Bayern der Akademie für Raumforschung und Landesplanung Hannover, Hannover 1976, S. 66–112, und H. P. GATZWEILER: Zur Selektivität interregionaler Wanderungen. In: Forschungen zur Raumentwicklung, Band 1, Bad Godesberg 1975.

Anfang dieses Jahrhunderts, der Errichtung der baulich konzentrierten Stadtrandsiedlungen in den 50er Jahren zur Lösung bestehenden Wohnungsbedarfs oder der geplant vorgenommenen Errichtung der Entlastungsstädte in den 60er Jahren ist [2]). Zwar entspricht die enge Verflechtung der Bevölkerung in den Stand-Rand-Gemeinden mit der Kernstadt diesen zentrifugal vom Zentrum nach außen wirkenden Wanderungsbewegungen, die zunehmende Auffüllung mit Menschen verbindet sie mit dem Typ der Vorstadt, jedoch unterscheidet sie sich insoweit wesentlich davon, als die Wanderung nicht als Folge der Wohnungsknappheit in der Kernstadt auftritt, sondern weit differenziertere Motive dahinterstehen. Ein zweites, allerdings eher formales Unterscheidungsmerkmal liegt darin, daß die Vororte in der Regel im Laufe der Zeit in die Kernstadt eingemeindet wurden (in München etwa wurden die äußeren Vorstädte in starkem Maße zwischen 1936-1942 eingemeindet). Dieses Kriterium trifft auch für die Stadtrand-Siedlungen zu, jenen im allgemeinen als Wohnquartiere in den Außenzonen der Großstädte errichteten Siedlungen, die darüber hinaus sich teilweise schon durch die bauliche Gestaltung (meist Mischstrukturen von Punkt-Hochhäusern, 3-5stöckigen Zeilen- und Einzelhausgruppen) sowie die Ausstattung mit Arbeitsplätzen oder Versorgungsbetrieben (häufig nur bescheidene Ansätze) von den Stadt-Rand-Gemeinden unterscheiden [3]). Während der Großteil der aktivitätsräumlichen Beziehungen in den Stadtrand-Siedlungen auf das Stadtzentrum und/oder sektoral auf Arbeitsplatz- oder Versorgungskonzentrationen größerer Industriebetriebe oder Einkaufsmärkte ausgerichtet sind, besteht etwa im Freizeitverhalten eine überaus hohe Beteiligung am Naherholungsverkehr nach Zielgebieten außerhalb der Stadt. Damit zusammenhängend ist auch das soziale Umfeld im Vergleich zu historisch gewachsenen Stadtteilen oder gar dem ländlichen Bereich stark eingeschränkt (gemessen z. B. an den 30-35 % der Haushalte, die in Vereinen organisiert sind, im ländlichen Bereich vgl. 80 % und mehr) [4]), die Kontakte der Menschen untereinander nur wenig ausgeprägt.

Von den systematisch geplanten, wenn auch in der Realität nur teilweise befriedigende Lösungen anbietenden Entlastungsstädten unterscheiden sich die Stadt-Rand-Gemeinden nicht nur durch diesen Planungsvorgang, da bei ihnen die Entwicklung meist ungeplant verlief oder durch einzelne große Bauträgergesellschaften nach deren wirtschaftlichen Zielvorstellungen stark geformt wurde, sondern durch den siedlungshistorischen Ansatz, das Vorhandensein wirtschaftlicher und sozialer verorteter Einrichtungen und die mehr oder weniger starke Einflußkraft autochthoner Bevölkerungsgruppen. Handelte es sich, insbesondere bei den im Verkehrsschatten überregionaler Bahnlinien und Autostraßen gele-

---

[2]) Vgl. auch dazu nur beispielhaft O. BOUSTEDT: Gedanken und Beobachtungen zum Phänomen der Suburbanisierung. In: Forschungs- und Sitzungsberichte der Akademie für Raumforschung und Landesplanung, Bd. 102, Hannover 1975, S. 1—39, oder U. a. d. HEIDE: Citybildung und Suburbanisation im Kölner Raum. In: Kölner Forschungen zur Wirtschafts- und Sozialgeographie, Band 21, Wiesbaden 1975, S. 41—60.

[3]) Zu Stadt-Rand-Siedlungen, insbesondere der Situation in München, vgl. u. a. K. HEIL: Kommunikation und Entfremdung, Stuttgart/Bern 1971; ders.: Wohnen im neuen Stadtteil Perlach, Cambridge/Mass. 1969; K. ZAPF, K. HEIL, J. RUDOLPH: Stadt am Stadtrand, Frankfurt/M. 1969; E. SZYMANSKI: Der Münchner Norden, Band 14 der Münchner Studien zur Sozial- und Wirtschaftsgeographie, Kallmünz 1977, sowie — für andere Städte — etwa G. HOLZMANN: Die Entwicklung der Wiener Stadtrandsiedlungen. In: Geographische Rundschau, 1957, Heft 9, S. 96—101; H. SCHÄFER: Gonsenheim und Bretzenheim. In: Forschungen zur deutschen Landeskunde, Heft 180, Bad Godesberg 1968, oder E. PFEIL: Stadtrandsiedlungen und Großwohnanlagen, Methodische Probleme ihrer Erforschung. In: Archiv für Kommunalwissenschaften, 12. Jahrgang, 1973, S. 257—268.

[4]) Vgl. u. a. J. MAIER: Zur Geographie verkehrsräumlicher Aktivitäten, Band 17 der Münchner Studien zur Sozial- und Wirtschaftsgeographie, Kallmünz 1976, insbesondere S. 51—53.

genen Gemeinden bis Mitte der 50er Jahre um überwiegend landwirtschaftlich orientierte Orte, so veränderte die Stadt-Rand-Wanderung mit den städtisch geprägten Leitbildern der Zuwanderer nicht nur das äußere Gestaltbild dieser Gemeinden, ihre Funktion und innere soziale Differenzierung, sondern auch die räumlichen Verhaltensweisen und Einstellungen der ortsbürtigen Bevölkerung. Es entstand dadurch im Umland der Großstädte ein neuer Typus von Gemeinde mit beträchtlich hohem Urbanisierungsgrad, zwar enger Verflechtung mit der Kernstadt, jedoch vielfältig eigenständigen Wirtschafts- und Sozialstrukturen [5]). Die nahen Randgemeinden wurden somit zu einem Gebiet besonderer Dynamik räumlicher Aktivität, rein zahlenmäßig etwa durch die Veränderung der Einwohnerzahlen von wenigen hundert Bewohnern auf mehrere tausend oder — im westlichen Umland von München durch zahlreiche Gemeinden repräsentiert — von 3 000-5 000 Einwohnern auf 15 000-20 000 Einwohnern gekennzeichnet.

2. Die Situation um München

Auch in München vollzogen sich derartige Prozeßabläufe, wenngleich der Typ der Entlastungsstadt nur auf wenige Fälle beschränkt blieb und die Stadt-Rand-Wanderung, durch die Initiativen mehrerer Bauträgergesellschaften besonders forciert, zwischen 1968 und 1971 ihren quantitativen Höhepunkt erreichte. Nach der Umstrukturierung alter Dorfkerne und ländlicher Siedlungsansätze am (administrativen) Stadtrand, z. B. etwa Perlach, Feldmoching oder Aubing, durch neue flächenintensiv genutzte Großwohnanlagen wurden somit die nahe zu München, in der Regel in 10-20 km Distanz vom Zentrum gelegenen Siedlungen besonders stark von der Zuwanderung aus München betroffen und in ihrem Charakter umgewandelt [6]). Da es sich bei der abwandernden Bevölkerung im Durchschnitt um Personengruppen zwischen 26-35 Jahren, ihrer beruflichen Qualifikation nach vorwiegend mittlere und höhere Angestellte bzw. Beamte, also auch mittlere bis höhere Einkommensbezieher handelte [7]), hatten die Wanderungsbewegungen für München im Laufe der Zeit nicht nur selektiven Charakter, sondern durch die insgesamt relativ homogene Gruppe der Wanderer mit ihren ähnlichen Aufbruchsentschlüssen (dem Wunsch nach einer größeren Wohnung, nach besserem Wohnumfeld, nach Wohnungseigentum

---

[5]) Vgl. u. a. H. BECK: Neue Siedlungsstrukturen im Großstadt-Umland, aufgezeigt am Beispiel von Nürnberg-Fürth. In: Nürnberger Wirtschafts- und Sozialgeographische Arbeiten, Band 15, Nürnberg 1972; H. FISCHER: Struktur und zentralörtliche Funktion der Stuttgarter Vororte. In: Berichte zur deutschen Landeskunde, 28. Jg., 1962, S. 1—28; R. HANTSCHEL: Entwicklung, Struktur und Funktion kleiner Städte in einem Ballungsgebiet. In: Rhein-Mainische Forschungen, Heft 71, Frankfurt/M. 1972, S. 85—222; W. HELLER: Zur Urbanisierung einiger ländlicher Gemeinden im Landkreis Göttingen. In: Neues Archiv für Niedersachsen, Band 23, Göttingen 1974, Heft 1, S. 51—77 sowie Heft 2, S. 163—178, und W. SCHÄRER: Die suburbane Zone von Zürich. In: Geographica Helvetica, 11. Jahrgang, 1956, S. 1—45; B. LENTSCH, Vorortebildung im Westen Wiens, Diss. Wien 1970.

[6]) Vgl. u. a. K. GANSER: Alte Dorfkerne — stagnierende Raumzellen innerhalb dynamischer Stadtrandzonen am Beispiel München. In: Tagungsbericht und wissenschaftliche Abhandlungen des Deutschen Geographentages Bad Godesberg 1967, Wiesbaden 1969, S. 155—157; ders.: Alte Dorfkerne und neue Großwohnanlagen. Aktuelle Probleme am Stadtrand von München. In: Topographischer Atlas Bayern, München 1968, K. 116; G. D. ROTH: Ottobrunn — Gemeinde oder Stadttrabant. In: Bayerland, 72. Jahrgang, 1970, Heft 3, S. 19—24.

[7]) K. GANSER: Die Entwicklung der Stadtregion München unter dem Einfluß regionaler Mobilitätsvorgänge. In: Mitteilungen der Geographischen Gesellschaft München, 55. Band, Teil 2, 1970, S. 45—76, sowie für die neuere Situation; E. DHEUSS: Die regionale Bevölkerungsentwicklung in der Stadtregion München. In: Münchner Statistik, 1975, Heft 3, S. 68.

oder mehr Freizeitmöglichkeiten) auch häufig den Erwerb von Eigenheim oder Eigentumswohnung zur Folge[8]). Deshalb sind ausgesprochene Großwohnsiedlungen in den Stadt-Rand-Gemeinden baulich verdichteter Gestalt nur in relativ wenigen Fällen, etwa in Aschheim, Haar oder Zorneding im Osten, in Taufkirchen im Süden oder in Puchheim-Bahnhof im Westen entstanden, während beim Großteil der sich entwickelnden Gemeinden dieses Typs eher das Mehrfamilien-Haus oder die Einzelhaus-Siedlung charakteristisch ist.

Während die Stadt München trotz dieser Abwanderungen aufgrund ihrer hohen Attraktivität, im Gegensatz zu verschiedenen anderen Großstädten der Bundesrepublik Deutschland, immerhin noch bis 1973 an Bevölkerung zunahm (1 340 624 1973) und erst seitdem eine sinkende Einwohnerzahl aufweist (1 311 256 am 30. 9. 1976), stieg die Zahl der Bewohner der nahen Stadt-Rand-Gemeinden überaus rasch an, verdoppelte und verdreifachte sich in weniger als 15 Jahren. Daher ist es bereits verständlich, daß dieses, seiner Qualität nach nur noch mit der Entwicklung in der Industrialisierungsphase vergleichbare Wachstum auch zu raumordnerischen und -planerischen Problemen führen mußte, auf die im Kapitel III eingegangen werden soll.

Um einen ersten Eindruck über die Reichweite und räumliche Dimension der Stadt-Rand-Wanderung zu geben, wurden in Karte 1 die Wanderungsbewegungen von München in das Umland aus dem Jahre 1974 gewählt. Dieses Jahr wurde nicht nur seines neueren Datums wegen herangezogen, sondern deshalb, weil es nach den fast boomartigen Wanderungsjahren 1968-1971 — unter dem Einfluß einsetzender wirtschaftlicher Rezession — eher ein durchschnittliches Bild wiedergibt. Deutlich ist zu erkennen, daß die Hauptziele der aus München Abwandernden ein fast ringförmig um München angesiedelter Kreis von Gemeinden ist. Daneben zeigt sich jedoch in dem bewußt gewählten Kartenausschnitt, daß über die München nächstgelegenen Gemeinden hinaus vor allem jene Ziele angestrebt werden, die von der Verkehrsinfrastruktur bevorzugt werden. Dies gilt für die an der S-Bahn gelegenen Orte in besonderem Maße, etwa in westlicher Richtung bis Maisach und andererseits Fürstenfeldbruck. Ferner entfällt ein starker absoluter Zuwachs auf die größeren Gemeinden und die vorhandenen Unterzentren Dachau und Fürstenfeldbruck sowie — gerade am Beispiel der Würmtalgemeinden bis Gauting, ja selbst bis Tutzing am Starnberger See offensichtlich werdend — Orte mit besonderer Standortpräferenz als „gehobene" Wohngebiete mit hohem Freizeitwert.

Von den insgesamt rd. 30 % aller Fortzüge aus München, die 1974 auf das nähere Umland entfallen, hatte der Landkreis München den größten Wanderungsgewinn gegenüber der Stadt München (5 142 Personen), gefolgt vom Landkreis Fürstenfeldbruck (mit 3 104 Personen). Ähnlich wie für Nürnberg-Fürth, wo 90 % der Stadt-Umland-Wanderung auf die Landkreise Nürnberg, Fürth, Erlangen, Lauf und Schwabach entfallen[9]), oder Augsburg, wo 5 % aller Gemeinden etwa 70 % der gesamten Umlandwanderer auf sich ziehen[10]), sind es in München 1974 7 Gemeinden[11]) (der absoluten Zuwanderung nach Haar, Puchheim, Unterhaching, Unterschleißheim, Germering, Ottobrunn und Grö-

---

[8]) Vgl. für die Entwicklung in Augsburg F. SCHAFFER: Randwanderungen im Raum Augsburg. In: Beiträge zu Statistik und Stadtforschung, Heft 2, Augsburg 1975, S. 40 („fast jeder 3. Randwanderer verbindet den Umzug mit dem Erwerb eines Eigenheimes oder einer Eigentumswohnung").

[9]) H. BECK, a. a. O., S. 40.

[10]) F. SCHAFFER: Zur Bevölkerungsentwicklung..., a. a. O., S. 91.

[11]) E. DHEUS, a. a. O., S. 88, sowie J. FILSER: Die Bevölkerungsbewegung in Bayern 1974. In: Zeitschrift des Bayerischen Statistischen Landesamtes, 107. Jg., S. 72—74.

Regionale Struktur -und Prozeßmuster in den Gemeinden der Landkreise
Dachau, Fürstenfeldbruck, München und Starnberg

Karte 1 **Wanderungsbewegungen von München in das Umland 1974**

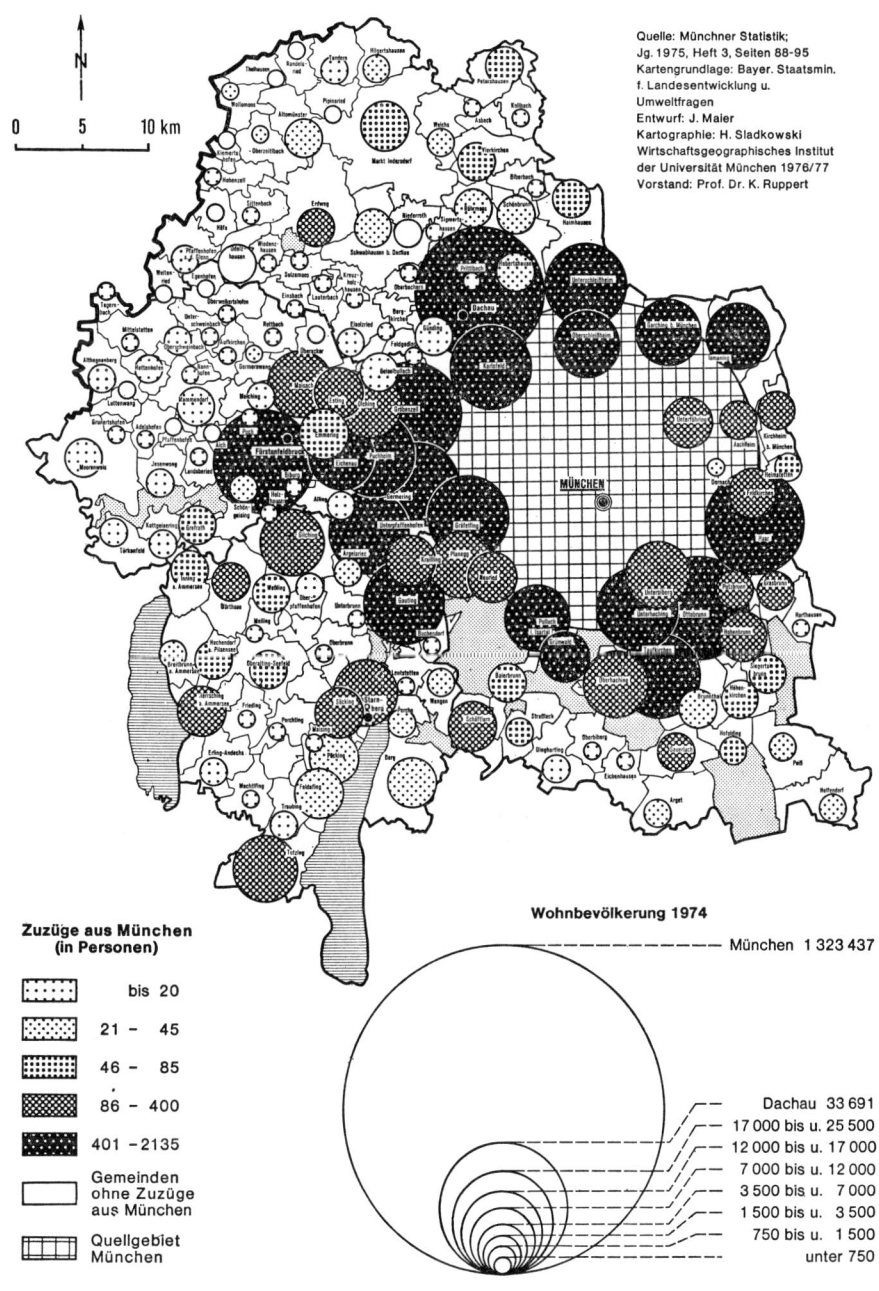

benzell), die 45 % des gesamten Wanderungsverlustes der Stadt München gegenüber der Region München verursachen. Um schon hier einen erheblichen Unterschied zur Situation in den USA anzusprechen, handelt es sich bei der Stadt-Rand-Wanderung im Westen von München in starkem Maße um mehr oder weniger stadtnahe Gemeinden, in Zeitdistanzen von 30-40 Minuten vom Stadtzentrum (Marienplatz) entfernt. Andererseits zeigt Karte 1 auch, daß entlang der S-Bahn-Linien, z. B. in Richtung Petershausen und — im Südwesten auf die bevorzugten Wohnlagen in den Naherholungsgebieten an den Seen ausgerichtet — in Richtung Tutzing oder Herrsching, noch größere Zuwanderungskontingente auftreten, während etwa im noch landwirtschaftlich orientierten Hinterland von Fürstenfeldbruck und Dachau (von Ausnahmen abgesehen) nur geringe Zahlen von Zuwanderern aus München festzustellen sind. Nun muß diese mit zunehmender Distanz doch rasche Abnahme des regionalen Wanderungsstromes aus München keineswegs für die Wanderungsbewegungen insgesamt zutreffen, da auch Zuwanderungen aus Nachbargemeinden, aus den übrigen Regionsgemeinden, dem übrigen Bayern, der Bundesrepublik und dem Ausland hinzukommen. Da jedoch der Wanderungsgewinn der Umland-Gemeinden mit der Stadt München fast dreimal so hoch ist wie der Wanderungsgewinn mit außerhalb der Region München liegenden Gebieten, wird hier ein grundsätzliches Raummuster der Stadt-Rand-Wanderung im westlichen Umland von München angedeutet.

3. Der Vergleich mit den US-amerikanischen Studien

Der Vergleich mit der Entwicklung in den USA ist nicht nur deshalb von Bedeutung, weil für einige Zeit auch in der deutschen Literatur von dem Begriff „Suburbanismus" ausgegangen wurde, sondern weil die Entwicklung in den USA in der zweiten Phase der amerikanischen Stadterweiterung zeitlich schon Mitte der 50er Jahre ablief und auf die Probleme der Stadt-Rand-Wanderung hinwies. Ist zwar die Verbindung mit der zunehmenden Motorisierung, die in den USA diesen Prozeß letztlich erst ermöglichte, mit der Entwicklung in der Bundesrepublik Deutschland vergleichbar, so ist schon die Dominanz des Einfamilienhauses als Wohnform in den USA weit ausgeprägter gegeben, insbesondere aber sind in siedlungshistorischer, wirtschaftlicher, sozialer und kommunalpolitischer Hinsicht erhebliche Unterschiede festzustellen. Bedingt durch die verschiedene Siedlungsstruktur und -erweiterung der Städte in den USA und der Bundesrepublik Deutschland, ist bereits von WELLMANN in seinem grundlegenden Bericht[12] und von KAUNITZ[13] oder — in zeitlich später vorgelegten Arbeiten — von BÖRRIES[14] und LICHTENBERGER[15] die ungeordnete, dem Zufall oder den Bodenpreisen überlassene Siedlungsweise des „urban sprawl" über große Flächen hinweg als eines der charakteristischen Kennzeichen der Entwicklung in den USA angesehen worden. Derartige Siedlungsbereiche von Villenvorstädten, wie sie WELLMANN als von Boston bis Washington an der Ostküste der USA reichende, fast ununterbrochene Kette von mehr oder weniger modernen, flachen Einfamilienhäusern, lose aneinandergereiht, durch Grünflächen voneinander getrennt und

---

[12] K. F. WELLMANN: Suburbanismus, Lebensform und Krankheit der amerikanischen Mittelklasse. In: Deutsche Medizinische Wochenschrift, Nr. 84, H. 2, 1959, S. 2031—2032 (den Hinweis auf diesen Artikel verdanken wir Prof. Dr. E. WIRTH).

[13] R. D. KAUNITZ: Suburbia: Das neue Abenteuer. In: Informationen, 8. Jg., Bad Godesberg 1958, H. 16, S. 413—432.

[14] H.-W. v. BÖRRIES: Suburbanismus in amerikanischen Stadtregionen. In: Stadtbauwelt, 1965, S. 364—368.

[15] E. LICHTENBERGER: Die Stadterneuerung in den USA. In: Berichte zur Raumforschung und Raumplanung, 19. Jg., 1975, H. 6, S. 3—16.

selten zu einem stadtartigen Gebilde zusammenwachsend[16]) beschreibt, treten zumindest im westlichen Umland von München nicht in dieser Weise auf. Zwar bestehen in Einzelfällen durchaus flächenhafte Ausformungen, relativ unabhängig oder nur randlich zu vorhandenen Siedlungen gelegen, wie z. B. in Karlsfeld oder in Puchheim-Bahnhof, jedoch davon abgesehen war der Ausgangspunkt der Stadt-Rand-Gemeinden historisch bestehende Siedlungen meist bäuerlicher bzw. von Arbeiter-Bauern-Struktur, oder sie haben sich (im Falle von Gröbenzell) aus ähnlich strukturierten Weilern oder Ortsteilen anderer Siedlungen ergeben.

Als Folge dieser unterschiedlichen Siedlungsausbreitung, d. h. des Entstehens neuer Siedlungen in den USA bzw. der Auffüllung bereits vorhandener Siedlungen in der Bundesrepublik Deutschland ergibt sich ein weiterer Unterschied im Vergleich der beiden Regionalsituationen. Während im amerikanischen „suburbia" durch die Neuansiedlung von Personen überwiegend aus der beruflichen Mittel- und Oberschicht, 25-35 Jahre alt bzw. Familien mit 1-2 Kindern, eine relativ homogene Sozialstruktur entsteht, die sich gegenüber anderen Sozialschichten abschließt, ist für die Situation im Westen von München die — regional selbstverständlich unterschiedlich ausgeprägte — Mischung verschiedener Sozialschichten weit eher charakteristisch. Extreme Segregationserscheinungen, wie sie HOLZNER[17]) vor wenigen Jahren für Milwaukee beispielhaft vorführte, mit einem räumlichen Austausch der weißen und farbigen Bevölkerung zwischen Stadtkern und Vororten, gilt für die Verhältnisse im Westen von München in entsprechender Weise nur ansatzweise (in Gestalt etwa hoher Bodenpreise). Sicherlich ist dabei auch die unterschiedliche kommunalrechtliche Basis in den USA und der Bundesrepublik Deutschland, insbesondere in bezug auf Bau- und Bodennutzungsvorschriften sowie Steuerpolitik von Bedeutung. So ist es in den USA mit den „zoning laws" möglich, nicht nur eine Bebauung mit Einfamilienhäusern vorzuschreiben, sondern auch Grundstücksgrößen und oder Berufs- bzw. Einkommensschichten als potentielle Grundstückseigner festzulegen[18]). Bei den gegebenen, keinesfalls niedrigen Bodenpreisen in den Vorstädten wirkt verständlicherweise die Fixierung von Mindestflächen oder von bestimmten Berufsschichten als direkter Ausschluß dafür nicht in Frage kommender Sozialschichten.

Aus diesem Vergleich sowie den anfangs besprochenen Prozeßabläufen wird es verständlich, daß gerade eine sozialgeographische Analyse mit ihrem Ziel, räumliche Strukturen als Resultat raumbildender Aktivitäten sozialgeographischer Gruppen zu untersuchen, in den Stadt-Rand-Gemeinden als Gemeinden neuen Typs städtischer Wachstums- und Diffenzierungsprozesse ein besonderes Untersuchungsobjekt gefunden hat. Diese Gemeinden sowohl auf der regionalen Ebene des westlichen Umlandes von München, d. h. den Landkreisen Dachau, Fürstenfeldbruck, München und Starnberg mit ihrer Vielfalt unterschiedlicher Faktoren räumlichen Angebots- und Nachfragepotentials als auch auf der innergemeindlichen Ebene von fünf, ihrer siedlungshistorischen, wirtschaftlichen und sozialen Struktur nach unterschiedlichen Gemeinden zu untersuchen, war das Ziel der vorliegenden Studie.

---

[16]) K. F. WELLMANN, a. a. O., S. 2031.

[17]) L. HOLZNER: Sozialsegregation und Wohnviertelsbildung in amerikanischen Städten: dargestellt am Beispiel Milwaukee, Wisconsin. In: Würzburger Geographische Arbeiten, H. 37, Würzburg, 1972, S. 153—182.

[18]) Vgl. F. SCHREIBER: USA: Das Ende von Suburbia? In: Stadtbauwelt, 1973, H. 38, S. 159—161.

II. Räumliche Auswirkungen der Stadt-Rand-Wanderung im Münchner Westen

1. Regional differenzierte Strukturen sozioökonomischer Daten

Ausgehend von den allgemein formulierten Prozeßabläufen der Stadt-Rand-Wanderung soll nun in diesem Abschnitt versucht werden, deren räumliche Auswirkungen am Beispiel der regional differenzierten Erscheinungsformen im westlichen Umland von München zu demonstrieren. Dabei geht es vor allem um die Überprüfung der durch den Vergleich mit der Situation in den USA hypothetisch zu formulierenden Alternativen

großstadtabhängige Vorstadt	oder	selbständige kommunale Lebenseinheit,
Schlafstadt	oder	Gemeinde mit gewissen zentralen Funktionen und Arbeitsmöglichkeiten,
Gemeinde mit homogener Bevölkerungsstruktur und damit sozialem Ausleseprozeß	oder	Gemeinde mit heterogener, d. h. mit verschiedenen sozialen Schichten durchmischter Bevölkerungsstruktur.

Zur Beantwortung der anstehenden Fragen wird aus der Vielzahl möglicher Kriterien, Maßstäbe und Indikatoren für den räumlichen Prozeßablauf

— die Bevölkerungsveränderung zwischen 1950-1961 sowie zwischen 1961-1974,

— die Veränderung der Berufspendlertätigkeit zwischen 1961 und 1970,

— die Struktur der Erwerbspersonen nach Wirtschaftsbereichen 1970,

— die Struktur der Bevölkerung nach dem Ausbildungsniveau 1970 und

— die Entwicklung der Bodenpreise zwischen 1971-1974

herangezogen.

a) Bevölkerungsveränderung 1950-1961 und 1961-1974

Da in der Veränderung der Bevölkerung wohl am deutlichsten die Bewertung des Raumes und die daraufffolgende Entscheidung über das angestrebte, aufgrund der vorhandenen Erwartungen von dem erwünschten Wohnort einerseits und den vorhandenen finanziellen Möglichkeiten der Wandernden andererseits sich ergebende Ziel zum Ausdruck kommt, soll mit diesem Datum begonnen werden. Wie aus Karte 2 ersichtlich wird, hat sich, bei gleichen Schwellenwerten der Darstellung wie in der folgenden Karte des Zeitraumes 1961-1974, zwischen den Jahren 1950 und 1961 im Einklang mit den allgemeinen Ausführungen ein weit bescheideneres Wachstum als in den daraufffolgenden Jahren gezeigt. Allein Karlsfeld (mit 228 %/o Zunahme) sticht aufgrund der größeren Ansiedlung von Flüchtlingen und Heimatvertriebenen besonders stark hervor, daneben auch einige der bereits angesprochenen Stadt-Rand-Gemeinden in enger Nachbarschaft von München (im Südosten und Westen der Stadt). Die raumdistanziell weiter entfernt liegenden Gemeinden besitzen demgegenüber nur ein schwaches Wachstum, auch jene im Würmtal, im Osten und Süden von München. Von den Gemeinden in den Naherholungsgebieten, insbesondere an den Seen, besitzen mit Ausnahme von Tutzing die meisten Bevölkerungsstagnation und weisen darauf hin, daß die Erreichbarkeit dieser Orte für verschiedene Bevölkerungsgruppen noch nicht die Funktion als Hauptwohnsitz induzierte. Die Lage im Verkehrsschatten, zwischen den großen Verkehrslinien und mit öffentlichen Verkehrs-

Regionale Struktur- und Prozeßmuster in den Gemeinden der Landkreise Dachau, Fürstenfeldbruck, München und Starnberg

Karte 2 **Bevölkerungsveränderung 1950-1961**

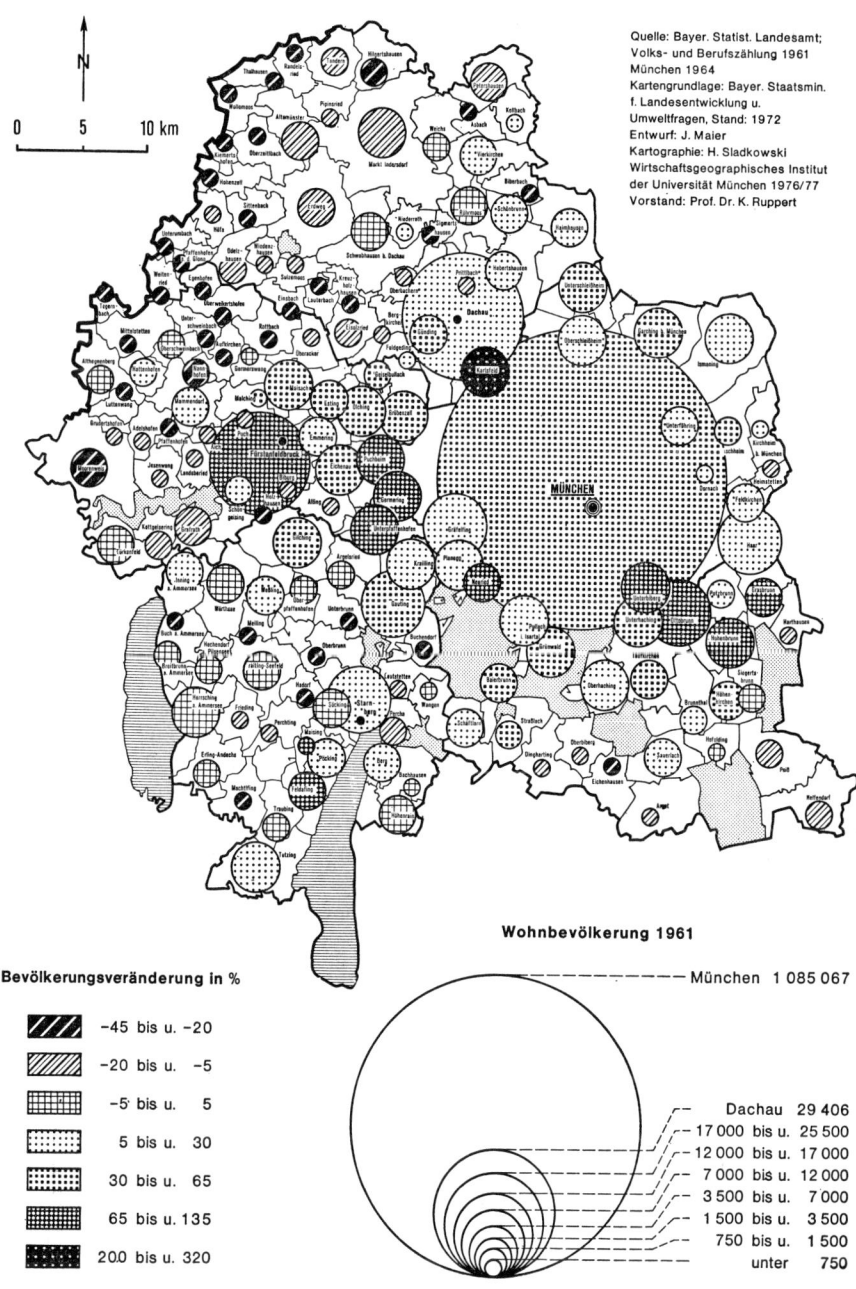

mitteln nur ungünstig versorgt, bedeutete dies für die Berufstätigen zahlreicher Gemeinden zwischen dem Ammersee und Starnberger See, vor allem aber im Hinterland von Fürstenfeldbruck und Dachau eben keine oder nur schwierig zu erreichende Arbeitsmöglichkeiten in München oder den Sekundärzentren Dachau und Fürstenfeldbruck. Häufig bestand insbesondere für jüngere Personen nur der Ausweg der Abwanderung.

Zwar blieb die distanziell relativ starke Begrenzung der dynamisch wachsenden Stadt-Rand-Gemeinden auch im Zeitraum 1961-1974 (vgl. Karte 3) erhalten, das Wachstum der Bevölkerung fand jedoch nun eine räumliche Ausbreitung auf verschiedene andere Gemeinden, so daß sich der Eindruck einer zunehmenden Ringbildung von Gemeinden dieses Mobilitätstyps um München erhärtete. Obwohl in den weniger urbanisierten Gemeinden aufgrund verbesserter Verkehrsverhältnisse nach München (insbesondere direkter oder indirekter Anbindung an die S-Bahn-Linien) und zunehmender Verlagerung von Industriebetrieben aus München in die Region (mit entsprechenden Arbeitsplätzen) das Problem des Erreichens der Arbeitsplätze unter Beibehaltung des bisherigen Wohnsitzes für die autochthone Bevölkerung gelöst wurde bzw. zusätzlich neue, allochthone Bevölkerungsgruppen zuwanderten, hielt sich die Bevölkerungsveränderung in Grenzen. Die Bevölkerungszahl sank nur noch in sieben, meist kleinen Gemeinden ab und ein Großteil der an den S-Bahn-Linien gelegenen Orte konnte ein mehr oder weniger starkes Wachstum der Bevölkerung verbuchen. Andererseits konzentrierten sich zwischen 1961 und 1974 85 %/o der gesamten Bevölkerungszunahme in der Region München (diese umfaßt neben den hier dargestellten Landkreisen noch jene von Ebersberg, Erding, Freising und Landsberg) auf die „engere Verdichtungszone" i. S. von BOUSTEDT[19], 37 %/o entfielen auf die bereits mehrfach genannten Ringgemeinden (vgl. Karte 2 aus dem Regionalbericht der Region München). Sowohl die großen Bauprojekte, wie z. B. in Taufkirchen oder die Verdichtung der Bevölkerung im östlichen Landkreis Fürstenfeldbruck als auch die Zunahme der Bevölkerung in den landschaftlich attraktiven Lagen am Starnberger See und am Ammersee werden deutlich. Nehmen wir nur einmal die Entwicklung im Landkreis Fürstenfeldbruck, so hat sich dort das regionale Verteilungsgewicht der Bevölkerung grundsätzlich verändert. Während im Jahre 1950 noch 42 %/o der Bevölkerung im westlichen, landwirtschaftlich orientierten Teil des Landkreises lebten, waren es 1974 nur noch 22 %/o[20] Wie sehr dabei die Distanz zu München für die Dynamik dieses Prozesses von Bedeutung war, zeigt etwa das O-W-Profil der Bevölkerungsentwicklung entlang der S-Bahn-Linie Richtung Nannhofen. So stieg die Bevölkerung in dem München nähergelegenen (30-Minuten-Distanz zum Marienplatz) Gröbenzell um 111 %/o, in Esting um 110 %/o, in dem weiter entfernten Maisach um 20 %/o, in der Arbeiter-Bauerngemeinde Mammendorf sogar nur um 4 %/o (vgl. dazu auch Abb. 1 a). Jedoch die Distanz kann nicht allein als erklärende Variable für diese Entwicklung herangezogen werden, sondern im Einzelfall beeinflussen verschiedene räumlich aktive sozialgeographische Gruppen, z. B. Bauträgergesellschaften und Immobilienmakler als teilweise allochthone Gruppen, Geschäftsleute oder Baulandbesitzende und verkaufswillige Landwirte sowie an der Bevölkerungsdynamik interessierte Bürgermeister als autochthone Gruppen ganz wesentlich die Entwicklung.

b) *Veränderung der Berufspendlertätigkeit zwischen 1961 und 1970*

Geht man nun der Frage nach der Verbindung der Bevölkerung in den Stadt-Rand-Gemeinden mit der Kernstadt München nach, um festzustellen, inwieweit es sich hier

---

[19] Vgl. O. BOUSTEDT: Grundriß der empirischen Regionalforschung, Teil III, Taschenbücher zur Raumplanung der Akademie für Raumforschung und Landesplanung, Hannover 1975, S. 263 ff.
[20] Landkreis Fürstenfeldbruck, Struktur- und Kreisentwicklungsplan, Fürstenfeldbruck 1975.

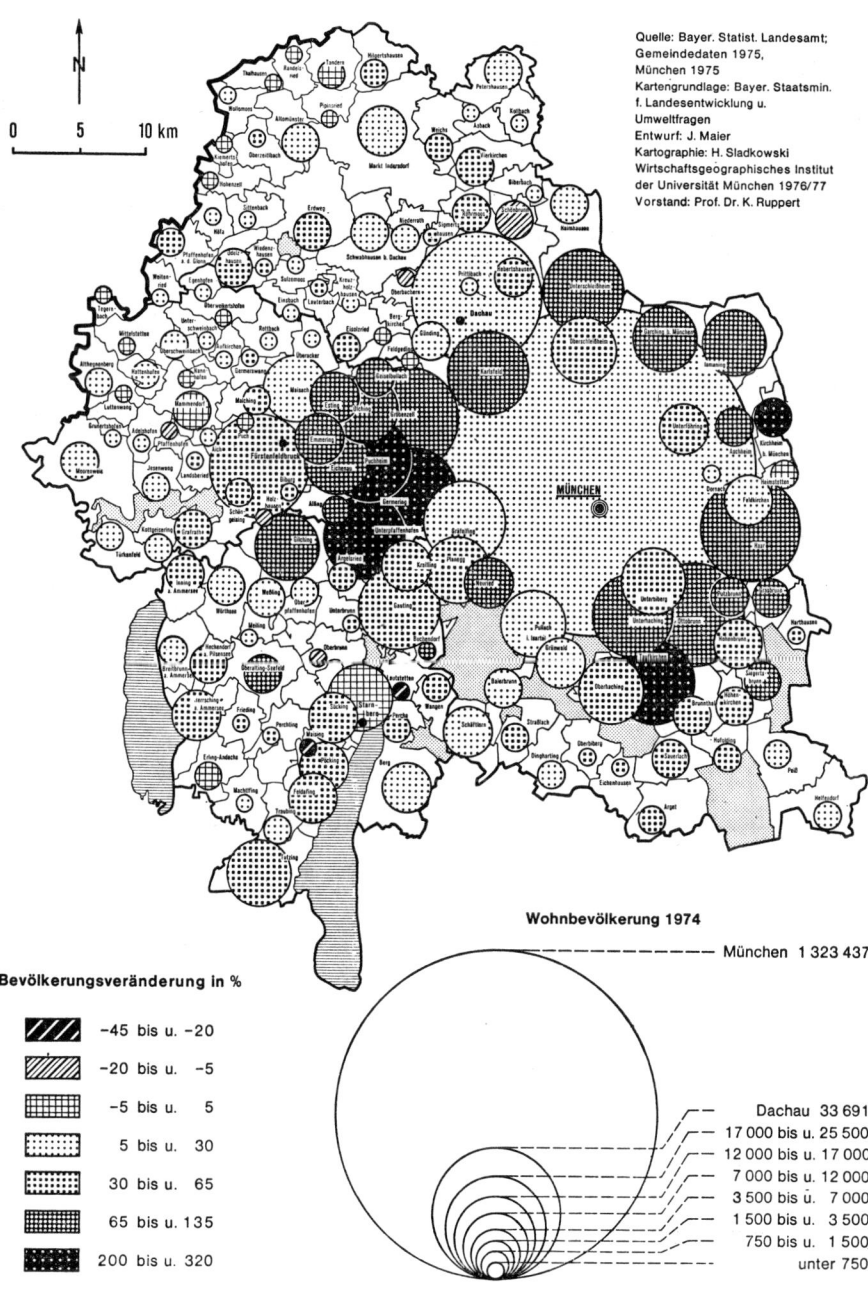

Karte 4

Umfang und relative Veränderung der Berufsauspendler im Umland von München zwischen 1961 und 1970

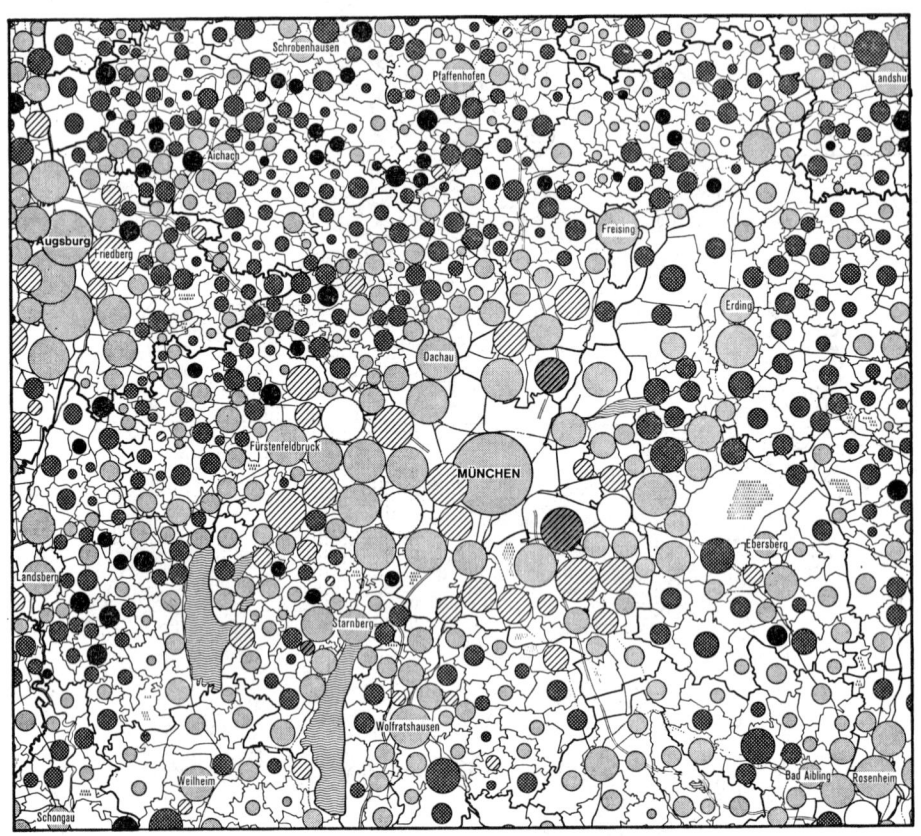

Zahl der Auspendler 1970

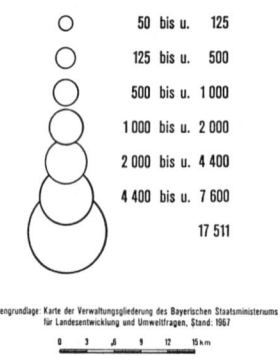

	bis unter	50
	50 bis u.	125
	125 bis u.	500
	500 bis u.	1 000
	1 000 bis u.	2 000
	2 000 bis u.	4 400
	4 400 bis u.	7 600
		17 511

Veränderung des Anteils der Berufsauspendler an den Erwerbstätigen zwischen 1961 und 1970 in Prozentpunkten

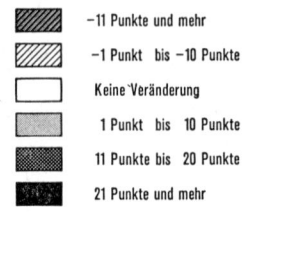

- −11 Punkte und mehr
- −1 Punkt bis −10 Punkte
- Keine Veränderung
- 1 Punkt bis 10 Punkte
- 11 Punkte bis 20 Punkte
- 21 Punkte und mehr

Quelle: Bayerisches Statistisches Landesamt, Volks- und Berufszählung 1961 und 1970
Entwurf: J. Maier
Kartographie: H. Sladkowski
München 1973

um reine Vorstädte von München handelt oder bereits um eigenständige kommunale Einheiten, so eignet sich für die großräumige Analyse dazu besonders die Berufspendlerverflechtung als Kriterium. Sie ist statistisch greifbar und quantitativ meßbar. Da die arbeitsfunktionale Orientierung nach den Ergebnissen verschiedener Studien fast die Hälfte aller verkehrsräumlichen Aktivitäten menschlicher Gruppen prägt[21], ist dieses Kriterium gleichzeitig aussagekräftiger Hinweis für die räumliche Verflechtung zwischen Bewohnern von Stadt-Rand-Gemeinden und der Kernstadt. Aufgrund des hohen Auspendleranteils an den Erwerbstätigen in einer Gemeinde, der trotz Verlagerungs- bzw. Dezentralisierungstendenzen der Industrie und der Schaffung neuer Arbeitsplätze im Einzelhandel in den Stadt-Rand-Gemeinden im Westen von München 70 % und mehr erreicht (vgl. Abb. 4a) und damit den Pendler zum „Normaltyp" des Erwerbstätigen in diesen Gemeinden macht, haben manche Autoren gerade den Pendlereinzugsbereich als Kriterium zur Bestimmung des „suburbanen" Bereichs gewählt[22]. Wenn damit auch ein wichtiger Hinweis für die räumliche Verflechtung angesprochen wird, einer Abgrenzung der Stadt-Rand-Gemeinden wird damit nur teilweise entsprochen, da entsprechend hohe Pendleranteilswerte auch in Arbeiter-Bauerngemeinden in größerer Distanz zu München erreicht werden.

Betrachtet man ergänzend dazu in Karte 4, komparativ-statisch gesehen, die Veränderung des Pendleranteils in den Gemeinden um München, so ist festzustellen, daß in den großstadtnahen Gemeinden diese Anteilswerte häufig stagnieren, teilweise sogar sich rückläufig entwickeln, während in den äußeren Bereichen des Verdichtungsraumes München die Anteilswerte im allgemeinen ansteigen. Neben dem Problem der Berechnung von Steigerungsraten spielen für die Stadt-Rand-Gemeinden die vermehrten Arbeitsplätz im sekundären[23] und tertiären Sektor sowie das Anwachsen von Personen der Freien Berufe (u. a. Ärzte, Rechtsanwälte, Künstler) eine wichtige Rolle. So verfügten trotz hoher Auspendlerzahlen, Gemeinden im Westen von München wie etwa Dachau, Fürstenfeldbruck oder Starnberg als eher historisch gewachsene Zentren, aber auch Germering, Gauting, Gröbenzell, Olching, Puchheim und Unterpfaffenhofen über beträchtliche Einpendlerzahlen. Die im Laufe der wirtschaftlichen und gesellschaftlichen Entwicklung eingetretene verstärkte Zunahme der Pendlertätigkeit um die Städte wird demnach durch eine Intensivierung der gegenseitigen Verflechtung noch verstärkt. Der von SEGER[24] im Umfeld von Wien gezogenen Konsequenz in der Bewertung der Stadt-Rand-Gemeinden als „Schlafstädte" kann damit für die Beispiele im Westen von München — abgesehen davon, daß die Erwerbstätigen nicht einmal die Hälfte unter der Wohnbevölkerung ausmachen — nicht gefolgt werden, da durch die günstige Verkehrserreichbarkeit (30-45 Minuten vom Marienplatz in München) der S-Bahn-Linien sowie durch die verorteten Einrichtungen weiterer funktionaler Aktivitätsbereiche zahlreiche Hinweise bzw. Merkmale für ein kommunales Eigenleben vorhanden sind.

---

[21] Vgl. J. MAIER, a. a. O., S. 61—65.

[22] Vgl. u. a. J. FRIEDRICHS und H.-G. v. ROHR: Ein Konzept der Suburbanisierung. In: Forschungs- und Sitzungsberichte der Akademie für Raumforschung und Landesplanung, Bd. 102, Hannover 1975, S. 33.

[23] Vgl. auch G. THÜRAUF: Industriestandorte in der Region München. In: Bd. 16 der Münchner Studien zur Sozial- und Wirtschaftsgeographie, Kallmünz 1975.

[24] M. SEGER: Sozialgeographische Untersuchungen im Umfeld von Wien. In: Mitteilungen der Österreichischen Geographischen Gesellschaft, Band 114, 1972, Heft III, S. 305.

Karte 5

Regionale Struktur -und Prozeßmuster in den Gemeinden der Landkreise Dachau, Fürstenfeldbruck, München und Starnberg

Struktur der Erwerbstätigen nach Wirtschaftsbereichen 1970

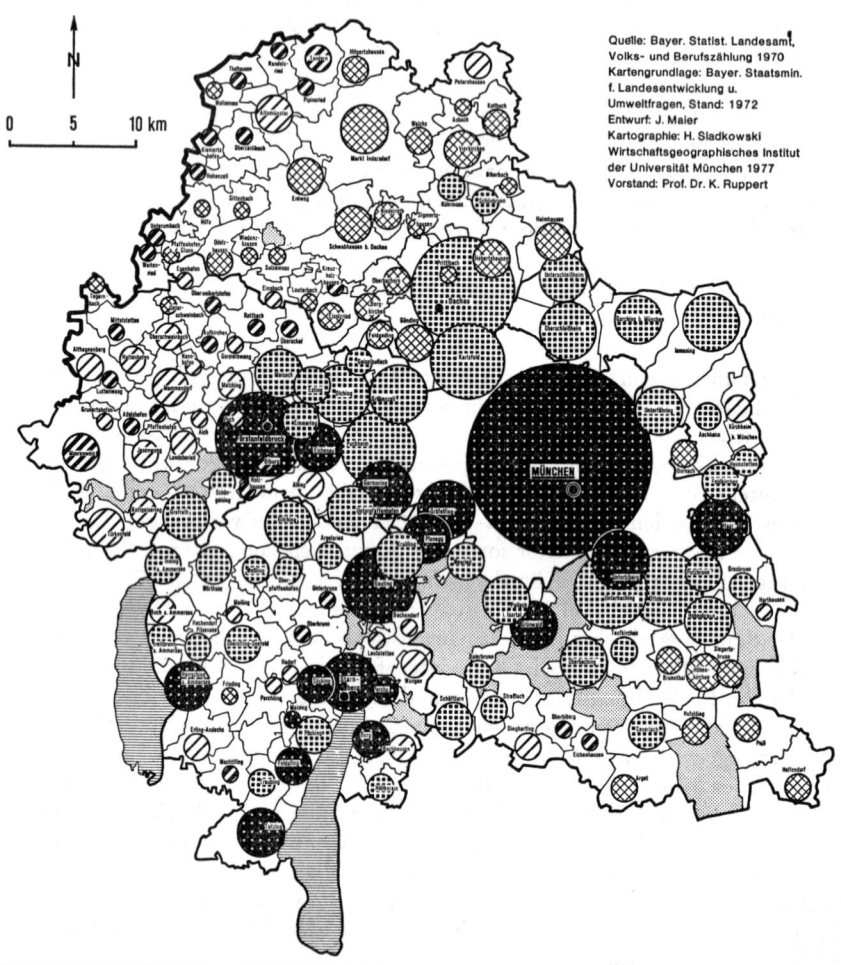

Quelle: Bayer. Statist. Landesamt, Volks- und Berufszählung 1970
Kartengrundlage: Bayer. Staatsmin. f. Landesentwicklung u. Umweltfragen, Stand: 1972
Entwurf: J. Maier
Kartographie: H. Sladkowski
Wirtschaftsgeographisches Institut der Universität München 1977
Vorstand: Prof. Dr. K. Ruppert

Typ	Erwerbstätige (%)		
	Land- und Forstwirtschaft	Produzierendes Gewerbe	Handel, Verkehr u. Dienstl.
▨	30 bis u. 85	15 bis u. 40	unter 30
▨	15 bis u. 55	15 bis u. 55	30 bis u. 70
▦	unter 50	40 und mehr	10 bis u. 30
▦	unter 15	30 bis u. 70	30 bis u. 55
▰	unter 15	unter 55	55 und mehr

Zahl der Erwerbstätigen 1970

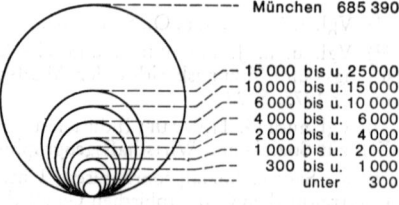

München 685 390
15 000 bis u. 25 000
10 000 bis u. 15 000
6 000 bis u. 10 000
4 000 bis u. 6 000
2 000 bis u. 4 000
1 000 bis u. 2 000
300 bis u. 1 000
unter 300

c) Erwerbsstruktur und Ausbildungsniveau der Bevölkerung sowie Entwicklung der Bodenpreise als Beispiele sozioökonomischer Strukturmerkmale

Wurde schon bei der Analyse der räumlichen Verflechtungen zwischen Stadt-Rand-Gemeinden und Kernstadt deutlich, daß unter den Umlandgemeinden teilweise beträchtliche Unterschiede bestehen, so wird durch die beispielhaft herangezogenen sozioökonomischen Strukturdaten in verstärktem Maße deutlich, daß es *einen* Typ von Stadt-Rand-Gemeinde nicht gibt, sondern eine Fülle differenzierter Erscheinungsformen auftreten. Historische Entwicklungsgänge, Lage zu den Verkehrslinien, insbesondere zur S-Bahn, raumwirksames Handeln von Bürgermeistern/Gemeinderäten, Maklern und Bauträgergesellschaften sowie der Zuzug von unterschiedlichen Sozialschichten, veränderte Bodenpreise und Eigentumsstrukturen an Grund und Boden, Entstehung spezifischer Gemeindeimages, Errichtung von kommunalen Infrastrukturen und privaten Versorgungseinrichtungen und dadurch bewirktem weiteren Zuzug von Personenschichten trugen zu einem räumlichen Prozeß bei, der insgesamt zwar nicht — wie in den USA — nur durch bestimmte Einkommens- und/oder Berufsschichten geprägt ist, im Einzelfall der Gemeinden jedoch deutliche Tendenzen sozialer Segregation beinhalten kann.

Statistisch belegbar ist dies z. B. in Gröbenzell, wo 1976 besonders mittlere bis ältere Personengruppen, Familien mit mehreren Kindern, überwiegend der beruflichen Mittel- und Oberschicht angehörend, zugezogen sind, dabei im allgemeinen eine Eigentumswohnung oder ein Haus erworben haben, während unter den Wegziehenden vor allem Alleinstehende oder Ehepaare ohne Kinder jüngeren Alters bzw. ausländische Arbeitnehmer mit ihren Familien, in der Regel der beruflichen Grund- und Mittelschicht zuzurechnend und Mietwohnungen besitzend, das Hauptgewicht darstellten. Die in den letzten zwei Jahren weiter gestiegenen Bauland- und Mietpreise (in Gröbenzell mußte 1976 im Durchschnitt DM 165/qm, in Spitzenlagen im nördlichen Ortsteil bis DM 240/qm für erschlossenes Bauland bezahlt werden, wobei die Nachfrage noch deutlich über dem Angebot lag) dürften für diesen Segregationsvorgang eine nicht unwichtige Rolle spielen, ebenso die Festlegung relativ niedriger Geschoßflächenzahlen bzw. das Ziel der Einzelhausbebauung für große Teile des Gemeindegebiets.

Karte 5 zeigt andererseits, daß das Beispiel Gröbenzell keineswegs generalisierbar ist, bestehen allein innerhalb der Struktur der Erwerbstätigen nach Wirtschaftsbereichen beträchtliche Unterschiede zwischen den Gemeinden im Westen von München (vgl. auch Karte 9 aus dem Regionalbericht der Region München). So heben sich zwar neben den zentralen Orten vor allem jene Gemeinden (des Typs 5) in bevorzugten Wohnlagen im Würmtal und am Starnberger See ab, in denen Beamte und Angestellte des Öffentlichen Dienstes oder — ganz allgemein — des Handels-/Dienstleistungssektors mehr als die Hälfte der Erwerbspersonen stellen. Daneben treten ergänzend noch Gemeinden auf, in denen Bauträgergesellschaften des Öffentlichen Dienstes besonders aktiv den Baumarkt gestalteten. Während diese Gemeinden meist an öffentliche Verkehrslinien sehr gut angbunden sind und somit kilometrische Distanzen bis zu 40 km in relativ kurzer Zeit überwunden werden können, sind die noch in erheblichem Maße durch Erwerbstätige in der Landwirtschaft gekennzeichneten Gemeinden (des Typs 1) gerade durch ihre Lage im Verkehrsschatten charakterisiert. Dies gilt nicht nur für die Beispiele im Dachauer und Fürstenfeldbrucker Hinterland, sondern — kilometrisch relativ nah an München gelegen — auch für das Moränengebiet zwischen Starnberger See und Ammersee. Zwar hat sich durch vermehrten Einsatz von flächenerschließenden Omnibuslinien diese Situation bis 1976 für die Bevölkerung dieser Gemeinden verbessert, jedoch hält sich bis heute der

Räumliche Struktur- und Prozeßmuster in Stadt-Rand-Gemeinden im Westen von München

Abb. 1a **Bevölkerungsveränderung**

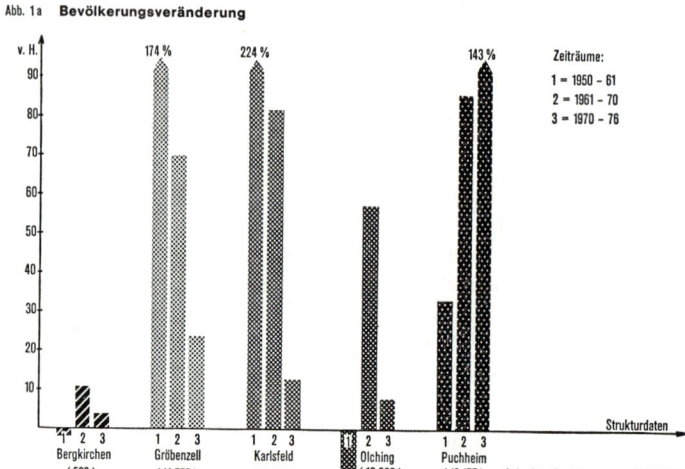

Abb. 1b **Erwerbsstruktur 1970**

Abb. 1c **Bildungsstruktur 1970**

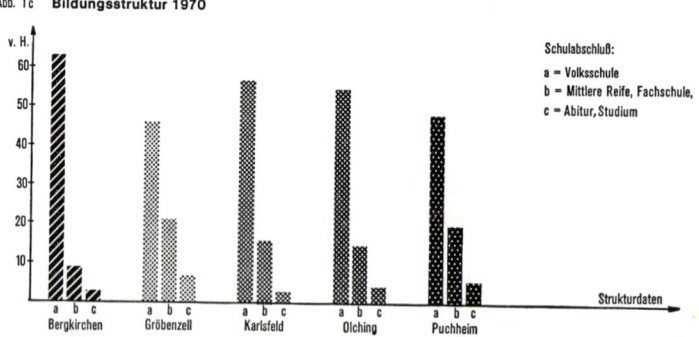

Quelle: Bayer. Staatsministerium f. Landesentwicklung u. Umweltfragen, Strukturdatenblätter für Gemeinden, München 1976
Entwurf: J. Maier
Bearbeitung: H. Esterhammer
Wirtschaftsgeographisches Institut der Universität München 1977
Vorstand: Prof. Dr. K. Ruppert

Karte 6

Regionale Struktur- und Prozeßmuster in den Gemeinden der Landkreise
Dachau, Fürstenfeldbruck, München und Starnberg

Soziale Differenzierung der Bevölkerung nach dem Indikator Hochschulabschluß 1970

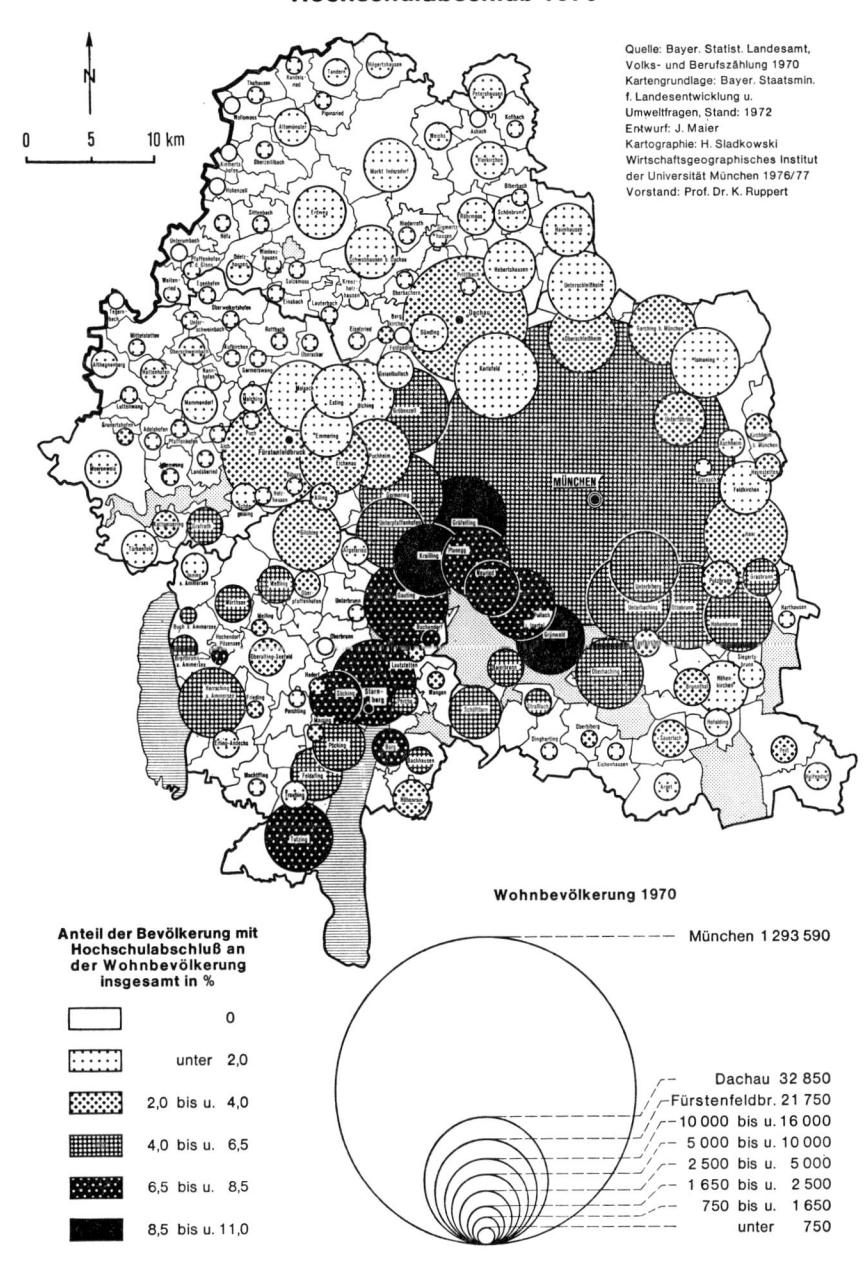

Quelle: Bayer. Statist. Landesamt,
Volks- und Berufszählung 1970
Kartengrundlage: Bayer. Staatsmin.
f. Landesentwicklung u.
Umweltfragen, Stand: 1972
Entwurf: J. Maier
Kartographie: H. Sladkowski
Wirtschaftsgeographisches Institut
der Universität München 1976/77
Vorstand: Prof. Dr. K. Ruppert

Anteil der Bevölkerung mit Hochschulabschluß an der Wohnbevölkerung insgesamt in %

- 0
- unter 2,0
- 2,0 bis u. 4,0
- 4,0 bis u. 6,5
- 6,5 bis u. 8,5
- 8,5 bis u. 11,0

Wohnbevölkerung 1970

- München 1 293 590
- Dachau 32 850
- Fürstenfeldbr. 21 750
- 10 000 bis u. 16 000
- 5 000 bis u. 10 000
- 2 500 bis u. 5 000
- 1 650 bis u. 2 500
- 750 bis u. 1 650
- unter 750

Zustrom von Neubürgern in diese Gemeinden in Grenzen (vgl. Karte 3). Gemessen am Anteilswert der Erwerbstätigen im tertiären Sektor ist, insgesamt gesehen, ein deutliches Gefälle vom Zentrum München nach außen festzustellen, besonders im NW, N und SO des ausgewählten Gebietsausschnittes.

Die im SW in Richtung Starnberger See und Ammersee zum Ausdruck gekommene spezifische Erwerbsstruktur wird durch die Aussage von Karte 6, in Gestalt des Anteils der Bevölkerung mit Hochschulabschluß, noch unterstrichen. Gemeinden wie Gräfelfing, Krailling oder Grünwald, aber auch andere Gemeinden im Würmtal besaßen bereits 1970 einen beachtlich hohen Anteil von Akademikern, der sich inzwischen noch erhöht haben dürfte. Demgegenüber ist diese Sozialschicht in den Stadt-Rand-Gemeinden im NO, N und NW weit weniger stark vertreten.

Bei der Auswahl der fünf Testfälle unter den Stadt-Rand-Gemeinden im Westen von München wurde diese Differenzierung berücksichtigt (vgl. Abb. 1 c). Deshalb wurden neben Bergkirchen als Beispiel einer Arbeiter-Bauern-Gemeinde vier mehr oder weniger stark an Bevölkerung gewachsene Gemeinden unterschiedlicher Sozialstruktur herangezogen. Während dabei Gröbenzell und Puchheim (insbes. Puchheim-Bahnhof) in bezug auf die Sozialstruktur untereinander noch vergleichbar sind, gilt dies entsprechend für Olching und Karlsfeld.

Um dies detaillierter belegen zu können, sei nur einmal auf die beiden Beispiele Gröbenzell und Karlsfeld eingegangen. Gröbenzell mit 1977 rd. 15 000 Einwohnern, 1952 durch den Zusammenschluß verschiedener Ortsteile der umliegenden Gemeinden entstanden und zwischen 1967 bis 1971 besonders stark an Einwohnern zugenommen, ist neben der vorhandenen autochthonen Bevölkerungsgruppe vor allem durch die meist aus München zugezogenen Neubürger der beruflichen Mittel- und Oberschicht geprägt. Dokumentiert wird diese schichtenspezifische Sortierung 1976 etwa im Anteil von 12 % der Bevölkerung mit Hochschulabschluß (1970 6%) bzw. von 16% der Haushalte, die einen Zweitwagen besitzen.

Demgegenüber ist die Struktur in Karlsfeld, vor 175 Jahren als Kolonistendorf im Dachauer Moos gegründet, aber erst durch die Ansiedlung von Heimatvertriebenen aufgrund der Nähe verschiedener industrieller Großbetriebe im Norden von München an Bevölkerung angewachsen, mit seinen rd. 14 200 Einwohnern 1977 neben dieser schon fast als autochthon zu bezeichnenden Bevölkerungsgruppe der beruflichen Grund- und Mittelschicht vor allem seit Ende der 60er Jahre durch die Gruppe der ausländischen Arbeitnehmer und — in den letzten Jahren — durch neu zugezogene Bevölkerungsgruppen gekennzeichnet. Der Anteil von 57% der Bevölkerung, die 1970 die Volksschule als höchsten Schulabschluß angaben, die Dominanz jüngerer Personengruppen (z. B. ³/₄ der Bevölkerung ist jünger als 45 Jahre) und der in der Spitze 24%, heute noch 19% ausmachende Anteilswert der ausländischen Bevölkerungsgruppe seien dafür als charakteristisch genannt.

Zieht man noch als dritten, aus dem ökonomischen Interpretationsbereich regionaler Differenzierung abgeleiteten Indikator die Boden- bzw. die Baulandpreise heran, so werden in Karte 7 die bereits beschriebenen Segregationstendenzen in einzelnen Gemeinden dadurch erneut betont [25]. Da sich in diesen Preisen besonders rasch die Reaktion von

---

[25] Vgl. u. a. TH. POLENSKY: Die Bodenpreise in Stadt und Region München. In: Band 10 der Münchner Studien zur Sozial- und Wirtschaftsgeographie, Kallmünz 1974, sowie (für den Verdichtungsraum Nürnberg) H. BECK: Die Entwicklung der Baulandpreise von 1956—1969 in einem Verdichtungsraum. In: Informationen, 20. Jahrgang, 1970, Nr. 21, S. 653—660, oder (für den Verdichtungsraum Stuttgart) CH. BORCHERDT, R. GROTZ, K. KAISER, K. KULINAT: Verdichtung als Prozeß. In: Raumforschung, 29. Jahrgang, 1971, Heft 5, S. 201—207.

Karte 7

Regionale Struktur- und Prozeßmuster in den Gemeinden der Landkreise
Dachau, Fürstenfeldbruck, München und Starnberg

Baulandpreise und Verkaufsflächen 1971-1974

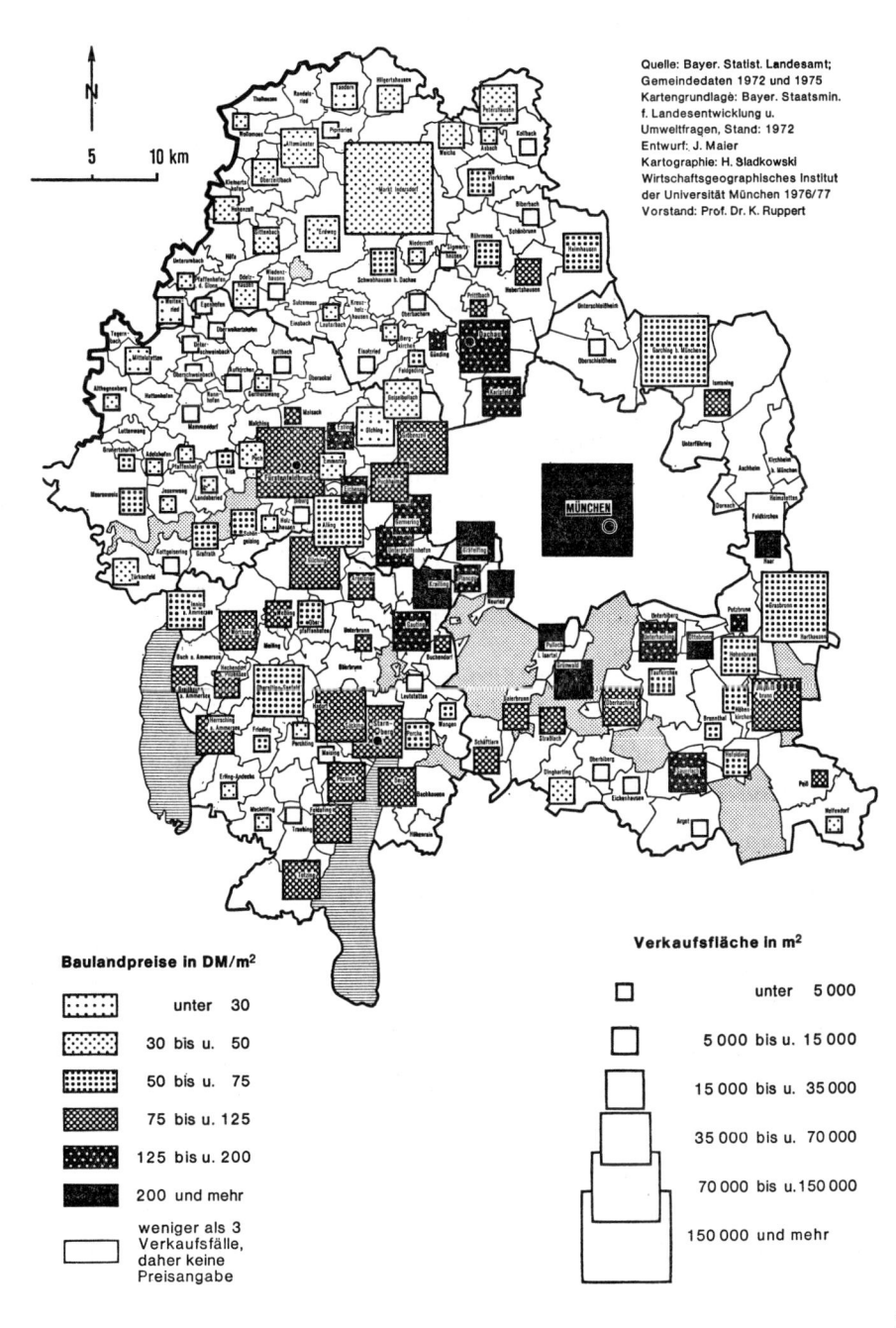

Quelle: Bayer. Statist. Landesamt;
Gemeindedaten 1972 und 1975
Kartengrundlage: Bayer. Staatsmin.
f. Landesentwicklung u.
Umweltfragen, Stand: 1972
Entwurf: J. Maier
Kartographie: H. Sladkowski
Wirtschaftsgeographisches Institut
der Universität München 1976/77
Vorstand: Prof. Dr. K. Ruppert

Baulandpreise in DM/m²

- unter 30
- 30 bis u. 50
- 50 bis u. 75
- 75 bis u. 125
- 125 bis u. 200
- 200 und mehr
- weniger als 3 Verkaufsfälle, daher keine Preisangabe

Verkaufsfläche in m²

- unter 5 000
- 5 000 bis u. 15 000
- 15 000 bis u. 35 000
- 35 000 bis u. 70 000
- 70 000 bis u. 150 000
- 150 000 und mehr

räumlichen Prozeßkomponenten niederschlägt, die verstärkte Nachfrage nach Bauland durch private Bauwillige als auch durch Industrie- und Handelsbetriebe signalisieren, ist ihre Darstellung eine gute Ergänzung der bisherigen Daten. Wiederum kann man dies neben München in den bereits mehrfach angesprochenen Würmtalgemeinden, den im Süden an die administrativen Grenzen Münchens anschließenden Gemeinden, aber auch in den stark an Bevölkerung gewachsenen Gemeinden Germering und Unterpfaffenhofen, Karlsfeld, Dachau und dem als bevorzugten Wohnvorort Dachaus sich entwickelnden Günding erkennen. Während die südwestlichen Teile des Kartenausschnittes, beliebte Naherholungsziele umfassend, selbst in größerer metrischer Distanz zu München noch über bemerkenswert hohe Bodenpreise verfügen, fallen die Preisstrukturen nach Norden und Westen stark ab. Erneut wird damit das regionale Verteilungsbild für die Siedlungsentwicklung und die sozioökonomische Bevölkerungsstruktur im Westen von München bestätigt. So ist es im Nordwesten, nach Karlsfeld bzw. Dachau und einer gewissen Bevölkerungsdynamik entlang der S-Bahn-Linie in Richtung Petershausen bzw. in Gestalt von Markt Indersdorf, überwiegend durch landwirtschaftlich geprägte Strukturen ohne allzu große Entwicklungsdynamik gekennzeichnet. Ein ähnliches, wenn auch wiederum entlang der S-Bahn-Linien nach Nannhofen und Geltendorf distanziell stärker ausgreifendes Bild der Bevölkerungsentwicklung und Stadt-Rand-Wanderung ergibt sich im Landkreis Fürstenfeldbruck. Die im östlichen Teil geradezu als typisch für diese Wanderungsprozesse anzusehende Entwicklung der Bevölkerungszunahme und daraus folgende bauliche, wirtschaftliche und soziale Umgestaltung dieser Gemeinden ist — in bezug auf die sozialen Veränderungen — auch im Bereich der Würmtalgemeinden zu beobachten. Anders als bei den ersten beiden Gebietsteilen unterscheidet sich hier im südwestlichen Teil des Untersuchungsgebietes das Hinterland jedoch weit weniger deutlich von den Stadt-Rand-Gemeinden, sondern weist eher auf einen allmählichen Übergang hin, der distanziell gesehen erst über die Seen hinaus auftritt (in den Landkreisen Landsberg und Weilheim).

2. Innergemeindliche Differenzierung der Sozialstruktur: Segregation oder Durchmischung in den Fall-Studien Gröbenzell, Olching und Karlsfeld

1) Bauliche Strukturen und zentrale Standorte

Zum Themenbereich der innerstädtischen bzw. innergemeindlichen Differenzierung liegt von geographischer Seite eine Reihe theoretisch-methodologischer und empirisch-kartographischer Analysen vor[26]. Bei dem Versuch, Bereiche unterschiedlicher baulicher und sozioökonomischer Struktur zu erfassen, wird häufig zwischen vertikaler und horizontaler Gliederung unterschieden, d. h. die Analysen zielen auf die Darstellung vorhandener Viertelsbildungen durch verschiedene funktionale Einrichtungen (bis hin zur Hierarchiebildung zentraler Standorte) einerseits oder durch die Verortung sozialstatistischer Daten (z. B. auf Block- oder Zählbezirksbasis) andererseits ab. Durch die Einführung des aktions- bzw. aktivitätsräumlichen Prinzips in der Geographie zählt zur zweiten Gruppe nicht nur die Darstellung von Personengruppen gleicher Sozialschichten, sondern auch die Untersuchung räumlich gleichartig sich verhaltender Personengruppen.

---

[26]) Hingewiesen sei nur auf G. ABELE: Abgrenzung und Bewertung der Geschäftszentren von Karlsruhe. In: Karlsruher Geographische Hefte, Band 3, Karlsruhe 1969, S. 37—51 oder K. RUPPERT: Stadtgeographische Methoden und Erkenntnisse zur Stadtgliederung. In: Forschungs- und Sitzungsberichte der Akademie für Raumforschung und Landesplanung. Band 42, Hannover 1968, S. 199—217.

Sie können einer Sozialschicht angehören oder auch nicht, entscheidend für die Betrachtung ist ihr Agieren im Raum. Dabei kann es sich sowohl um Personengruppen bei ihrer Nachfrage nach funktionalen Ansprüchen, also weitgehend um räumliches Anpassungsverhalten als auch um Personengruppen mit entscheidungstragender Kraft im Raum handeln[27]).

Zieht man einmal aus den vorhandenen Verfahrenskatalogen jenen Teil der baulichen Gestaltform und der zentralen Standortanalyse heraus, so zeigt sich unter den Testgemeinden bereits von der Siedlungsstruktur ein Unterschied insoweit, als in Olching und Gröbenzell die Erweiterung der Gemeinden um den historischen oder geschaffenen Ortskern in geschlossener Form erfolgte, während in Puchheim und besonders in Karlsfeld durch die Bevölkerungsentwicklung voneinander getrennte Ortsteile mit teilweise unterschiedlicher Sozialstruktur und unterschiedlichem Raumverhalten auftraten. Besonders deutlich war dies bis vor wenigen Jahren noch in Puchheim festzustellen, wo die ortsbürtigen Landwirte des Siedlungsteiles Puchheim-Ort den erst durch die Stadt-Rand-Wanderung aufgetretenen Neusiedlern in Puchheim-Bahnhof gegenüberstanden. Wenn auch inzwischen der Großteil der Bevölkerung dieser Gemeinde im zweiten Siedlungsbereich wohnt und die Sozialstruktur in Puchheim-Ort durch den Zuzug allochthoner Personengruppen überformt wurde, ist doch noch heute die Divergenz im räumlichen Verhalten, sowohl was die regionale Orientierung im Bereich funktionaler Verflechtung als auch die Geschlossenheit des Auftretens der autochthonen Personengruppe anbetrifft, zu beobachten[28]).

Auf die vertikale Gliederung der Gemeinden hatte diese unterschiedliche Siedlungsentwicklung insoweit großen Einfluß, als es in Olching und Gröbenzell durch Umgestaltung des Ortskerns damit gelang, einen zentralen Einkaufs- und Versorgungsbereich zu schaffen. Dieser entspricht von der quantitativen und qualitativen Ausstattung her durchaus dem Prädikat Siedlungsschwerpunkt des Landesentwicklungsprogrammes bzw. dem in der Literatur als charakteristische zentralörtliche Eigenart der Verdichtungsräume bezeichneten Selbstversorgerort[29]). Gegenüber dieser Konzentration von Versorgungseinrichtungen in der Hauptstraße in Olching bzw. der Bahnhof- und Kirchenstraße in Gröbenzell mit ersten City-Effekten, z. B. Nutzung des ersten und teilweise zweiten Stockwerkes für gewerbliche Zwecke oder Ausbreitung von Geschäften in die Seitenstraßen, sind die vergleichbaren Standorte in Puchheim und insbesondere in Karlsfeld eher dezentral angelegt. Die Planung und Entwicklung eines Gemeindezentrums als Kommunikationsstandort und Mittelpunkt der Gemeinde ist damit weit schwieriger als in den vorgenannten Orten.

Was nun die entsprechenden Ansätze aus dem Bereich der horizontalen Gliederung der Gemeinden betrifft, so ist von der baulichen Struktur her die vorhandene Mischung von früheren Siedlerstellen, älteren Landhäusern oder ausgebauten Zweitwohnsitzen, Ein- und Mehrfamilienhäusern sowie modernen Wohnanlagen mittleren bis größeren Zuschnitts und von verschiedenen Eigentumsformen wohl als charakteristisch für die Stadt-Rand-

---

[27]) Vgl. u. a. J. MAIER: Sozialräumliche Kontakte und Konflikte in der dynamisch gewachsenen Peripherie des Verdichtungsraumes, Beispiele aus dem westlichen Umland von München. In: Tagungsbericht und wissenschaftliche Abhandlungen des Deutschen Geographentages Mainz 1977, Wiesbaden 1978, S. 104—115.

[28]) Vgl. W. WAGNER: Sozialgeographische Strukturanalyse einer Stadt-Rand-Gemeinde, dargestellt am Beispiel von Puchheim, unveröffentlichte Dipl.-Arbeit am Wirtschaftsgeographischen Institut der Universität München unter Leitung von Prof. Dr. K. RUPPERT, München 1976.

[29]) Vgl. O. BOUSTEDT, a. a. O., S. 290 f., oder auch CH. BORCHERDT: Versorgungsstandorte und zentralörtliche Bereiche im Saarland. In: Geographische Rundschau, 25. Jahrgang, 1973, Heft 2, S. 48—54.

Gemeinden im Westen von München anzusehen. Dieses Nebeneinander verschiedener Bau- und Eigentumsformen ist besonders deutlich in Gröbenzell zu beobachten, wo die überaus repräsentative Villa, in den letzten Jahren erst errichtet, neben dem bescheidenen, kurz nach dem 2. Weltkrieg erbauten Einfamilienhaus anzutreffen ist oder die Kettenhaussiedlung eines großen Bauträgers an einen älteren Siedlungsteil anschließt. Städtische Wohndichten und höherer Geschoßwohnungsbau treten nur sehr vereinzelt auf, in Gröbenzell im Bereich der Bodenseestraße und in Karlsfeld etwa an der Rathaus- und Lessingstraße. Diese Erscheinungsformen prägen jedoch nicht das Gemeindebild, führen auch nicht, wie z. B. in Puchheim-Bahnhof oder Unterpfaffenhofen/Germering, zur Ausformung von baustrukturell bedingten Vierteln.

b) Berufsstruktur der Grundeigentümer

Die Heterogenität der Siedlungsstruktur zeigt sich andererseits auch in der Differenzierung der Eigentümer an Grund und Boden, wie sie aus der Sozialkartierung zu ersehen ist. Während z. B. in der Arbeiter-Bauern-Gemeinde Bergkirchen, im Verkehrsschatten gelegen und an einem stärkeren Zuzug von Neubürgern wenig oder nicht interessiert, über 80% der Grundstücksparzellen in der Hand von Voll- oder Nebenerwerbslandwirten sind (die Flächen der Vollerwerbslandwirte meist im Tertiärhügelland auf landwirtschaftlich besser nutzbarem Boden, die der Nebenerwerbslandwirte im weniger ertragreichen Ampermoos-Bereich gelegen)[30], stellt sich für die dynamisch gewachsenen Stadt-Rand-Gemeinden ein völlig anders strukturiertes Verteilungsbild dar. Sowohl für Gröbenzell als Beispiel einer siedlungshistorisch jungen Gemeinde als auch für Olching als Beispiel einer durch die Stadt-Rand-Wanderung an Bevölkerung weiter aufgefüllten, historisch gewachsenen Gemeinde ist innerhalb der bebauten Bereiche eine Vielfalt unterschiedlicher Berufsgruppen ersichtlich[31]. Das Vorherrschen der Landwirte als Grundeigentümer im Bereich unbebauter Grundstücke läßt sie aufgrund der bedeutenden Flächenanteile in Olching zu Repräsentanten der autochthonen Bevölkerungsgruppe werden, während sie in Gröbenzell nach dem Bau der Eiwo-Siedlungsteile an der Alpen- und von Branca-Straße bzw. dem großen Zuzug von Neubürgern und dadurch veränderter Sozialstruktur (seit 1972 auch der parteipolitischen Struktur) in den Hintergrund gedrängt wurden. Ein weiterer Unterschied zwischen diesen beiden Gemeinden wird aus der Sozialkartierung jedoch noch erkennbar, ist doch für Gröbenzell ein relatives Hervortreten der mittleren und höheren Angestellten bzw. Beamten (vor allem in den Neubausiedlungen) zu beobachten, während in Olching eine vergleichbare Situation für die gewerblichen Unternehmer (etwa entlang der Hauptstraße) und die Arbeiter (im südöstlichen Gemeindeteil) zutrifft.

c) Stellung im Beruf als Hinweis auf sozialräumliche Differenzierungen

Ist nun diese Gliederung der Grundeigentümer nach ihrem Beruf und die daraus folgende Schwerpunktbildung sozialer Schichtung übertragbar auf die gesamte Wohnbevölkerung? Eine Einschränkung erfährt die Aussage der Sozialkartierung bei einer derartigen Transformation schon dadurch, daß sich ein Teil der Parzellen in den Händen

---

[30]) Vgl. B. König: Entwicklung und Struktur der stadtnahen Landwirtschaft, dargestellt am Beispiel von Bergkirchen, unveröffentlichte Zulassungsarbeit am Staatsinstitut für die Realschullehrerausbildung, Pasing 1976.

[31]) Vgl. E. Baier: Sozialgeographische Analyse von Stadt-Rand-Gemeinden, die Beispiele Olching und Gröbenzell, unveröffentlichte Zulassungsarbeit am Wirtschaftsgeographischen Institut der Universität München unter Leitung von WR u. Prof. Dr. J. Maier, München 1976.

von Ausmärkern befindet. In Gröbenzell, wo dieser Anteilswert über 20% der Gesamtparzellen erreicht, weist dies nicht nur auf ein Charakteristikum des dynamischen Stadt-Randes (die Grundstücksspekulation) hin, sondern bringt auch für die zukünftige Siedlungspolitik und das -leitbild eine Reihe nur schwer abwägbarer Entwicklungsaspekte mit sich.

Unter Berücksichtigung dieses Problemkreises und zur Erfassung auch der Mieter unter der Bevölkerung wird daher bei sozialräumlichen Differenzierungen topographischer Dimension[32]) häufig von der Darstellung sozialstatistischer Daten auf möglichst kleinräumiger Basis ausgegangen. Da von Seiten der amtlichen Statistik eine Erfassung des Kriteriums Sozialstatus nicht vorliegt, wird meist von der Stellung im Beruf ausgegangen. Zu dem in Karte 8 wiedergegebenen Anteil der Beamten und Angestellten an der Wohnbevölkerung ist deshalb einschränkend zu sagen, daß dieses statistische Datum nur wenig über die reale Stellung des Erwerbstätigen in seiner Arbeitsstelle aussagt, jedoch einen ersten Hinweis auf Grobstrukturen sozialer Differenzierung innerhalb einer Gemeinde erlaubt. Nimmt man etwa das Beispiel Gröbenzell, so ist deutlich zu erkennen, daß in verschiedenen Gemeindeteilen Anteilswerte dieser Berufsgruppen von 70% und mehr erreicht werden[33]).

Schwerpunkte des Vorherrschens mit viertelsprägender Kraft finden sich etwa im Bereich der Alpenland-Siedlung im SO der Gemeinde, an der Ammersee-/Ostersee- und der von-Branca-Straße. Auch im nördlichen Gemeindeteil, zwischen Schubert- und Eschenrieder Straße ist eine derartige schichtenspezifische Viertelsbildung festzustellen. Demgegenüber werden extrem niedrige Anteilswerte dieser Berufsgruppen im Moosbereich im O der Gemeinde, dem Siedlungsgebiet der wenigen, noch vorhandenen Landwirte und im S der Gemeinde (im Bereich des Sandbergs), einer frühen Arbeiter-Siedlung, sowie — zum Zeitpunkt 1970 noch verständlich — im sog. Industriegebiet zwischen Olchinger Straße und der Bahnlinie erreicht. Damit werden jedoch weitere Hinweise auf sozioökonomisch zu definierende Viertel gegeben. Während diese letztgenannten Bereiche im wesentlichen durch vorhandene Arbeitsstätten oder sonstige verortete Einrichtungen stark beeinflußt werden, ist die Entstehung von „Beamten-/Angestellten"-Vierteln, durch die relativ einheitliche Bauweise noch unterstrichen, in direkter Abhängigkeit von der Investitionstätigkeit zweier Bauträgergesellschaften und ihrem Verkaufssystem bzw. den Kaufpreisen der Häuser und Wohnungen zu sehen. Mit wenigen Ausnahmen sind diese Wohnkomplexe zwischen 1968 und 1972 errichtet worden[34]). Diese Bauträgergesellschaften haben gegenüber der autochthonen Bevölkerungsgruppe der Landwirte, den ehemaligen Torfstechern, den Arbeiterpendlern und den kleineren, vor und kurz nach dem 2. Weltkrieg zugezogenen Gruppierungen der sozialen Mittel- und Oberschicht eine neue, allochthone Bevölkerungsgruppe nach Gröbenzell gebracht. Sie entspricht nach der Familiengröße, der Alters- und Berufsstruktur auch am ehesten dem in zahlreichen Mobilitätsstudien vorgeführten Typus von Stadt-Rand-Wanderern[35]). Da diese Bevölkerungsgruppe sich sowohl in ihrem aktionsräumlichen Verhalten als auch in ihren Zielvorstellungen über die zukünftige Entwicklung der Gemeinde deutlich von anderen Bevölkerungsteilen abhebt,

---

[32]) E. THOMALE: Sozialgeographie. In: Marburger Geographische Schriften, Heft 53, Marburg 1972.

[33]) Vgl. Karte 2 in dem Bericht von J. MAIER: Bevölkerungsdynamik und Raumverhalten in regional und sozioökonomisch unterschiedlichen Standorten, in diesem Band.

[34]) Vgl. dazu Karte 3 aus dem weiteren Bericht von J. MAIER in diesem Band.

[35]) Vgl. z. B. F. SCHAFFER: Randwanderung im Raum Augsburg, a. a. O.

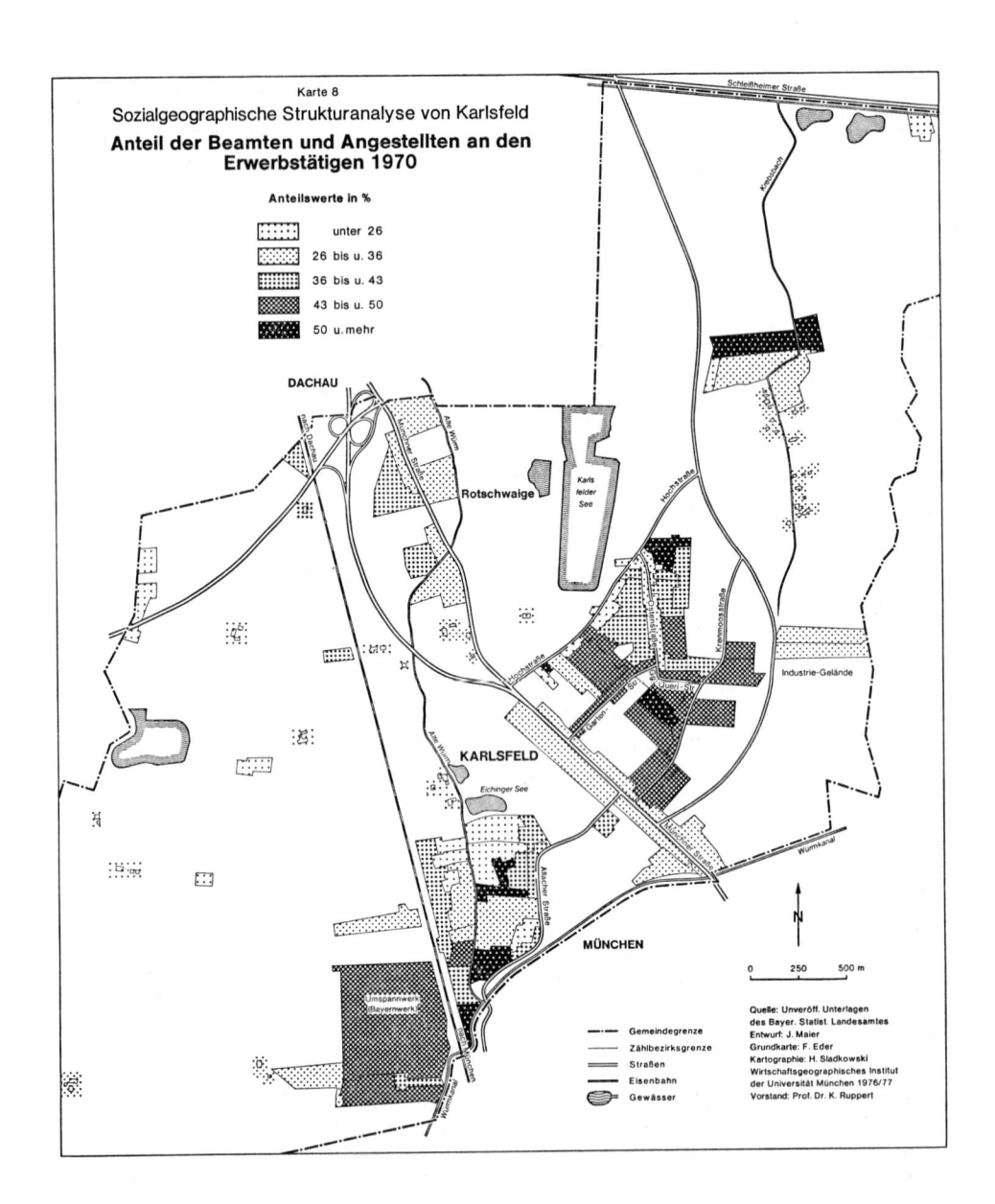

Karte 8
Sozialgeographische Strukturanalyse von Karlsfeld
Anteil der Beamten und Angestellten an den Erwerbstätigen 1970

Anteilswerte in %

- unter 26
- 26 bis u. 36
- 36 bis u. 43
- 43 bis u. 50
- 50 u. mehr

Quelle: Unveröff. Unterlagen des Bayer. Statist. Landesamtes
Entwurf: J. Maier
Grundkarte: F. Eder
Kartographie: H. Sladkowski
Wirtschaftsgeographisches Institut der Universität München 1976/77
Vorstand: Prof. Dr. K. Ruppert

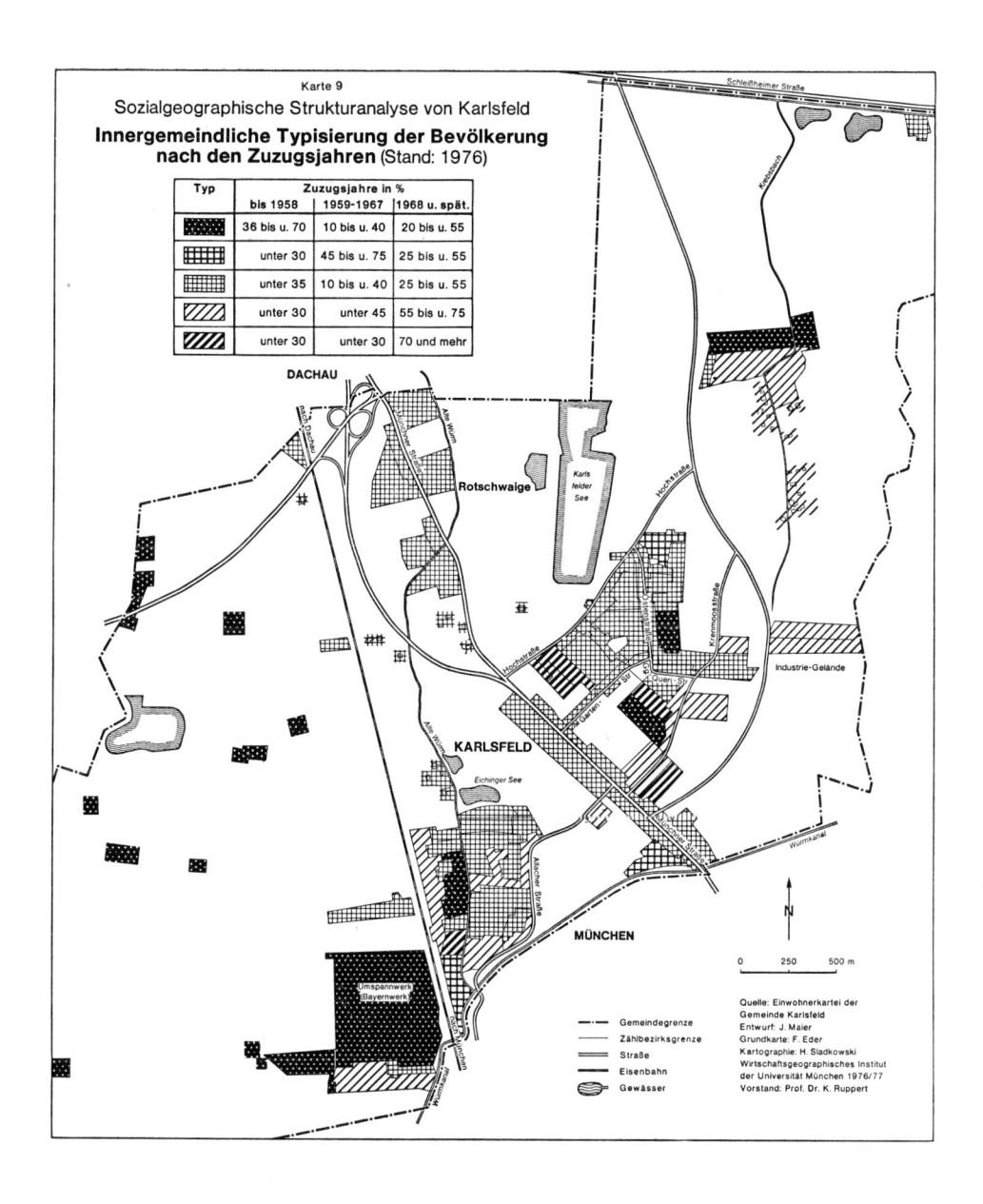

Karte 9
Sozialgeographische Strukturanalyse von Karlsfeld
Innergemeindliche Typisierung der Bevölkerung nach den Zuzugsjahren (Stand: 1976)

Typ	Zuzugsjahre in %		
	bis 1958	1959-1967	1968 u. spät.
	36 bis u. 70	10 bis u. 40	20 bis u. 55
	unter 30	45 bis u. 75	25 bis u. 55
	unter 35	10 bis u. 40	25 bis u. 55
	unter 30	unter 45	55 bis u. 75
	unter 30	unter 30	70 und mehr

Quelle: Einwohnerkartei der Gemeinde Karlsfeld
Entwurf: J. Maier
Grundkarte: F. Eder
Kartographie: H. Sladkowski
Wirtschaftsgeographisches Institut der Universität München 1976/77
Vorstand: Prof. Dr. K. Ruppert

ist hiermit auch ein Beispiel einer sozialgeographischen Gruppe als einer räumlich gleichartig agierenden Gruppe [36]) gegeben.

Der Zusammenhang zwischen gehobener Berufsstruktur und Zuwanderung Ende der 60er Jahre ist, obwohl in Gemeinden wie Puchheim, Eichenau, Germering-Unterpfaffenhofen, Gilching oder Alling zu beobachten, keineswegs überall anzutreffen. Gerade die Beispiele Karlsfeld oder auch Geiselbullach sowie Maisach zeigen, daß die Berufsgruppe der Angestellten und Beamten weit weniger stark vorhanden ist. Abgesehen von einer gewissen Konzentration dieser Gruppe in Karlsfeld in den Werkswohnungen der nahen Industriebetriebe MAN und MTU sind viertelsbildende Ansätze in dieser Hinsicht nur wenig festzustellen (vgl. Karte 8). Wie bereits betont, ist Karlsfeld auch weniger durch diese Personengruppe als durch jene der Arbeiter, sowohl deutscher als auch ausländischer Herkunft, bestimmt. Eine Differenzierung der sozialgeographischen Gruppen wird deshalb weniger von den Kriterien des Berufes ausgehen, sondern neben der regionalen Herkunft der Zuwanderer die Wohndauer in Karlsfeld heranziehen müssen. Wie aus Karte 9 zu entnehmen ist, besteht einmal die — inzwischen zahlenmäßig an Bedeutung verlorene — Gruppe der Alteingesessenen, wie sie besonders durch die Moosbauern bzw. durch die Siedler in der Umgebung des Bayernwerks repräsentiert werden. Als zweite Gruppe ist die der ehemaligen Heimatvertriebenen anzusehen, die kurz nach dem 2. Weltkrieg nach Karlsfeld kamen, inzwischen fast als autochthon zu bezeichnen sind und zahlenmäßig auch über die Siedlerverbände und verschiedene politische Institutionen die dominante Rolle in der Gemeinde spielen. Ihre Wohnbereiche sind vor allem in Alt-Karlsfeld sowie an der Ostenstraße in Neu-Karlsfeld zu finden. In diesem, seiner baulichen Struktur und Ausstattung nach sich von den teilweise alten Siedlerhäusern entlang der Würm deutlich unterscheidenden Ortsteil findet man auch die dritte Bevölkerungsgruppe, die ausländischen Arbeitnehmer. Ebenso, wenn auch nicht in Gestalt typischer Wohnstraßen wie bei der vorgenannten Gruppe, sondern eher punktuell auftretend, ist in Neu-Karlsfeld sowie in Rothschwaige dann noch die vierte Bevölkerungsgruppe der Neuzuwanderer der letzten Jahre zu erfassen. Sie besitzt damit und auch von der Quantität her nicht die raumgestaltende Funktion, wie dies etwa für Gröbenzell festzustellen war [37]).

Mit diesem Strukturbild sozialgeographischer Gruppenbildung vergleichbar, jedoch noch stärker die traditionell autochthone Bevölkerungsgruppe betonend, ist der dritte Gemeindetypus, wie er am Beispiel von Olching (oder auch Esting und Nannhofen) zum Ausdruck kommt. In Karte 10 treten jene Bereiche mit besonders hohem Anteil der vor 1960 sich Ansiedelnden klar hervor und markieren auch die quantitative Bedeutung dieser Gruppe, während sich die Neuzuwanderer im wesentlichen an der Peripherie der Gemeinde, vor allem entlang der Roggensteiner- und der Münchner Straße sowie entlang der S-Bahn-Linie niedergelassen haben.

Bei der erstgenannten Gruppe ist jedoch, worauf Karte 11 hinweist, insoweit ein Unterschied zu Karlsfeld festzustellen, als diese Gruppe neben den Landwirten (durch die Punkt-Signaturen wird deutlich der alte Siedlungskern als Standort der Betriebe

---

[36]) Vgl. J. MAIER: Zur Geographie verkehrsräumlicher Aktivitäten..., a. a. O., S. 150 ff. im Anschluß an W. HARTKE: Gedanken über die Bestimmung von Räumen gleichen sozialgeographischen Verhaltens. In: Erdkunde, 13. Jahrgang, Bonn 1959, S. 426—456, sowie H. DÜRR: Empirische Untersuchungen zum Problem der sozialgeographischen Gruppe: der aktionsräumliche Aspekt. In: Münchner Studien zur Sozial- und Wirtschaftsgeographie, Band 8, Kallmünz 1972, S. 71—81.

[37]) Vgl. die entsprechende Analyse von H.-G. WEHLING, H. WERNER: Probleme sozialer Integration in Stadt-Rand-Gemeinden. In: Der Bürger im Staat, 24. Jahrgang, 1974, Heft 2, S. 130.

45

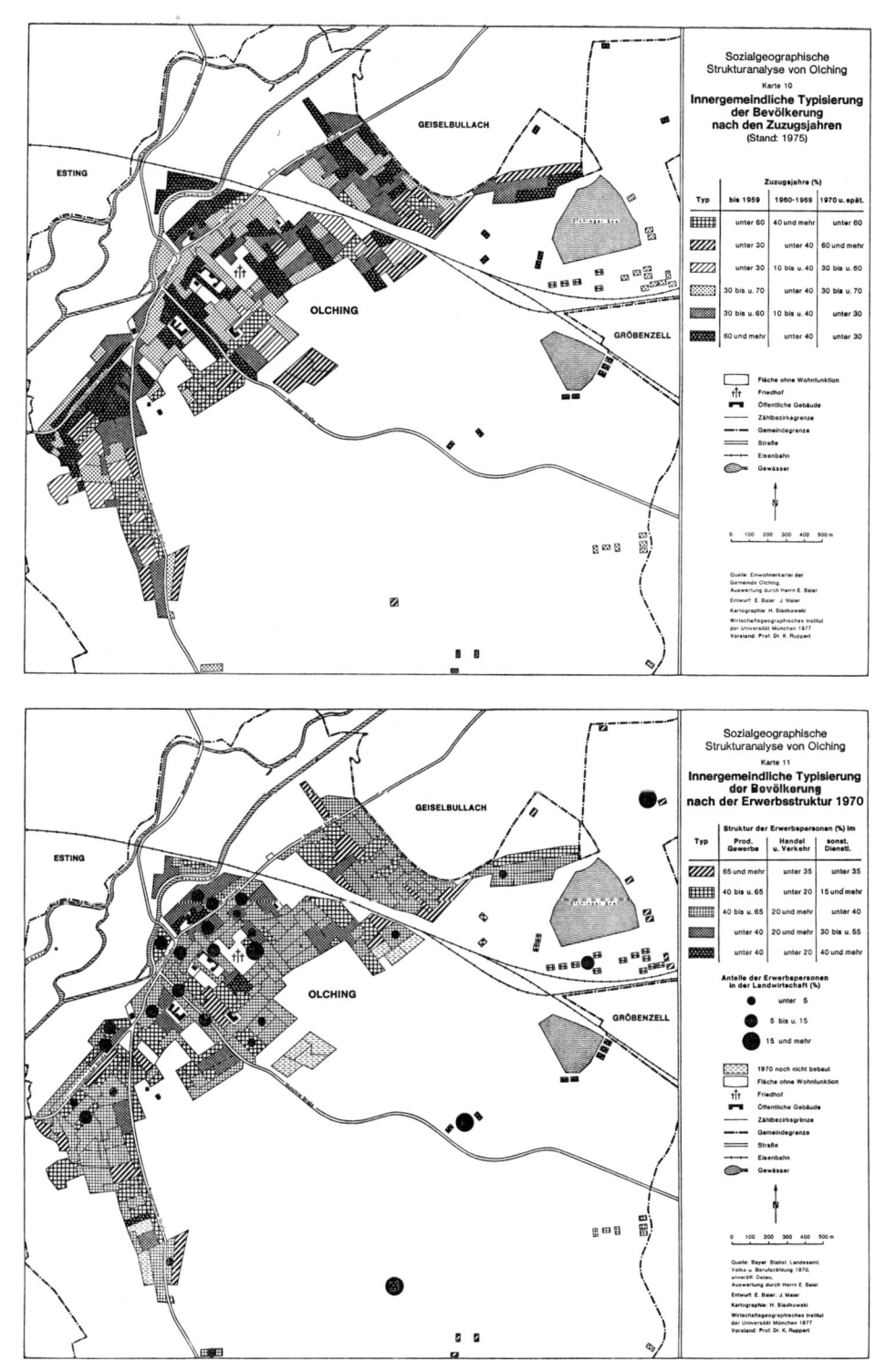

Abb. 2a **Altersaufbau der Gemeinde Karlsfeld 1970**
(11 852 Einwohner)

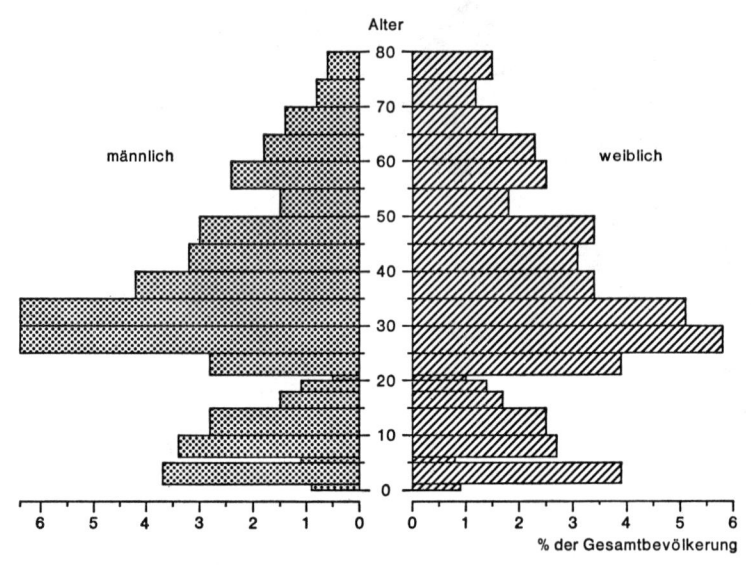

männlich — weiblich

% der Gesamtbevölkerung

Quelle: Bayer. Staatsmin. f. Landesentwicklung u. Umweltfragen;
Strukturdatenblatt für Gemeinden, Gemeinde Karlsfeld, München 1976, Blatt 1

Abb. 2b **Altersaufbau der Gemeinde Karlsfeld 1975**
(13 996 Einwohner)

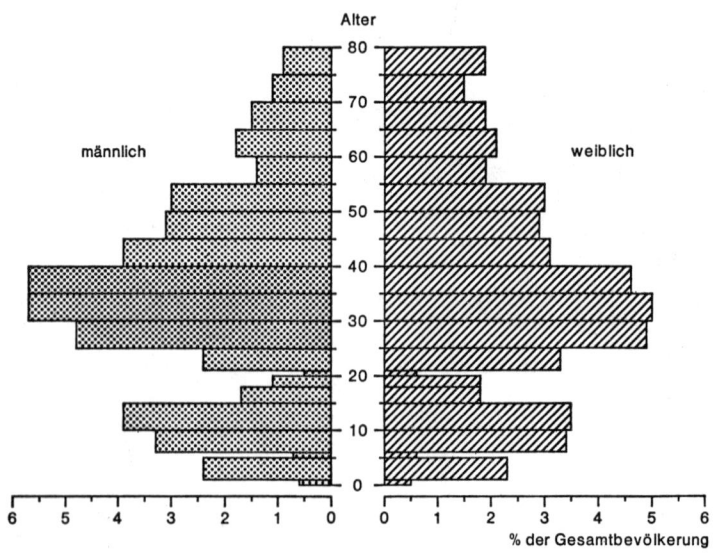

männlich — weiblich

% der Gesamtbevölkerung

Quelle: Einwohnerkartei der Gemeinde
Karlsfeld 1975, eigene Auswertung
Entwurf: J. Maier
Bearbeitung: H. Sladkowski

Wirtschaftsgeographisches Institut
der Universität München 1976/77
Vorstand: Prof. Dr. K. Ruppert

markiert) auch eine Reihe von Selbständigen aus dem tertiären (z. B. Handelsbetriebe in der Hauptstraße) und dem sekundären Bereich (z. B. Industriebetriebe am Rand der alten Siedlung, Strukturtyp 1) umfaßt. Olching ist damit eines der Beispiele im Westen von München, in denen trotz Überformung durch die Stadt-Rand-Wanderung und Aufwertung in zentralörtlicher Hinsicht die traditionelle dörfliche Siedlungs-, Wirtschafts- und Sozialstruktur teilweise noch erhalten geblieben ist.

d) *Altersstruktur als weiteres Kriterium zur Charakterisierung der Bevölkerung in Stadt-Rand-Gemeinden*

Zieht man die Ergebnisse verschiedener Untersuchungen über Stadt-Rand-Gemeinden heran, so wird sowohl in den USA als auch in der Bundesrepublik darauf hingewiesen, daß sich der Altersaufbau in diesen Gemeinden, durch die „typische" Gruppe der Zuwanderer zwischen 25-35 Jahren und deren noch kleine Kinder bedingt, von anderen Gemeinden erheblich unterscheidet.

Zwar werden in den Stadt-Rand-Gemeinden im Westen von München Extremwerte der Jugendlichen wie in den USA nicht erreicht, jedoch bestehen insgesamt sowohl bei

Abb. 3

Altersaufbau der jugoslawischen Staatsangehörigen mit Wohnsitz in Karlsfeld 1976

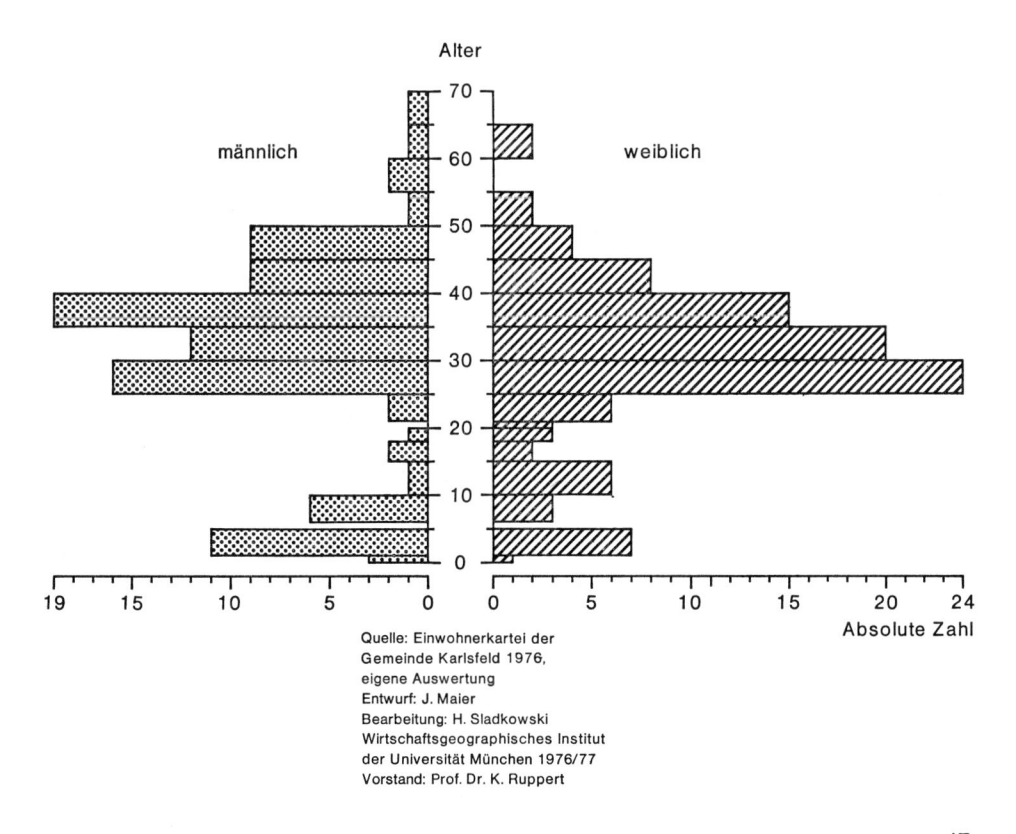

Quelle: Einwohnerkartei der Gemeinde Karlsfeld 1976, eigene Auswertung
Entwurf: J. Maier
Bearbeitung: H. Sladkowski
Wirtschaftsgeographisches Institut der Universität München 1976/77
Vorstand: Prof. Dr. K. Ruppert

den unter 15-Jährigen als auch den 15 bis unter 65-Jährigen überdurchschnittliche Anteilswerte. Dagegen sind bereits die Jahrgänge über 50 Jahre gegenüber dem bayerischen Landesdurchschnitt unterrepräsentiert. So erreichen z. B. in Karlsfeld die über 65-Jährigen nur knapp 7 %/o (bayerischer Landesdurchschnitt 1970 13 %/o). Wie die beiden Abbildungen 2a und 2b zeigen, hat sich zwischen 1970 und 1976 die Tendenz zu den jüngeren Personengruppen noch verstärkt. Dabei kann, durch den gesetzlichen Zuzugsstop ausländischer Arbeitnehmer zwar eingeschränkt, jedoch durch das Nachholen der Familienangehörigen dieser Arbeitnehmer dies zum Teil auch auf die spezifische Altersstruktur dieser Personengruppe zurückzuführen sein (vgl. Abb. 3). Durch diese Situation ergeben sich in Karlsfeld für die Kommunalplanung andere Probleme wie in einer Gemeinde mit Überalterungstendenzen, der Wunsch der Bevölkerung nach einem Bürgerhaus und/oder nach einem Jugendzentrum wird daher verständlich.

Nun könnte man die These vertreten, daß dieses Strukturbild nur für Karlsfeld gilt. Wie jedoch die Karte 5 aus dem Regionalbericht der Region München belegt, trifft das Ergebnis von Karlsfeld in einer Reihe von Stadt-Rand-Gemeinden zu, z. B. in Krailling, Planegg, Neuried, Oberhaching, Unterbiberg oder Unterföhring. Demgegenüber besitzt der Großteil der Stadt-Rand-Gemeinden ein dem Landesdurchschnitt vergleichbares Bild der Altersstruktur, allein Gemeinden wie Gräfelfing, Gauting, Starnberg, Tutzing, Pullach, Grünwald und Haar besaßen im Jahr 1970 Ansätze von Überalterungstendenzen, ein im Anschluß an die Darstellungen der Erwerbs- und Ausbildungsstruktur (vgl. Karten 5 und 6) durchaus schlüssiges Ergebnis.

3. Spezifische aktivitätsräumliche Verhaltensmuster in ausgewählten Gemeinden

Wie die Analyse der sozialen Differenzierung in den Stadt-Rand-Gemeinden gezeigt hat, existiert durch die Unterscheidung der Personengruppen nach der Wohndauer am Ort, d. h. nach dem gesellschaftlichen Integrationsgrad, *eine* Voraussetzung unterschiedlichen Raumverhaltens. In welcher Weise ergeben sich nun differenzierte räumliche Verhaltensweisen und damit spezifische Reichweiten und Raumdimensionen? Zur Analyse dieser Fragestellung wird von der funktionalen Bedürfnisstruktur der Menschen in diesen Gemeinden ausgegangen. Da der Fragenkreis der arbeitsorientierten Aktivitäten bereits bei der Darstellung der regionalen Differenzierung angeschnitten wurde, sollen hier deshalb die, nach ihrer Bedeutung für das menschliche Verhalten im Raum, an zweiter und dritter Stelle folgenden Funktionen des Versorgungs- und des Freizeitverhaltens behandelt werden. Die Maßgröße der Bedeutung, die nach Lage und Urbanisierungsgrad einer Gemeinde bzw. der Sozialstruktur ihrer Bürger selbstverständlich unterschiedlich gewichtet auftritt, wird insgesamt aus der Position bzw. dem Zeitaufwand der genannten Funktionen im Rahmen des time-budget oder der verkehrsräumlichen Aktivitäten menschlicher Gruppen abgeleitet[38]).

a) Räumliche Muster des Versorgungsverhaltens

Beginnt man einmal mit dem Versorgungsverhalten und teilt dieses, nach dem Charakter der „zentralen" Güter, in einen kurzfristigen Bedarfsbereich, die Nachfrage nach Lebensmitteln, Dienstleistungen in Apotheken und beim praktischen Arzt umfassend sowie in einen mittelfristigen Bedarfsbereich ein, durch die Nachfrage nach Haushaltswaren, Elektroartikel und Textilien sowie nach Dienstleistungen beim Spezialarzt oder im

---

[38]) Vgl. J. MAIER: Zur Geographie verkehrsräumlicher Aktivitäten..., a. a. O.

Allgemeinen Krankenhaus repräsentiert, so muß grundsätzlich beachtet werden, daß die Zielrichtung im Einkaufsverhalten meist davon beeinflußt wird, wo eine breite Angebotspalette von Waren mit entsprechender Sortimentsbreite und -tiefe sowie günstigen Preisen in relativ guter Verkehrslage vorzufinden ist, während bei der Nachfrage nach Dienstleistungen häufig persönliche Beziehungen und außerökonomische Bewertungskriterien für die Zielortswahl entscheidend sind.

Wie Abb. 4b nachweist, ist der Anteil der Haushalte, die ihren kurzfristigen Bedarf außerhalb der Wohngemeinde decken, im Einklang mit verschiedenen anderen Studien zum Versorgungsverhalten, gering[39]). Erreicht er meist nur knapp 20 %, d. h. 80 % der Bevölkerung deckt sich etwa mit Lebensmitteln am Wohnort ein, so findet die Bevölkerung allein in Bergkirchen das Angebot am Ort nicht ausreichend und kauft fast zur Hälfte bereits in diesem Bedarfsbereich im nahen Dachau ein. Zieht man zur näheren Betrachtung wiederum die beiden Testgemeinden Gröbenzell und Karlsfeld heran, so ergibt sich folgendes Bild:

Tab. 1:

Wo kaufen Sie Ihren kurzfristigen Bedarf hauptsächlich ein?

Anteilswerte der befragten Haushalte in %

	Gröbenzell (n = 369)	Karlsfeld (n = 292)
in der Wohngemeinde	75	81
in Puchheim	16	—
in Dachau	—	11
in München	6	7
in sonstigen Orten	3	1

In beiden Gemeinden wird in diesem Bedarfsbereich eine deutliche Versorgungsort-/Wohnort-Identifikation ersichtlich, ein für den Typus des Selbstversorgerortes durchaus verständliches Bild. Die Ausstattung mit Einrichtungen des kurzfristigen Bedarfs kann also die Nachfrage der Bevölkerung weitgehend befriedigen. Dies spiegelt sich auch in der Bewertung der Versorgungslage wider, sprechen doch 82 % der Befragten in Gröbenzell und 72 % in Karlsfeld von einer sehr guten bis guten Versorgung. Deshalb beschränkt sich die Kritik im wesentlichen auf spezifische Mängel, etwa dem Wunsch nach einer stärkeren Branchendifferenzierung und Sortimentserweiterung in Gröbenzell (Ausdruck der gehobenen Sozialstruktur) oder einer besseren Versorgung in den einzelnen Ortsteilen in Karlsfeld. Zusätzlich kann noch ergänzt werden, daß sich z. B. in Gröbenzell die Kritik an der „zentralen" Standortausstattung in besonderem Maße auf die peripheren Wohnanlagen konzentriert. Durch die Verdichtung der Versorgungsstätten in der Kirchen- und Bahnhofstraße ergaben sich zwangsläufig nur Ansätze einer Grundversorgung in den Randgebieten der Siedlung. Lange Einkaufswege mit entsprechender Kritik oder die Orientierung auf Geschäfte im Nachbarort Puchheim sind die Folge. Planerisch ist daher neben einer Erweiterung der Sortimentstiefe (in Gestalt von Spezialgeschäften) und der

---

[39]) Vgl. W. MATTI: Das Einkaufsverhalten der Hamburger Haushalte. In: Hamburg in Zahlen, 1968, Heft 3, S. 69 ff; E. PFEIL: Das Einkaufsverhalten im Hamburger Umland, Hamburg 1968; J. MAIER: Zur Geographie verkehrsräumlicher Aktivitäten..., a. a. O., S. 97 ff.

Sortimentsbreite (in Gestalt der Warenhäuser) im Zentrum, in Verbindung mit der Fußgängerzone, das Ziel eines Aufbaues von Einrichtungen der Grundversorgung in den Wohngebieten anzustreben.

Zur Versorgung mit Ärzten ist nur mehr wenig anzufügen, da die in der Befragung geäußerten Wünsche der Bürger inzwischen durch die Bemühungen der kommunalen Entscheidungsträger erfüllt werden konnten. Erwähnenswert ist es nur deshalb, weil hiermit wiederum ein Nachweis für die Anwendung geographischer Arbeiten in der Praxis gegeben ist.

Im Gegensatz zu dem stark innenorientierten Raumverhalten im kurzfristigen Bedarfsbereich ist im mittelfristigen Bedarf eine extreme Außenorientierung festzustellen, d. h. mit Ausnahme von Olching decken über 80 % der Haushalte in den Testgemeinden ihren Bedarf außerhalb des Wohnortes. Dies gilt nicht nur für die an Einwohnern kleine Gemeinde Bergkirchen, sondern ebenso auch für die mit zentralen Einrichtungen der unteren Stufe gut ausgestatteten übrigen Stadt-Rand-Gemeinden [40]).

Tab. 2:

Wo kaufen Sie Ihren mittelfristigen Bedarf (Kleidung, Schuhe, Haushaltsgeräte) hauptsächlich ein?

Anteilswerte der befragten Haushalte in %

	Gröbenzell (n = 369)	Karlsfeld (n = 292)
in der Wohngemeinde	13	9
in Puchheim	2	—
in Fürstenfeldbruck	3	—
in Dachau	—	11
in München (Zentrum)	80	52
in München (Olympia-Einkaufszentrum - OEZ)	—	24
im Versandhandel	2	4

In beiden Gemeinden kommt in diesem Versorgungsbereich die enge Anbindung an München zum Ausdruck, durch die günstige S-Bahn-Verbindung von Gröbenzell zum Hauptbahnhof, Stachus oder Marienplatz konzentriert auf den City-Bereich, während sich in Karlsfeld durch die nur teilweise günstige S-Bahn-Verbindung nach München die Bevölkerung im nördlichen Ortsteil Rothschwaige stärker auf Dachau und die Nachfrager in Neu-Karlsfeld beim Einkauf eher auf das OEZ ausgerichtet haben. Bei den Haushalten, die ihren Bedarf in der Wohngemeinde decken, handelt es sich vor allem um Rentner, die aufgrund geringen Einkommens räumlich inaktiv sind sowie um Selbständige, die sich durch Geschäfts- oder sonstige soziale Bindungen zu Käufen am Ort verpflichtet fühlen.

Versucht man nun die Bedeutung des Einflusses der Wohnortdauer unter den Kräften zu erfassen, die auf das räumliche Versorgungsverhalten einwirken, so muß betont wer-

---

[40]) Vgl. für das Beispiel einer historisch gewachsenen Gemeinde u. a. H. Böhm und W. Krings: Der Einzelhandel und die Einkaufsgewohnheiten der Bevölkerung in einer niederrheinischen Gemeinde. In: Forschungen zur Rheinischen Landeskunde, Heft 83, Bonn 1975, S. 142 ff.

Aktivitätsräumliche Verhaltensmuster in Stadt-Rand-Gemeinden im Westen von München

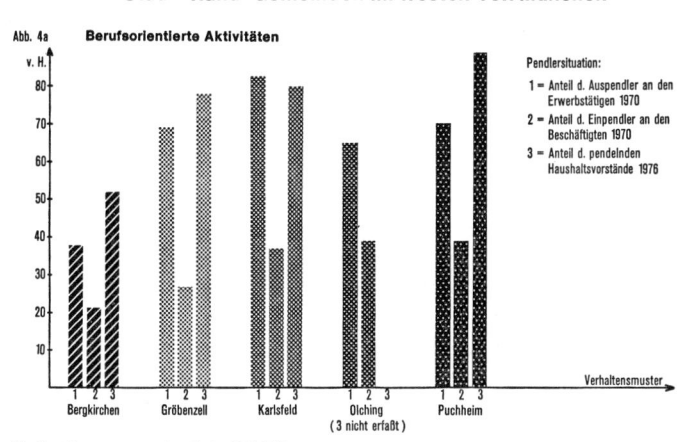

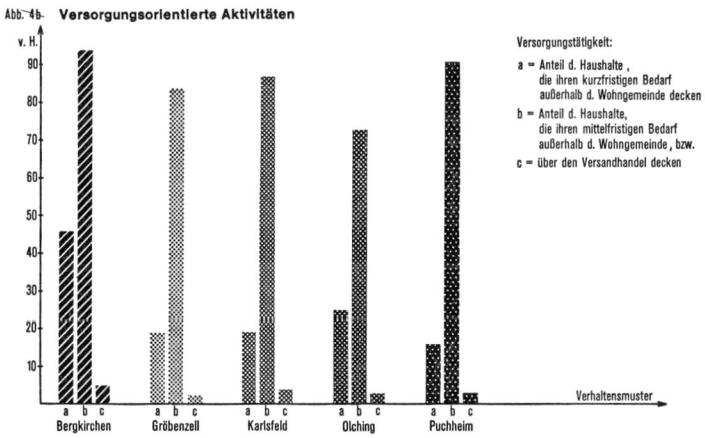

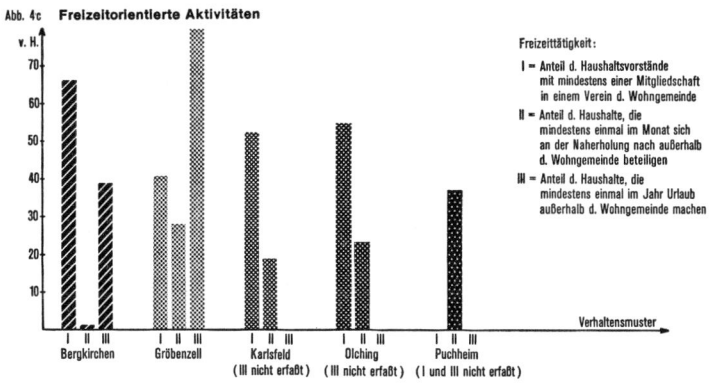

Abb. 4a Berufsorientierte Aktivitäten

Pendlersituation:
1 = Anteil d. Auspendler an den Erwerbstätigen 1970
2 = Anteil d. Einpendler an den Beschäftigten 1970
3 = Anteil d. pendelnden Haushaltsvorstände 1976

Bergkirchen, Gröbenzell, Karlsfeld, Olching (3 nicht erfaßt), Puchheim

Abb. 4b Versorgungsorientierte Aktivitäten

Versorgungstätigkeit:
a = Anteil d. Haushalte, die ihren kurzfristigen Bedarf außerhalb d. Wohngemeinde decken
b = Anteil d. Haushalte, die ihren mittelfristigen Bedarf außerhalb d. Wohngemeinde, bzw.
c = über den Versandhandel decken

Bergkirchen, Gröbenzell, Karlsfeld, Olching, Puchheim

Abb. 4c Freizeitorientierte Aktivitäten

Freizeittätigkeit:
I = Anteil d. Haushaltsvorstände mit mindestens einer Mitgliedschaft in einem Verein d. Wohngemeinde
II = Anteil d. Haushalte, die mindestens einmal im Monat sich an der Naherholung nach außerhalb d. Wohngemeinde beteiligen
III = Anteil d. Haushalte, die mindestens einmal im Jahr Urlaub außerhalb d. Wohngemeinde machen

Bergkirchen, Gröbenzell, Karlsfeld (III nicht erfaßt), Olching (III nicht erfaßt), Puchheim (I und III nicht erfaßt)

Quelle: Bayer. Staatsministerium f. Landesentwicklung u. Umweltfragen, Strukturdatenblätter für Gemeinden, München 1976 sowie eigene Erhebungen
Entwurf: J. Maier
Bearbeitung: H. Esterhammer
Wirtschaftsgeographisches Institut der Universität München 1977
Vorstand: Prof. Dr. K. Ruppert

den, daß in der empirischen Realität eine ceteris-paribus-Konstruktion nur schwer herzustellen ist. Faktoren, wie das Alter der Haushaltsmitglieder, das Einkommen, der soziale Status, spezifische Präferenzen für Einkaufsstätten/Produkte/Werbung oder Einkaufsgewohnheiten spielen dabei eine nicht unwichtige Rolle. Wenn man trotz dieser Einschränkung dem angesprochenen Zusammenhang, z. B. im kurzfristigen Bedarfsbereich nachgeht, so stellt man fest, daß die in den letzten Jahren erst Zugezogenen im allgemeinen eher bereit sind, längere Zeitdistanzen zurückzulegen als die autochthone Bevölkerungsgruppe. Dies liegt neben dem Mangel an Information über die neuen bzw. der besseren Kenntnis der früheren Wohngebiete und ihrer quantitativen und qualitativen Ausstattung mit Handels- und Dienstleistungsbetrieben nicht zuletzt daran, daß die Neubürger aufgrund der Siedlungsstruktur bzw. der Lage ihrer Wohnstätten zum Einkaufsbereich innerhalb des Wohnorts häufig längere Distanzen auf sich nehmen müssen.

Noch deutlicher ist dieses raumdistanzielle Verhalten, etwa in Gestalt einer starken Außenorientierung bei den Neubürgern innerhalb des mittelfristigen Bedarfsbereiches entwickelt. Zurückzuführen ist dies bei den Randwanderern, wie sie in Gröbenzell in großer Zahl zu belegen waren, neben der Orientierung am Leitbild der Großstadt München bzw. der Eigenart, am Arbeitsort auch einzukaufen, vor allem an der Persistenz räumlichen Verhaltens. So ist bei einer Reihe von Haushalten zu beobachten, daß sie in einer ersten Phase nach dem Zuzug häufig die früheren Versorgungsgewohnheiten und teilweise auch die Versorgungsstandorte beibehalten. Erst nach einer gewissen Zeitspanne, etwa einem Jahr, setzt dann eine Umorientierung auf den neuen lokalen Versorgungsbereich ein, wobei die u. U. auftretenden neuen Versorgungsgewohnheiten in einer dritten Phase der Integration in die Wohngemeinde (nach drei bis fünf Jahren) wieder den vor dem Umzug vorhandenen raumdistanziellen Verhaltensweisen, nun aber auf neue Zielstandorte ausgerichtet, angepaßt werden.

b) Räumliche Muster des Freizeitverhaltens

Geht man von einer möglichen Unterteilung freizeitorientierter Kapazitäten-Reichweitensysteme in eine Freizeit im engeren und im weiteren Wohnumfeld, im Naherholungs- und im längerfristigen Reiseverkehrsbereich aus, so ist in den Stadt-Rand-Gemeinden festzuhalten, daß die Kontakte etwa in Vereinen und Verbänden keineswegs die hohen Anteilswerte wie im ländlichen Raum oder in traditionell organisierten Gemeinden (z. B. Bergkirchen) erreichen, sie jedoch deutlich über den Ergebnissen in den Stadtrand-Siedlungen liegen (vgl. Abb. 4c). So sind in der Regel zwischen 45-55% der Haushaltsvorstände in Vereinen Mitglied, meist in Sportvereinen, daneben spielen die Kontaktkreise unter den Ehefrauen und nicht zuletzt über die Kinder einen wesentlichen Ansatzpunkt für die Integration in die Wohngemeinde.

Ähnliche Ergebnisse wie in den Stadtrand-Siedlungen werden bei dem Freizeitbereich Feierabend ersichtlich. da in den Testgemeinden 90-95% der Haushalte ihren Feierabend zu Hause verbringen, wobei neben dem dominanten Fernsehen noch Lesen und sonstige Hobbys genannt wurden. Die in verschiedenen soziologischen Studien angeführten Tätigkeiten der Garten- und/oder der Wagenpflege wurden erst als nachgeordnet bezeichnet. Ist dieser Bereich des Freizeitverhaltens überaus stark innenorientiert, so ergibt sich mit dem Naherholungsverhalten fast das Gegenstück räumlicher Aktivität. Wie Abb. 4c zeigt, herrscht in den Stadt-Rand-Gemeinden eine hohe Beteiligung am Naherholungsverkehr vor, die nur noch mit den Verhaltensmustern in den Großstädten selbst zu vergleichen ist. So liegt der Anteil der mindestens einmal im Monat sich an dieser Freizeitaktivität Beteiligenden in den ausgewählten Testgemeinden zwischen 20% und 30%, in Puchheim wird mit 37 % ein besonders hoher Anteilswert räumlicher Aktivität erreicht. WELLMANN[41]) schließt daraus, daß diese Konzentration der Tätigkeiten am Wochenende mit zu den Krankheitssymptomen der Stadt-Rand-Bewohner zählt. Wenn dies auch angesichts der Verkehrsstauungen, der Hektik in den Freizeitstätten der Erholungsgebiete und den dadurch bewirkten Belastungen des menschlichen Organismus sicherlich nicht ganz zu leugnen ist, muß doch diese allgemeine Aussage insoweit relativiert werden als unter den Test-Gemeinden und ihren Bewohnern eine Reihe von Unterschieden bestehen. So steht der hohen Beteiligung am Naherholungsverkehr in Puchheim ein eher auf die Kontaktkreise am Ort bzw. Freundeskreise in München oder die Privatsphäre der eigenen Familie bezogenes Verhalten in Gröbenzell gegenüber. Noch deutlicher wird der Unterschied im Falle von Karlsfeld, das bei allen Freizeitaktivitäten eine starke Innenorientierung aufweist. Selbst im Naherholungsbereich wird die nächste Umgebung als Ziel bevorzugt, nicht zuletzt durch das Freizeitgelände des Karlsfelder Sees unterstrichen. Für die Kommunalplanung liegt im weiteren Ausbau des Freizeitgeländes daher eine günstige Chance, die Integration der Bürger dieser Gemeinde und damit das Wohlbefinden in der Wohngemeinde fördern zu können.

Greift man auch im Freizeitbereich die These unterschiedlichen Raumverhaltens in Abhängigkeit von der Wohndauer am Ort auf, so ist der Anteil der außenorientierten Haushalte unter den Neubürgern weit höher als unter der autochthonen Bevölkerungsgruppe. Neben der erst in Ansätzen vorhandenen Integration in das Gemeindeleben, der Entfaltung von Prestigebedürfnissen oder einfach dem Wunsch, neue Landschaftsbilder um den Wohnort kennenzulernen, spielen sicherlich weitere psychologisch motivierte Faktoren eine Rolle. Wie schon beim Versorgungsverhalten ist es auch hier wiederum die Gruppe der Randwanderer aus der sozialen Mittel- und Oberschicht in den Neubaukomplexen Gröbenzells, die besonders aktiv und über große Distanzen sich am Naherholungsverkehr beteiligt. Ergänzt durch ihren berufsorientierten, auf München ausgerichteten räumlichen Tätigkeitsbereich kann gerade diese Gruppe als typischer Vertreter außenorientierten Verhaltens angesehen werden. Hohe räumliche Mobilität ist hier also mit hoher verkehrsräumlicher Aktivität verbunden, wobei jedoch noch einmal darauf hingewiesen werden muß, daß diese Gruppe nur einen Teil, in Gröbenzell allerdings einen zahlenmäßig relativ großen, unter den Randwanderern ausmacht.

III. Aspekte ausgewählter raumordnerischer und -planerischer Probleme

1. Einstellungen und Entscheidungen zum Siedlungsleitbild

Der Zusammenhang zwischen Raumverhalten und Wohnortdauer innerhalb der verschiedenen verkehrsräumlichen Aktivitäten ließ erkennen, daß sich mit zunehmender Anwesenheit in der Wohnortgemeinde das Verhalten der Neubürger ändert. Es wird sich zwar nicht dem der autochthonen Personengruppe anpassen, da es ja zum Wandel der Einstellungen und Reaktionen dieser Gruppe beigetragen hat, aber es wird sowohl in bezug auf die Reichweiten als auch die angestrebten verorteten Einrichtungen neue Orientierungen finden. Eine regional- und kommunalplanerische Konzeption auf die Wünsche der erst in den letzten Jahren Zugezogenen auszurichten, würde an dieser Erkenntnis vorbeigehen. Dies zeigte sich in einer Reihe von Stadt-Rand-Gemeinden in bezug auf die Bildungsplanung, z. B. die Schaffung entsprechender Grundschulkapazität. Unter der Annahme des dominanten Zuzugs besonders junger Personen mit noch sehr kleinen

---

[41]) K. F. WELLMANN, a. a. O., S. 2034 f.

Kindern schien dies besonders dringlich, jedoch bereits nach wenigen Jahren war durch die nach 1972 einsetzende Beruhigung der Bevölkerungsdynamik weniger auf diesem Sektor als im Bereich der Kapazität angebotener Plätze in Realschulen und Gymnasien ein Engpaß entstanden.

Noch deutlicher zeigte sich diese Diskrepanz zwischen erhoffter Entwicklung in den Vorstellungen mancher Kommunalpolitiker bzw. Regionalplaner Mitte bis Ende der 60er Jahre und der real eingetretenen Entwicklung mit ihren Problemen, nicht zuletzt auch in der Infrastrukturplanung und den damit verbundenen Sozialkosten. Zwar hat sich inzwischen, wenn auch im Regionalbericht der Region München noch besonders betont, das Problem mangelnder Infrastrukturausstattung dank der Initiativen der politischen Entscheidungsträger in den meisten der größeren Stadt-Rand-Gemeinden gelöst oder ist in den nächsten Jahren als gelöst anzusehen (z. B. in bezug auf Kindergärten, Grundschulen, Freizeitflächen, Bürger- oder Jugendzentren), am wenigsten noch im Bereich des Individualverkehrs (z. B. Autobahnbau). Es ist inzwischen in den anschließenden Kranz von Gemeinden mit weniger starker Urbanisierungstendenz weitergewandert. Konflikte entstehen damit nicht mehr nur innerhalb der Stadt-Rand-Gemeinden, etwa zwischen den verschiedenen Personengruppen, sondern in zunehmendem Maße auch zwischen den Rand-Gemeinden und den peripheren Orten innerhalb des Verdichtungsraumes. Im Landkreis Fürstenfeldbruck zeigt sich dies besonders deutlich, konzentrieren sich die attraktiven Infrastruktureinrichtungen im Anschluß an die rasche Bevölkerungsentwicklung der letzten Jahre im allgemeinen im östlichen Kreisteil, während erst seit kurzer Zeit nun auch die Gemeinden im Westen entsprechende Einrichtungen erhalten.

Ein weiteres, hier nur kurz zu streifendes Beispiel zu diesem Problemkreis der planerischen Konzeptionen war durch die prognostizierten Richtwerte der Bevölkerungsentwicklung gegeben. Ihren Orientierungscharakter weit überschätzend, wurden in manchen Gemeinden Zielvorgaben vorgenommen, die auf die Errichtung von Klein- bis Mittelstädten am Rand der Großstadt abzielten. Wie sehr sich dabei auch die Vorstellungen der staatlichen Planungsträger verändert haben, mag nur das Beispiel Unterschleißheim beleuchten. Noch 1973 sah die Bezirks- und Landesplanung eine weitere Entwicklung der dynamisch gewachsenen Gemeinde im Norden von München auf rd. 45 000 Einwohner vor, während im Jahre 1962 die Zahl von 25 000 angestrebt worden war. Inzwischen bei etwa 14 000 Einwohner angelangt, hat der Regionale Planungsverband die Einwohnerrichtwerte drastisch gesenkt, allerdings noch unter das reale Datum. Hier wie auch in anderen Gemeinden wirkt sich nach den Boom-Jahren 1968-1972 nun die allgemeine wirtschaftliche Lage deutlich aus und führt zu einer klareren Einschätzung der weiteren Entwicklung. In den meisten der Stadt-Rand-Gemeinden wird nur noch ein bescheidenes Wachstum als Ziel angestrebt, wie z. B. in Gröbenzell (1976 15 000 Einwohner), wo nach dem im Jahre 1976 abgeschlossenen Flächennutzungsplan von maximal 22 700 Einwohnern, im Mittelwert von 19 000 Einwohnern ausgegangen wurde. Das Problem bei der Reduzierung der Richtwerte steckt dabei in den früher vorgenommenen Baulandausweisungen, die heute nur schwer eingeschränkt werden können.

Eine wichtige Rolle bei diesem Wandel im Denkprozeß der kommunalpolitischen Entscheidungsträger spielten nicht zuletzt die Neubürger selbst. Nachdem ein großer Teil Eigentumswohnungen erworben oder ein Haus gebaut hat, soll dieses Eigentum in entsprechend attraktiver, d. h. nicht weiter bebauter Umwelt erhalten werden. Der Gedanke der „Gartenstadt" faßte deshalb in mehreren Gemeinden, z. B. im Würmtal oder auch in Gröbenzell Fuß und prägt bei verschiedenen Personengruppen die Vorstellung des zukünftigen Siedlungsbildes. Diese Überlegung des Bewahrens der jetzigen Situation (gerade bei den Neubürgern) wird im Falle Gröbenzells schon dadurch verständlich, daß von den in den letzten zehn Jahren Zugezogenen 60 % als Hauptmotiv der Zuwanderung die Wohnungssituation angaben, d. h. den Bau oder Erwerb einer Wohnstätte (ein mit den Untersuchungen in den USA vergleichbares Ergebnis) [42]. Vor allem die Nähe zu München, in ruhiger Lage, bei „guter Luft" und hohem Freizeitwert der Wohngemeinde werden als besondere Vorteile Gröbenzells angesehen.

Diese Haltung in bezug auf die zukünftige Größe und Funktion ihrer Gemeinde wird auch bei der Entscheidung über die Erweiterung von Industrie- und Gewerbeflächen deutlich. Während häufig die autochthonen Bevölkerungsgruppen und insbesondere die Gewerbetreibenden, im Hinblick auf eine Zunahme der wirtschaftlichen Aktivität der Gemeinde, für einen Ausbau plädieren, sprechen sich die Neubürger zum großen Teil gegen weitere Industrieansiedlungen aus. Die entsprechenden negativen Entscheidungen der Gemeinderäte in Gröbenzell und Krailling zum Thema Erweiterung der Gewerbeflächen und Verstärkung des Images als bevorzugte Wohnorte sind ein typisches Beispiel der in den letzten Jahren auch politisch an Bedeutung gewonnenen Neubürger und ihrer Interessensdurchsetzung.

Dieses Ergebnis ist jedoch nicht einheitlich in allen Stadt-Rand-Gemeinden festzustellen, da — wie schon im Versuch der Typisierung der verschiedenen Gemeinden zum Ausdruck kam — es neben diesen eben genannten Orten auch jene gibt, die an einer verstärkten Industrieansiedlung interessiert sind. Die Gemeinde Karlsfeld ist hierbei zu nennen, die in den letzten Jahren versucht, ihr Industriegebiet verstärkt auszubauen und neue Betriebe anzulocken. Neben der Schaffung neuer Arbeitsplätze in der Gemeinde, der Verbesserung der kommunalen Finanzlage wird damit auch die Aufwertung Neu-Karlsfelds als zentraler Bereich der Gemeinde angestrebt. Wie Karte 12 zeigt, ist dies — sowohl im sekundären als auch tertiären Bereich — bisher durchaus gelungen. Neben dem Umspannwerk als größtem Arbeitgeber, meist kleinen Handels- und Dienstleistungsbetrieben in den einzelnen Ortsteilen, konzentriert sich der Handel im wesentlichen entlang der Münchner Straße, während die Industrie den Standort des neuen Gewerbegebiets bevorzugt. Der Zusammenhang zwischen der anders gelagerten Sozialstruktur der Bevölkerung in Karlsfeld gegenüber der etwa in Gröbenzell und der Einstellung zu neuen Arbeitsplätzen innerhalb der Wohngemeinde wird offensichtlich.

2. Einstellungen zur sozialen Schichtung und ihrer Veränderung

Auch zu diesem Themenkreis ist es hier nur möglich, einige Aspekte anzudeuten, jedoch soll noch einmal betont werden, daß die innergemeindlich vorhandenen sozialgeographischen Gruppierungen durchaus schichtenspezifische Interessensüberlagerungen beinhalten können. Dies äußert sich z. B. in den bislang nur teilweise beachteten Bedürfnissen der Jugendlichen und der älteren Personen, für die Kommunikations- und/oder Freizeiteinrichtungen nur in Ansätzen vorhanden sind. Die relativ geringe Berücksichtigung dieser Schichten kommt noch prägnanter in den ausländischen Arbeitnehmern zum Ausdruck. Diese erreichen im westlichen Umland von München meist nur Anteilswerte von weniger als 6 %, mit Ausnahme von Karlsfeld, Höhenkirchen, Dornach, Feldkirchen und

---

[42] Vgl. H. J. GANS: Urbanität und Suburbanität als Lebensformen. Eine Neubewertung von Definitionen. In: Stadt- und Sozialstruktur, herausgegeben von U. Herlyn, München 1974, S. 67—90.

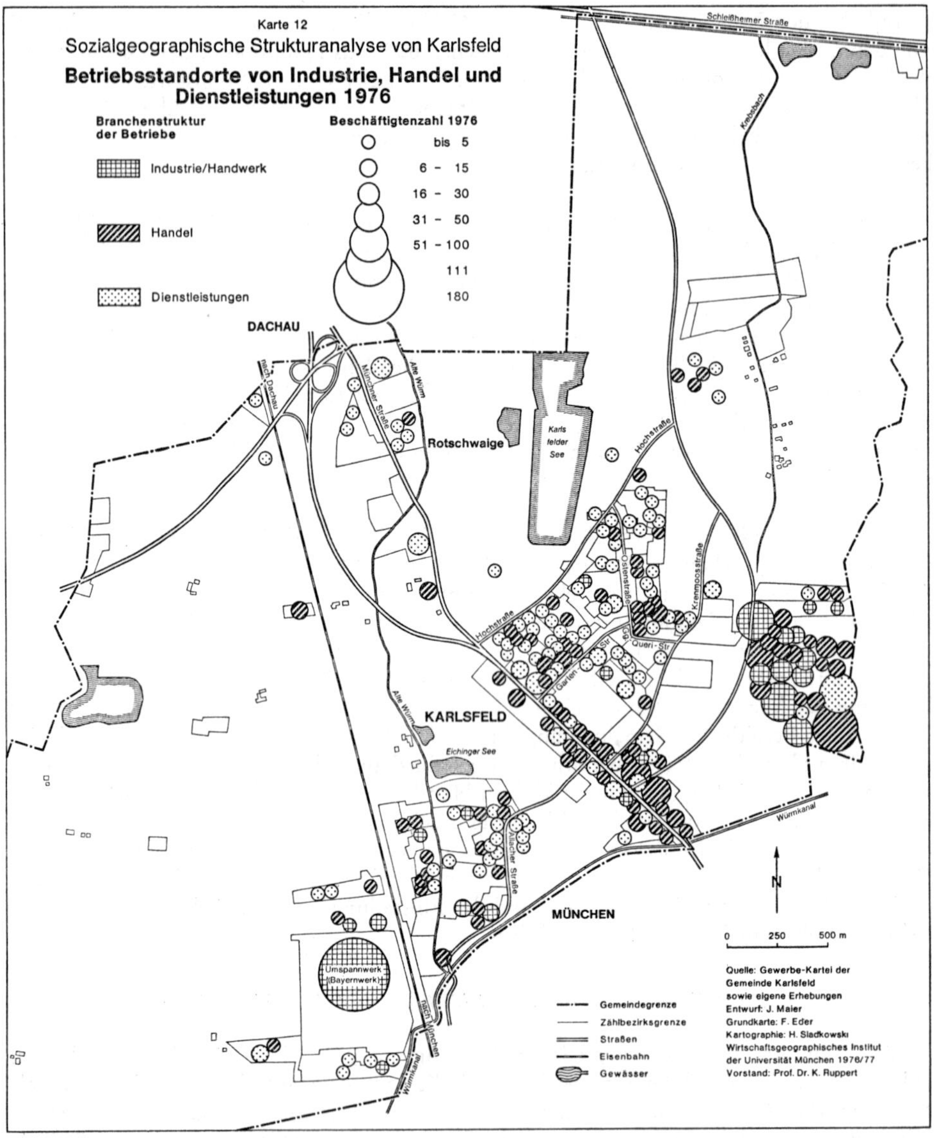
Karte 12
Sozialgeographische Strukturanalyse von Karlsfeld
Betriebsstandorte von Industrie, Handel und Dienstleistungen 1976
Branchenstruktur der Betriebe
Industrie/Handwerk
Handel
Dienstleistungen
Beschäftigtenzahl 1976
bis 5
6 - 15
16 - 30
31 - 50
51 - 100
111
180
Schleißheimer Straße
Krebsbach
DACHAU
nach Dachau
Münchner Straße
Alte Würm
Rotschwaige
Karls felder See
Hochstraße
Ostenstraße
Krenmoosstraße
Garten-Str
Queri-Str
KARLSFELD
Eichinger See
Allacher Straße
Umspannwerk (Bayernwerk)
nach München
Würmkanal
MÜNCHEN
N
0
250
500 m
Gemeindegrenze
Zählbezirksgrenze
Straßen
Eisenbahn
Gewässer
Quelle: Gewerbe-Kartei der Gemeinde Karlsfeld sowie eigene Erhebungen
Entwurf: J. Maier
Grundkarte: F. Eder
Kartographie: H. Sladkowski
Wirtschaftsgeographisches Institut der Universität München 1976/77
Vorstand: Prof. Dr. K. Ruppert

Garching mit mehr als 10 % und werden deshalb in den meisten Gemeinden nur randlich registriert[43]). Jedoch in den sich als bevorzugte Wohnlagen darstellenden Gemeinden fürchtet man dadurch um das mühsam aufgebaute Image.

Wie sieht nun die Situation in Karlsfeld als einer Gemeinde mit besonders hohem Anteil an ausländischen Arbeitnehmern aus? Betrachtet man dazu einmal die Verteilung dieser Personengruppe in Karlsfeld, so zeigt sich zunächst eine relativ breite Streuung über das gesamte Gemeindegebiet[44]). Relativ geringe Werte sind vor allem dort zu finden, wo in den letzten Jahren Neubürger gebaut haben, während die höchsten Anteilswerte in der Hochstraße sowie der Richard-Strauß-Straße mit über 70 % unter den Einwohnern insgesamt erreicht werden. Nimmt man jedoch nur jene Gebiete mit gewissen Konzentrationstendenzen der ausländischen Personengruppen, so ergeben sich vier Bereiche in Karlsfeld:

— Eine erste starke Konzentration ergibt sich im Bereich nördlich des Industriegeländes. Hier in der Nähe der Industrie- und Gewerbebetriebe finden sich häufiger Ausländerwohnbereiche, betriebseigene Wohnheime; Bereiche, die aufgrund der Nähe zum Industriegelände und den damit verbundenen Emissionen von der deutschen Bevölkerung nicht mehr als Wohngebiet angenommen werden.

— Eine zweite Konzentration ist im nördlichen Bereich von Alt-Karlsfeld zu verzeichnen. Hier handelt es sich um einen Ein- und Zweifamilienhausbereich mit alter, vernachlässigter Baustruktur (Sanierungsprobleme). Diese Wohnungen werden nun an Ausländer vermietet, da die deutsche Bevölkerung die hohen Mieten im Vergleich zur Wohnungsqualität nicht mehr zahlen will und nach und nach auszieht, die Ausländer aber einerseits nicht so hohe Ansprüche an die Wohnungsausstattung stellen und andererseits aufgrund des knappen Wohnungsangebotes auf solche Unterkünfte angewiesen sind.

— Im Gegensatz zu diesen beiden Bereichen ist die dritte Konzentration im Gebiet der Rathaus- und Lessingstraße zu sehen. Während die Ausländer im wesentlichen in zwei Hochhausblocks wohnen, gehören die umliegenden Ein- und Zweifamilienhäuser vorwiegend Deutschen. Aufgrund der Errichtung der Hochhäuser und auch der Wohnungsausstattung deutet sich hier ein in der Literatur bislang nur wenig erwähnter Wohnorttyp von Ausländern an, der

— im vierten Bereich noch ausgeprägter auftritt und für die weitere Gemeindepolitik von Bedeutung ist. Einige Ausländer haben sich in die Ein- und Zweifamilienhäuser im Ortszentrum eingemietet oder bereits Eigentum erworben. Bei dieser Gruppe ist die Integration in der Gemeinde bereits relativ groß und der Eigentumserwerb deutet an, daß sie in der Bundesrepublik Deutschland bleiben wollen.

Der Vergleich 1970-1976 zeigt eine Verstärkung der Konzentration in den genannten Schwerpunkten, während es in anderen Gebieten zu einem Rückzug gekommen ist. Man kann demnach auch von einer räumlichen Segregation der Ausländer sprechen, nicht aber von einer Ghettobildung. Denn die Ghettobildung impliziert eine räumliche und soziale Abkapselung aufgrund von rassischen oder sozialen Gegensätzen mit klaren Grenzen nach außen. Dies ist hier aber keineswegs gegeben, vielmehr bestehen zahlreiche Kontakte zur

---

[43]) Vgl. dazu Karte 1 in dem Beitrag von E. KERSTIENS-KOEBERLE: Räumliche Strukturmuster ausländischer Arbeitnehmer in der Region München, dargestellt am Beispiel der Gemeinde Karlsfeld bei München, in diesem Band.

deutschen Bevölkerung. Außerdem zeigen auch die Ausländer eindeutig Integrationsabsichten, die in einer kleinen Gemeinde wie Karlsfeld eher zu verwirklichen sind wie in Großstädten, in denen die Isolierung doch größer ist.

Was nun die Kontaktbereiche und Tendenzen der Integration der Ausländer in die Gemeinde Karlsfeld betrifft, so kommt es von deutscher Seite zu keiner direkten Ablehnung oder Diskriminierung der Ausländer. Im allgemeinen kann man die Haltung als neutral bezeichnen, wie die Befragungen der Karlsfelder Bevölkerung gezeigt haben. Die meisten Kontakte mit Ausländern bestehen am Arbeitsplatz, aber immerhin gaben 20 % der befragten Karlsfelder an, auch außerhalb der Arbeitsstätte Kontakt zu Ausländern zu haben. Unter den Kindern — der sogenannten zweiten Generation — sind die Kontakte natürlich viel intensiver. Die Aufgeschlossenheit gegenüber den Ausländern ist bei den jungen Bewohnern, bei den Neubürgern und den Personen mit höherer Schulbildung, d. h. also den mobileren Gruppen, größer als bei den älteren und autochthonen Gruppen. Auch hier deutet sich ein Wandel in der Betrachtung durch die Stadt-Rand-Wanderer an, allerdings nur bis zu einem nicht allzu nahen Kontakt mit den Ausländern. Da insgesamt wohl damit zu rechnen ist, daß ein großer Prozentsatz der ausländischen Arbeitnehmer, die schon mehrere Jahre in Deutschland leben, für immer hier bleiben wollen, werden auch Fragen der Integration in die Gemeinde für die Gemeindepolitik wichtig, die von der Wohnsituation der Ausländer über die Schulausbildung der Kinder bis zur Beteiligung an der Gemeindepolitik (z. B. Ausländerbeirat) reichen. Diese bisher teilweise vernachlässigten Probleme werden in den nächsten Jahren in verstärktem Maße auf die Gemeinden zukommen. Damit zählt auch dieses Thema zu jenem Komplex an Problemen in den Stadt-Rand-Gemeinden, die — nach dem bisherigen Hauptproblem der Bewältigung der Zuwanderung von außen und dem dadurch bewirkten Wandel der Wirtschafts- und Sozialstruktur — sich nun mit der Lösung innergemeindlicher Fragen beschäftigen müssen. Wenn auch durch die Länge der Wohnortdauer manche Integrationsprobleme kleiner werden, so ist als Schwerpunkt der Regional- wie Kommunalplanung der Ordnungsaufgabe in den nächsten Jahren unbedingt der Vorrang zu geben. Dadurch können die Stadt-Rand-Gemeinden zu selbständigen Lebensbereichen im Verdichtungsraum werden, ohne die Gefahr extremer Entwicklung zum Suburbia.

Zum Wanderungsverhalten der Bewohner des niederbayerischen Dorfes Diepoltskirchen
– Eine Modelluntersuchung –

von

Friedrich Hösch und Wulf Walter, München

Vorbemerkung

Eine der wesentlichen Aufgaben der Regionalplanung besteht darin, die Zahl der Menschen mit der Tragfähigkeit des Raumes in Einklang zu bringen[1]. Denn die Verteilung der Bevölkerung im Raum ist aufgrund biologischer Prozesse und Wanderungsbewegungen einem permanenten Wandel unterworfen. Änderungen der biologischen Prozesse kommen aber nur langfristig zur Wirkung, so daß die Wanderungsbewegungen bzw. die regionale Mobilität als die kurzfristig wichtigere Komponente der regionalen Bevölkerungsverteilung angesehen werden muß. Deshalb ist die Regionalplanung auch in hohem Maße auf die Ergebnisse von Mobilitätsanalysen angewiesen, vor allem auf Erkenntnisse über die Ursachen der Wanderungsbewegungen, die Motive der Wanderer und die Erscheinungsformen des Wanderungsgeschehens.

Ziel der Untersuchung

Zu den Ursachen der Wanderungsbewegungen[2] zählen alle exogenen Einflüsse, die für einen Wohnortwechsel der Menschen verantwortlich sind. Darunter fällt z. B. die Verlegung des Arbeitsplatzes im Zuge von Betriebserweiterungen bzw. Betriebsauslagerungen, die Kündigung der Wohnung oder Veränderungen in der wirtschaftlichen und sozialen Lage des Wanderers[3]. Die Erfassung der Ursachen ist in der Regel methodisch unproblematisch und stellt deshalb keine allzugroßen Anforderungen an die Regionalforschung. Anders liegen dagegen die Verhältnisse bei den Wanderungs- bzw. Mobilitätsmotiven, welche die subjektiven Entscheidungen der Menschen in bezug auf einen Standortwechsel widerspiegeln. Sie sind wegen ihres subjektiven Charakters nicht leicht zu ergründen,

---

[1] Vgl. O. BOUSTEDT: Grundriß der empirischen Regionalforschung, Teil II: Bevölkerungsstrukturen. TzR der Akademie für Raumforschung und Landesplanung, Band 5, Hannover 1975, S. 112.

[2] Zum Problem einer Definition des Begriffs Wanderung, vgl. G. SZÉLL: Einleitung: Regionale Mobilität als Forschungsgegenstand. In: G. SZÉLL (Hrsg.): Regionale Mobilität, München 1972, S. 19 f.

[3] Vgl. z. B. K. SCHWARZ: Demographische Grundlagen der Raumforschung und Landesplanung. Abhandlungen der Akademie für Raumforschung und Landesplanung, Band 64, Hannover 1972, S. 241 ff.

ja manchmal drängt sich sogar der Verdacht auf, daß sie den Betroffenen selbst nicht bewußt werden bzw. bewußt geworden sind.

Es ist unschwer einzusehen, daß den Wanderungsmotiven im allgemeinen die zentrale Bedeutung bei der Analyse des Wanderungsverhaltens zukommt. Aus diesem Grunde wurden sowohl in der Bundesrepublik Deutschland als auch im Ausland wiederholt Befragungen speziell über mögliche Abwanderungsmotive durchgeführt [4]).

Mit dem Begriff Motiv wird ein sehr komplexer Sachverhalt beschrieben. Zur genaueren Charakterisierung werden die Motive deshalb in der Regel in verschiedene Gruppen unterteilt. So finden sich z. B. bei O. BOUSTEDT [5]) die Gruppen wohnungsorientierte Motive, arbeitsplatzorientierte Motive und subjektive Wanderungswünsche; F. KÜPPER nennt in seiner Untersuchung [6]) die Motivgruppen Arbeitsplatzgrund, Wohnungsgrund, persönliche Gründe und Umwelt/Freizeitgründe. Ob eine solche Gruppeneinteilung sinnvoll ist oder nicht, steht hier nicht zur Diskussion; die Gruppeneinteilung wird in der Regel vom Erkenntniszweck bestimmt. Interessant ist aber die Tatsache, daß bei Motivbefragungen ein hoher — wenn nicht sogar der höchste — Prozentsatz der Antworten auf die persönlichen bzw. subjektiven Gründe entfielen [7]). Wenn man einmal davon absieht, daß letzten Endes alle Gründe subjektiv sind, so darf doch angenommen werden, daß die persönlichen Gründe in hohem Maße die Entscheidung beeinflussen, ob der Wohnort gewechselt wird oder nicht.

Während zur Offenlegung der Abwanderungsmotive zahlreiche Untersuchungen durchgeführt wurden, fehlen spezielle und direkte Erkenntnisse über die Verbleibensmotive der Bevölkerung, so daß Lücken für einen sinnvollen Einsatz des regionalpolitischen Instrumentariums nicht von der Hand zu weisen sind. Es scheint deshalb zweckmäßig zu sein, Verbleibensmotive einmal direkt auszukunden [8]). Dazu möchte diese Untersuchung einen Beitrag leisten.

Aus Zeitgründen und auch aus finanziellen Gründen war es nicht möglich, die Verbleibensmotive der Bevölkerung einer Region zu erforschen; die Beschränkung auf einen Ort war unausweichlich. Die Wahl fiel auf die Gemeinde Diepoltskirchen im Landkreis Rottal-Inn (Niederbayern), die nach starken Bevölkerungsverlusten seit 1968 die Einwohner-

---

[4]) Aus der großen Zahl von Arbeiten über Wanderungsmotive seien beispielhaft erwähnt: S. KLUESS: Über die Struktur von Wanderungsbewegungen und ihre Motive, untersucht am Beispiel Frankfurt. Institut für Sozialforschung der Universität Frankfurt. Frankfurt 1971. — R. G. WIETING, J. HÜBSCHLE u. a.: Struktur und Motive der Wanderungsbewegung in der Bundesrepublik Deutschland, unter besonderer Berücksichtigung der kleinräumigen Mobilität. Basel 1968. — O. BOUSTEDT, E. HEIDE: Wanderungsmotive und innerstädtische Mobilitätsvorgänge — Ergebnisse einer Modellstudie. In: Hamburg in Zahlen 1970, S. 293 ff. — F. SCHAFFER: Räumliche Mobilitätsprozesse in Stadtgebieten. In: Beiträge zur Frage der räumlichen Bevölkerungsmobilität. Forschungs- und Sitzungsberichte der Akademie für Raumforschung und Landesplanung, Band 55, Hannover 1970, S. 55 ff. — J. HADERMANN, J. KÄPPELI, P. KOLLER: Räumliche Mobilität. Theoretische Grundlagen und empirische Untersuchung in der Planungsregion St. Gallen. 3 Bände. Zürich 1975.

[5]) Vgl. O. BOUSTEDT, a. a. O., S. 114 f.

[6]) Vgl. F. KÜPPER: Die Bevölkerungsbewegung in Essen 1967—1970 unter besonderer Berücksichtigung der Wanderungsgründe. Amt für Wahlen und Statistik der Stadt Essen, April 1971.

[7]) Vgl. K. HORSTMANN: Zur Soziologie der Wanderungen. In: R. König (Hrsg.): Handbuch der empirischen Sozialforschung, Band 5: Soziale Schichtung und Mobilität, 2. Auflage, Stuttgart 1976, S. 142 ff. — Zu ähnlichen Ergebnissen kommen für Frankreich H. BASTIDE, A. GIRARD: Mobilité de la population et motivations des personnes. In: Population 29 (1974) 4, S. 743 ff.

[8]) Verbleibensmotive können als umgekehrte Abwanderungsmotive aufgefaßt werden, so daß beide Motivgruppen essentiell kaum zu trennen sind.

zahl relativ konstant hielt. Dieser Ort schien für die Untersuchung auch deshalb geeignet zu sein, weil er in den Jahren 1952 und 1972 einer der Untersuchungsorte der Forschungsgesellschaft für Agrarpolitik und Agrarsoziologie über die Lebensverhältnisse auf dem Lande war [9]. Es lagen also Daten über die verschiedensten sozioökonomischen Tatbestände vor, die als Grundlage bzw. zur Beurteilung der Erhebungen herangezogen werden konnten. Außerdem gehört Diepoltskirchen zu einer der Regionen, für die bis 1990 die höchsten Abwanderungsraten prognostiziert werden [10].

Die Ergebnisse, die sich aus dem Beispielsort Diepoltskirchen gewinnen lassen, können aber nicht verallgemeinert werden, weil dazu die „Stichprobe" viel zu klein ist. Die Frage nach dem Sinn und Zweck einer solchen Untersuchung muß vielmehr aus einer anderen Perspektive beantwortet werden: Ist nämlich bekannt, wie sich ein sozioökonomisches Element in einer bestimmten Situation verhält, so kann dies nach K. POPPER als situationslogische Vermutung [11] bezeichnet werden. Eine solche situationslogische Vermutung läßt sich als Arbeitshypothese über das Durchschnittsverhalten bestimmter Gruppen sozioökonomischer Elemente verwenden.

Diese Untersuchung darf deshalb nur als Mosaikstein aufgefaßt werden, der zur Erklärung einer wichtigen sozioökonomischen Komponente, nämlich des Mobilitätsverhaltens der Bevölkerung, beitragen kann. Bevor diese situationslogische Vermutung als generelle Verhaltenshypothese in der Regionalplanung Verwendung finden kann, müßte sie in verschiedenen Regionen überprüft werden. Manche Untersuchungsergebnisse können zwar in diesem Sinne gedeutet werden [12], doch wäre es verfrüht, von gesicherten Erkenntnissen zu sprechen. Untersuchungen zur Stützung bzw. Verwerfung der nachfolgenden Ergebnisse wären deshalb dringend erwünscht.

I. Die Untersuchungsmethode

Da es sich bei den Motiven um subjektive Gegebenheiten handelt, ist ihre Erfassung äußerst schwierig. Es braucht deshalb nicht besonders betont zu werden, daß es vor allem von der Untersuchungsmethode abhängt, ob dieser komplexe Bewußtseinszustand eines Menschen sich dem Befrager wenigstens teilweise offenbart oder verschlossen bleibt. Aus diesem Grunde schied das standardisierte oder strukturierte Interview von vornherein aus. Doch auch noch aus zwei anderen Überlegungen heraus wurde das standardisierte Interview gar nicht in die engere Wahl gezogen, obwohl die von ST. A. RICHARDSON, B. S. DOHRENWEND und D. KLEIN formulierten Voraussetzungen [13] für ein solches Interview angenommen werden konnten. Einmal ist Diepoltskirchen ein Ort mit relativ

---

[9] Vgl. H. PAUSINGER: Untersuchung der Lebensverhältnisse in kleinbäuerlichen Dörfern, Untersuchungsort Diepoltskirchen. Manuskript München 1952. — W. WALTER: Die Entwicklung der Agrarstruktur zehn ehemaliger Kleinbauerndörfer und daraus abgeleitete Konsequenzen für Planungen im ländlichen Raum. Bonn 1977.

[10] Raumordnungsprognose 1990. Schriftenreihe „Raumordnung" des Bundesministeriums für Raumordnung, Bauwesen und Städtebau, Nr. 06.012, Bonn 1977, Karte 9.

[11] Vgl. K. R. POPPER: Die Logik der Sozialwissenschaften. In: T. W. ADORNO u. a.: Der Positivismusstreit in der deutschen Soziologie, Neuwied/Berlin 1969, S. 121.

[12] Vgl. z. B. Agrarsoziale Gesellschaft: Projekt „Attraktivität des Lebens in kleinen Orten — Fallstudie zu Komponenten der Attraktivität aus der Sicht von Bewohnern". Die Vorstudie wurde im September 1977 abgeschlossen, das Projekt dürfte Mitte 1978 beendet sein.

[13] Vgl. ST. A. RICHARDSON, B. S. DOHRENWEND, D. KLEIN: Interwieving. Its Forms and Functions. New York 1965, S. 40 ff.

wenigen Einwohnern, die deshalb aus Zeitgründen nicht mit einem festen Fragenschema konfrontiert werden mußten. Zum andern sind sämtliche Interviews von den beiden Autoren selbst durchgeführt worden, die sich mögliche Ansatzpunkte für zusätzliche Erkenntnisse nicht von vornherein verbauen wollten. Die Wahl fiel deshalb auf das halbstandardisierte oder gelenkte Interview, das eine relativ freie Formulierung erlaubt. Zu diesem Zweck wurde ein Fragebogen ausgearbeitet, der jedoch lediglich als Grundlage für ein umfangreiches Gespräch diente.

Weit schlimmer als das Nicht-Erkennen von Motiven ist aber ihre falsche Deutung, sei es, daß die Untersuchungsperson die tatsächlichen Motive nicht zu erkennen vermag, sei es, daß der Befragte den Befrager über die relevanten Motive bewußt oder unbewußt im unklaren läßt. So hatten Vorgespräche sehr schnell ergeben, daß die Bewohner von Diepoltskirchen sich in der Regel auf den Befrager einzustellen versuchen, vor allem wenn sie wußten, daß diese aus der Großstadt kommen. Sie versuchten mit einer Geschicklichkeit, die Städtern vielfach verlorengegangen ist, herauszufinden, „was man hören wollte". Ob dies aus Höflichkeit geschah oder ob sie mit ihrer Ansicht nicht als „rückständig" gelten wollten, sei dahingestellt, zumal es für die Untersuchung unwesentlich sein dürfte. Dieses Phänomen konnte nur durch Zufall — am Biertisch — aufgedeckt werden. Den Befragern fiel es anfangs nicht leicht, diesen Sachverhalt zu akzeptieren, obwohl in der Literatur wiederholt auf diesen sog. Interviewereffekt hingewiesen wurde [14]).

Obwohl aus der Literatur auch hinreichend bekannt ist, daß die Formulierung der Fragen in der Sprache der zu befragenden Personen abgefaßt sein muß [15]), wurde auch dieses Problem anfangs unterschätzt. Trotz einem vermeintlichen Eingehen auf die Umgangssprache der Diepoltskirchener — was den Autoren aufgrund ihrer regionalen Herkunft nicht allzu schwer fiel — erwiesen sich bald zahlreiche Fragen als erklärungsbedürftig [16]). Dies war um so erstaunlicher, als auf diese Fragen durchwegs sinnvolle Antworten gegeben worden waren. Zu dieser Einsicht kamen die Befrager auch wieder nur durch Zufall am abendlichen Wirtshaustisch.

Aufgrund dieser doch ernüchternden Erkenntnisse über die Problematik einer reinen Erfragung sozioökonomischer Faktoren schied auch das halbstandardisierte Interview aus. Die Autoren begannen sich in Diepoltskirchen einzuleben, um auch die Beobachtung als Forschungsmethode mit einzubeziehen. Sie verbrachten zahlreiche Wochenenden im Untersuchungsort, besuchten die Gottesdienste, spielten mit den Bewohnern Schafkopf und nahmen an Theateraufführungen der einheimischen Laienspielgruppe sowie an den Festen des Schützenvereins und der Feuerwehr teil. Jede sich bietende Gelegenheit wurde dazu benutzt, um durch Beobachtungen und im zwanglosen Gespräch Abwanderungs- bzw. Verbleibensmotive zu ergründen.

Es zeigte sich auch bald, daß die Bevölkerung von Diepoltskirchen in bezug auf ihre Ansichten zur Abwanderung bzw. zum Verbleiben eine relativ homogene Gruppe darstellt; ihre Meinungen differierten erstaunlicherweise nur unwesentlich. Die längsten und ausführlichsten Gespräche wurden deshalb mit den „Honoratioren" bzw. den Repräsentanten der verschiedenen Bevölkerungsgruppen wie Pfarrer, Leiter der Laienspielgruppe und des Schützenvereins, den Eigentümern der beiden Gasthöfe usw. geführt.

---

[14]) Vgl. J. STEINER: Überprüfung von Interviewergebnissen über die Stimm- und Wahlbeteiligung durch amtliche Angaben. In: Kölner Zeitschrift für Soziologie und Sozialpsychologie 17 (1965) 2, S. 234 ff. — K. LEWIN: Feldtheorie in den Sozialwissenschaften. Bern 1963, S. 200.

[15]) Vgl. P. ATTESLANDER: Methoden der empirischen Sozialforschung. 3. Auflage. Berlin/New York 1974, S. 78.

[16]) Z. B. die vorgegebene Antwortmöglichkeit „c) Kontakte und Beziehungen" auf die Frage: „Was ist Ihrer Meinung nach das Hauptproblem der Bewohner von Diepoltskirchen?"

II. Die sozioökonomische Situation von Diepoltskirchen

Zur Beurteilung des Wanderungsverhaltens der Bevölkerung von Diepoltskirchen genügt eine Betrachtung der sozioökonomischen Situation zum Untersuchungszeitpunkt nicht. Denn sozioökonomische Daten sind wenig aussagekräftig, wenn sie nicht mit den Daten ähnlich strukturierter Orte verglichen bzw. als vorläufiger Endpunkt einer historischen Entwicklung gesehen werden können.

Vergleichsdaten anderer Orte lagen nicht vor, so daß nur die historische Entwicklung des Dorfes Diepoltskirchen zur Abschätzung der derzeitigen sozioökonomischen Situation herangezogen werden konnte. Dabei ergab sich aber auf institutioneller Ebene das Problem der Vergleichbarkeit. Denn durch die sog. Gebietsreform seit Beginn der 70er Jahre hat sich die Grundlage für statistische Erhebungen geändert, so daß die Strukturdaten des Untersuchungsjahres 1976/77 nur noch beschränkt mit den Daten vor 1971 verglichen werden können. Aus diesem Grund wurde in den meisten der nachstehenden Zahlenfolgen das Jahr 1971 bewußt als Endpunkt der Entwicklungskette gewählt[17]).

Diepoltskirchen ist Teil des Nahbereichs Eggenfelden und liegt etwa 12 km nördlich dieses Mittelzentrums. Die Umgebung der Ortschaft zeigt den typischen Charakter einer Tertiärlandschaft; bewaldete Hügel wechseln mit fruchtbaren Tälern ab.

Diepoltskirchen soll sich von 1102 bis 1566 im Besitz der Grafen Diepolt befunden haben. Der herrschaftliche Besitz und die stark besuchte Wallfahrtskirche zogen viele Handwerker nach Diepoltskirchen, die zur Selbstversorgung kleine Lehen erhielten. Auf diese Weise entstand der kleinbäuerliche Kern der Ortschaft mit Handwerksrechten auf einer großen Anzahl von landwirtschaftlichen Betrieben.

Bei der Aufteilung des herrschaftlichen Besitzes wurden rings um diesen Kern größere Bauernhöfe geschaffen, die heute als Einzelhöfe und Weiler zu erkennen sind. Im Jahr 1805 erfolgte eine Trennung des Ortskerns und der Weiler in zwei selbständige Gemeinden, Diepoltskirchen I und Diepoltskirchen II. Hauptgrund hierfür war der kleinbäuerliche Charakter der Hauptortschaft und die daraus resultierenden psychologischen, sozialen und finanziellen Konsequenzen wie Minderwertigkeitskomplexe und Neid gegenüber den Großbauern, gegenseitige gesellschaftliche Isolierung, Erhöhung der sozialen Lasten der Großbauern durch immer wieder auftretende Notstände bei den „Häuslern" in Diepoltskirchen I[18]). 1945 wurden beide Gemeinden wieder zusammengelegt, doch bereits 1947 erreichten die Großbauern eine abermalige Tennung in Diepoltskirchen I und Diepoltskirchen II. 1951 erfolgte die Abgrenzung auch dem Namen nach, indem Diepoltskirchen II den Namen Oberhöft erhielt.

In der Gemeindereform gingen die beiden Orte zunächst getrennte Wege. Oberhöft wurde mit Wirkung vom 1. 1. 1971 nach Falkenberg eingemeindet, Diepoltskirchen mit Wirkung vom 1. 7. 1971 nach Fünfleiten. Obwohl es damit den Anschein hatte, als ob die beiden ungleichen Geschwister nun endgültig Ruhe voreinander gefunden hätten, wurden sie dennoch alsbald von ihrer Vergangenheit eingeholt: Am 1. 1. 1974 schlossen sich Fünfleiten und Falkenberg ihrerseits zur Neugemeinde Falkenberg zusammen, so daß Diepoltskirchen und Oberhöft nunmehr wiedervereint sind.

---

[17]) Obwohl die Zahlen ein halbes Jahrzehnt alt sind, dürfte ihre Verwendung nicht allzu problematisch sein. Denn die Verhältnisse in Diepoltskirchen haben sich seit dieser Zeit kaum verändert.

[18]) Vgl. H. PAUSINGER, a. a. O., S. 9.

1. Strukturdaten von Diepoltskirchen

Die nachstehende Tabelle zeigt die Bevölkerungsentwicklung von Diepoltskirchen seit der Mitte des vergangenen Jahrhunderts:

Jahr	1840	1880	1900	1925	1939	1946
Bev.	199	247	296	285	302	408

Jahr	1950	1960	1965	1969	1970
Bev.	413	358	319	315	351

Ab 1840 stieg die Bevölkerungszahl mehr oder weniger kontinuierlich an, unterbrochen lediglich durch den 1. Weltkrieg. Auffallend ist sodann die durch den Flüchtlingsstrom bedingte Bevölkerungszunahme von über 100 Personen in dem kurzen Zeitraum von 1939 bis 1946. In knapp einem Jahrzehnt wuchs die Bevölkerung von Diepoltskirchen im gleichen Ausmaß wie in den hundert Jahren zuvor, woran die Bedeutung des Flüchtlingsstroms für ein so kleines Dorf wie Diepoltskirchen ermessen werden kann.

Auffallend ist ferner der Bevölkerungssprung zwischen 1969 und 1970. Er ist darauf zurückzuführen, daß nach der Bevölkerungszählung von 1970 30 Einwohner (oder fast 10%!) mehr vorhanden waren, als es nach der Bevölkerungsfortschreibung hätten sein dürfen. Die Ursache dafür liegt in der Erfassungsmethode der amtlichen Bevölkerungsstatistik, die bei mehreren Wohnsitzen auf die Wohnung am Ort des Arbeitsplatzes abstellt und nicht auf den Lebensmittelpunkt.

Einen genauen Überblick über die sozioökonomische Entwicklung der Bevölkerung von Diepoltskirchen seit dem 2. Weltkrieg bietet die nachstehende Tabelle:

	1950	1961	1971
Wohnbevölkerung	413	362	347
davon männlich	176	157	166
weiblich	237	205	181
Religionszugehörigkeit			
evangelisch	22	5	2
katholisch	391	357	344
Ausländer	0	0	0
Erwerbstätige insgesamt	213	173	160
davon Land- und Forstwirtschaft	114	84	43
Prod. Gewerbe	43	54	82
Sonstige und Dienstleistungen	34	35	35
Nichtlandw. Arbeitsstätten insges.	40	25	17
davon prod. Gewerbe	26	11	9
Sonstige und Dienstleistungen	14	14	8
Nichtlandw. Arbeitsplätze insges.	55	41	40
davon prod. Gewerbe	36	11	14
Sonstige und Dienstleistungen	19	30	26
Berufsauspendler	13	35	72
Berufseinpendler	0	2	10

1971 gab es über 40 Gewerbesteuerzahler in Diepoltskirchen, deren Zahl sich bis heute kaum verringert haben dürfte, einen Arzt und eine Poststelle — für einen kleinen Ort eine erstaunliche Anzahl von Erwerbsmöglichkeiten. Dabei ist zu berücksichtigen, daß aus der Tradition der sog. Störhandwerker[19]) heraus Parallelberufe in Diepoltskirchen die Regel sind: Metzger, Landwirt, Gastwirt in einer Person oder Musiker und Fuhrunternehmer, Viehhändler und Kraftwerksbesitzer — die Kombinationsmöglichkeiten sind zahllos. Auch bei Aufnahme einer unselbständigen Tätigkeit werden Nebenberufe kultiviert; ein Lagerhausarbeiter ist Drechsler, Gemischtwarenhändler und Gemüseaufkäufer. Es liegt auf der Hand, daß es solchen Existenzen schwerfällt, sich mit durchschnittlichen städtischen Arbeitnehmern gleichzusetzen.

2. Das Wanderungsverhalten der Bevölkerung in der Vergangenheit

Das Datenmaterial zu Wanderungen vor 1945 ist äußerst dürftig. Aus Gesprächen mit Dorfbewohnern ließ sich lediglich rekonstruieren, daß in den 20er und 30er Jahren bei größeren Bauprojekten wie dem Bau der Queralpenstraße im Jahre 1936 Diepoltskirchener ihr Dorf zeitlich begrenzt verlassen haben, um auswärts einer Arbeit nachzugehen. Ansonsten war über Ab- und Zuwanderungen wenig zu erfahren, sieht man von den Heiraten ab, über die H. PAUSINGER ausführlich berichtet[20]).

Die kumulierten Wanderungssalden 1950-1971 ergeben für Diepoltskirchen einen Wanderungsverlust von 137 Personen. Abgesehen von Todesfällen sind im gleichen Zeitraum etwa 100 Flüchtlinge aus Diepoltskirchen abgewandert. Somit verbleiben per Saldo knapp 40 Fälle von Abwanderung von Einheimischen oder im Durchschnitt zwei Fälle von Abwanderung pro Jahr. Diese Zahlen müßten um die Fälle ausschließlich statistisch bedingter Abwanderungen durch Aufnahme eines zweiten Wohnsitzes bereinigt werden, was die Wanderungsverluste sicherlich verringern würde.

Für den Zeitraum 1974 bis 1977 konnten in Zusammenarbeit mit der Gemeinde Falkenberg die echten Wanderungen von den rein statistisch bedingten für den Bereich der alten Gemeinde Diepoltskirchen getrennt erfaßt werden. Es ergab sich folgendes Bild:

Zuwanderungen insgesamt:	32	
davon statistisch bedingt, Auflösung eines zweiten Wohnsitzes:	8	
verbleiben echte Zuwanderungen:		24
Abwanderungen insgesamt:	34	
davon statistisch bedingt, Aufnahme eines zweiten Wohnsitzes:	14	
verbleiben echte Abwanderungen:		20
Wanderungssaldo insgesamt:	— 2	
echter Wanderungssaldo:	+ 4	

---

[19]) „Als Störhandwerker wird hier ein Handwerker mit einer sogenannten ‚wilden' Lehre bezeichnet, d. h. er hat keine Prüfungen abgelegt und sich seine Kenntnisse lediglich durch Mitarbeit bei einem Handwerker angeeignet. Er sucht, ohne selbst eine richtige Werkstätte zu besitzen, in der Umgebung nach handwerklicher Arbeit. Diese Störhandwerker betreiben größtenteils nebenbei eine kleine Landwirtschaft, die für den Lebensunterhalt eine gewisse Sicherheit bietet"; H. PAUSINGER, a. a. O., S. 53.

[20]) Vgl. ebenda, S. 45.

Bei den echten Abwanderungen in Höhe von 20 im Zeitraum 1974-1977 konnten in 11 Fällen familiäre Gründe nachgewiesen werden, wie Tod des Sohnes, Heirat oder Scheidung. Von den verbleibenden 9 Fällen echter Abwanderung wanderten zwei in ein Nachbardorf und drei Neubürger zogen nach Oberbayern weiter, weil sie in Diepoltskirchen wohl nicht richtig Anschluß gefunden hatten. Der Rest ist ungeklärt. Jedenfalls festigen diese Zahlen den Eindruck, den wohl jeder Besucher des Ortes gewinnen muß: Die Entleerungsthese findet in Diepoltskirchen keine Bestätigung.

III. Die Wanderungs- bzw. Verbleibensmotive der Bevölkerung von Diepoltskirchen

Das menschliche Verhalten wird außer von Vorschriften, Ereignissen, Handlungsregeln, d. h. äußeren Anstößen, auch von inneren Beweggründen oder Motiven gesteuert. Wenn im folgenden die Wanderungs- bzw. Verbleibensmotive der Diepoltskirchener herausgearbeitet werden, vermag weder der Anspruch auf Vollständigkeit noch auf gegenseitig genaue Abgrenzung der Motive erhoben zu werden. Denn einmal darf nicht angenommen werden, daß sämtliche Motive mit den Methoden der Befragung und Beobachtung überhaupt erkannt werden können. Zum anderen handelt es sich bei den Motiven um äußerst komplexe Systeme, die sich dem Auge des Beobachters je nach Blickwinkel in den verschiedensten Erscheinungsformen darbieten; sie lassen sich nicht messerscharf voneinander trennen. Da die Grenzen fließend sind, können Elemente, die zur Charakterisierung eines Motivs herangezogen werden, sehr wohl auch bei anderen Motiven auftreten. Dies ist insofern von Bedeutung, als demnach die gleichen Beobachtungs- und Befragungssachverhalte zur Stützung bzw. Erklärung mehrerer Motive herangezogen werden können.

Es ist versucht worden, aus den Lebensgewohnheiten und dem Verhalten der Bevölkerung von Diepoltskirchen — so wie es sich durch Beobachtung und Befragung dargestellt hat —, auf die dahinterstehenden Abwanderungs- bzw. Verbleibensmotive zu schließen. Da in der Regel nicht ein einziges Motiv die Handlungen einer Person bestimmt, sondern mehrere Motive mit unterschiedlicher Intensität und in unterschiedlicher „Richtung" wirken, kann das Verhalten eines Menschen gleichsam als Resultante der mit unterschiedlicher Intensität in verschiedenen „Richtungen" drängenden Motive gedeutet werden. Aus diesem Grunde wäre neben der Kenntnis eines Motivs auch die Kenntnis seines „Gewichts" von Interesse, mit dem es das Verhalten eines Menschen beeinflußt. Doch wegen der qualitativen Beschaffenheit der Motive ist ihre kardinale Messung leider ausgeschlossen.

Aufgrund der geringen Bevölkerungszahl von Diepoltskirchen schien es außerdem nicht sinnvoll zu sein, die einzelnen Motive in eine Reihung zu bringen, um damit gegebenenfalls die Untersuchungsergebnisse von H. ZIMMERMANN zu überprüfen [21]).

Unter Motiv wird allgemein der innere Beweggrund des Verhaltens verstanden, der nur von der Handlung her interpretiert werden kann. Bei „seiner Aufdeckung geht es um den Nachweis eines wenn auch nicht zwingenden, so doch eindeutigen (zureichenden) Zusammenhangs zwischen Handlung und Handlungsgrund" [22]), in unserem Fall zwischen Wanderung und Wanderungsgrund bzw. Verbleiben und Verbleibensgrund.

---

[21]) Vgl. H. ZIMMERMANN: Regionale Präferenzen. Wohnortorientierung und Mobilitätsbereitschaft der Arbeitnehmer als Determinanten der Regionalpolitik. Bonn o. J. (1973), S. 130 ff.
[22]) G. SCHERHORN: Bedürfnis und Bedarf. Sozioökonomische Grundbegriffe im Lichte der neueren Anthropologie. Berlin 1959, S. 87.

Wenn von Motiven die Rede ist, können die Bedürfnisse nicht außer acht gelassen werden. Bedürfnisse als subjektive Mangelempfindungen, die nach Beseitigung drängen, dürfen zwar nicht mit Motiven identifiziert werden, doch „es ist ein Aspekt des Bedürfnisses, daß es Motiv sein, d. h. als Handlungserklärung dienen kann"[23]. Gerade in sozioökonomischen Systemen wird den Bedürfnissen aber der Antriebscharakter zugesprochen, der sie zu Motiven macht. Damit rücken die Bedürfnisse in den Mittelpunkt unseres Interesses.

Nach G. ALBRECHT „wird die Wanderung als Reaktion auf bestehende oder entstehende Chancen zur Erfüllung bisher nicht befriedigter Bedürfnisse der wandernden Personen verstanden"[24]. Wandern Personen nicht, d. h. verbleiben sie im bisherigen Lebensbereich, so kann dies verschieden interpretiert werden:

a) Sämtliche Bedürfnisse können am angestammten Ort befriedigt werden, oder
b) die Bedürfnisse, die sich in der bisherigen Umgebung befriedigen lassen, werden nach Zahl bzw. Gewicht höher eingeschätzt als die unbefriedigten, oder
c) an einem anderen Ort können zwar andere Bedürfnisse befriedigt werden bzw. die Befriedigungsintensität der am bisherigen Ort befriedigten Bedürfnisse läßt sich dort erhöhen, doch steigt damit nicht das Niveau der Bedürfnisbefriedigung, weil bisher befriedigte Bedürfnisse zurücktreten müssen.

Einer der Fälle b) oder c) dürfte in der Realität vorliegen, wenn festgestellt werden kann, daß die Bevölkerung nicht wandert. Da ein zutreffendes Bild von den Wanderungs- bzw. Verbleibensmotiven der Diepoltskirchener gewonnen werden soll, ist demnach auf ihre Bedürfnisse materieller und immaterieller Art abzustellen und zu fragen, inwieweit diese Bedürfnisse in Diepoltskirchen befriedigt werden können bzw. ob sie dort eine Befriedigungschance haben.

1. Die Infrastrukturausstattung des Raumes Diepoltskirchen

Ein Großteil der menschlichen Bedürfnisse in hochindustrialisierten Ländern, die über die sog. Grundbedürfnisse hinausgehen, wird durch den Konsum von Leistungen der Infrastruktureinrichtungen befriedigt. Wenn die Bevölkerung im Raum gehalten werden soll, muß deshalb ein ausreichendes Angebot an Einrichtungen der materiellen und sozialen Infrastruktur als notwendige Voraussetzung vorhanden sein. Was als ausreichend angesehen werden kann, darüber gehen die Meinungen auseinander. Ein allgemein verbindliches Kriterium gibt es nicht und kann es auch kaum geben.

Da sämtliche Infrastruktureinrichtungen an keinem Ort bereitgestellt werden können, spielt auch die Mischung der einzelnen Infrastruktureinrichtungen eine große Rolle. Ein gängiger Maßstab ist, von Durchschnittswerten auf Bundes- oder Landesebene auszugehen und daran die Infrastrukturausstattung einer Region bzw. eines Ortes zu messen. Doch welcher Vergleichsmaßstab auch verwendet wird, Diepoltskirchen muß in vielerlei Hinsicht als unterversorgt angesehen werden bzw. in der Sprache der Planer als unattraktiv gelten.

Die verkehrsmäßige Anbindung von Diepoltskirchen ist als mangelhaft zu bezeichnen. Ein Bahnanschluß — jedoch mit weitmaschigem Fahrplan — befindet sich im 12 km ent-

---

[23]) Ebenda, S. 88.
[24]) G. ALBRECHT: Soziologie der geographischen Mobilität. Stuttgart 1972, S. 8.

fernten Eggenfelden. Diepoltskirchen selbst besitzt keine öffentliche Verkehrsverbindung. Die nächste Haltestelle des Bahnbusses liegt in Falkenberg, 3 km von Diepoltskirchen entfernt. Damit auch Nicht-Autobesitzer die Möglichkeit haben, wenigstens einmal pro Woche zum Einkaufen oder zum Arztbesuch in das Mittelzentrum Eggenfelden zu gelangen, läßt ein Privatunternehmer jeden Freitag einen Bus verkehren, der auch von zahlreichen Diepoltskirchenern benutzt wird. Ohne den privaten Personenwagen wäre jedoch eine geregelte Verbindung zur Außenwelt kaum möglich.

Auch das Straßennetz genügt bei weitem nicht den heute üblichen Ansprüchen. Autobahnen sind so weit entfernt, daß sie für die Bevölkerung von Diepoltskirchen keine Bedeutung besitzen. Erschwerend kommt noch hinzu, daß auch das innerregionale Straßennetz, d. h. die Vermaschung von Staat-, Kreis- und Gemeindestraßen, nicht den heutigen Anforderungen entspricht. Es bestehen noch erhebliche Lücken, „vor allem was Ausbauzustand, Linienführung und Fahrbahnbreite anbelangt"[25]. Die Verwirklichung gleichwertiger Lebensbedingungen wird dadurch erheblich erschwert[26].

Ähnlich liegen die Verhältnisse bei der sozialen Infrastruktur. Kindergartenplätze sind in Diepoltskirchen und der näheren Umgebung überhaupt nicht vorhanden. Eine vorschulische Erziehung, die laut Bayer. Kindergartengesetz den 3- bis 6jährigen Kindern Bildung und Erziehung nahebringen soll, ist deshalb unmöglich, obwohl ihr in unserer Gesellschaftsordnung eine immer größere Bedeutung zugemessen wird. Außerdem wird durch die fehlenden Kindergartenplätze eine Erwerbstätigkeit von Frauen mit kleinen Kindern erheblich eingeschränkt, so daß schon aus diesem Grunde das durchschnittliche Familieneinkommen unter dem von Dörfern vergleichbarer Größenordnung liegt. Der Kindergartenbedarfsplan der Planungsregion Landshut sieht zwar den Bau zahlreicher Kindergärten vor, doch wegen der gravierenden Unterversorgung der gesamten Region stehen die Chancen für Diepoltskirchen, einen Kindergarten zu bekommen, nicht allzu gut.

Die Situation auf dem Gebiet der weiterführenden Schulen hat sich im letzten Jahrzehnt — vor allem nach der Errichtung eines Gymnasiums in Eggenfelden — erheblich verbessert. In einer zumutbaren Entfernung, nämlich in Eggenfelden, befinden sich alle wichtigen Schultypen. Ein großes Problem bleibt allerdings der Heimtransport der Schüler nach dem Unterrichtsende, weil der jeweils unterschiedliche tägliche Schulschluß nicht in den Busfahrplänen berücksichtigt werden kann; teilweise lange Wartezeiten der Schüler sind an der Tagesordnung. In dieser Beziehung ist Diepoltskirchen allerdings kein Sonderfall, vielmehr stellt der Schülertransport nach Beendigung des Unterrichts ein allgemeines Problem des ländlichen Raumes dar.

Nach Inbetriebnahme des neuen Kreiskrankenhauses Eggenfelden im Jahre 1974 hat sich die verfügbare Bettenzahl fast verfünffacht. Wenn es sich auch nur um ein Krankenhaus der Versorgungsstufe I handelt, das die medizinische Grundversorgung wie Chirurgie, innere Medizin, Gynäkologie und Geburtshilfe sicherstellt, weist es doch auch Betten für andere Fachrichtungen auf; komplizierte Fälle sind allerdings auf die Krankenhäuser in Landshut und München angewiesen.

Ein Allgemeinarzt praktiziert sogar in Diepoltskirchen, so daß die ambulante ärztliche Betreuung sichergestellt ist. Problematisch ist jedoch die fachärztliche Versorgung.

---

[25] Bayerisches Staatsministerium für Landesentwicklung und Umweltfragen/Regionaler Planungsverband Landshut (Hrsg.): Regionalbericht Region Landshut. Januar 1977, S. 63.
[26] Vgl. ebenda.

Die wenigen Fachärzte in Eggenfelden sind durch das weite Einzugsgebiet sehr überlastet. Lange Wartezeiten und vergebliche Arztbesuche sind keine Seltenheit.

An kulturellen Einrichtungen herrscht wieder ausgesprochener Mangel. Zwar besteht seit gut 10 Jahren in Eggenfelden das „Theater an der Rott" — übrigens das einzige Theater in der Bundesrepublik Deutschland, das von einem Landkreis getragen wird —, doch wird hier lediglich die leichte Muse wie Operette und Musical gepflegt. Schauspiele, Konzerte und Ausstellungen finden aber äußerst selten statt, so daß der gesamte kulturelle Bereich aus städtischer Sicht als sehr unattraktiv bezeichnet werden muß. Diejenigen Bewohner von Diepoltskirchen, die Wert auf bestimmte musische Veranstaltungen legen, sind auf Landshut oder Passau bzw. auf das ca. 120 km entfernte, aber verkehrsgünstiger gelegene München angewiesen.

Ferner gibt es um Diepoltskirchen keine Freizeit- und Erholungsanlagen. Der auch in diesem Ort ständig steigende Lebensstandard seiner Bewohner, der eine intensive Nutzung der Freizeit erlauben würde, läßt sich kaum in die übliche Freizeitbetätigung umsetzen. Jedenfalls fehlen in der näheren Umgebung sowohl Frei- als auch Hallenbäder, Naherholungseinrichtungen und Sportanlagen, wenn man von den 6 Schießständen beim Oberwirt einmal absieht [27]. Alle derartigen Einrichtungen sind so weit entfernt, daß sie kaum zur täglichen Freizeit, sondern höchstens in der Wochenendfreizeit genutzt werden können.

Mit Post- und Bankdiensten dagegen ist Diepoltskirchen relativ gut versorgt. Im Jahre 1967 eröffnete im Ort eine Filiale der Kreissparkasse Eggenfelden, so daß zur Erledigung von Geldgeschäften der bis dahin notwendige Weg ins 3 km entfernte Falkenberg entfällt. Auch besitzt Diepoltskirchen seit vielen Jahren eine Poststelle II, die von der Poststelle Falkenberg abgezweigt wurde. Der Posthalter und Briefträger ist Nebenerwerbslandwirt. „Geöffnet ist immer, wenn er da ist".

Beurteilung der Infrastrukturausstattung des Raumes Diepoltskirchen durch die Bevölkerung

Aus dieser schlaglichtartigen Betrachtung der wichtigsten Infrastrukturbereiche wird deutlich, daß die Bewohner von Diepoltskirchen „wichtige" Bedürfnisse überhaupt nicht oder nur höchst unvollkommen befriedigen können. Allerdings scheint diese nach dem üblichen Standard als unbefriedigend bis mangelhaft zu bezeichnende Situation von der Diepoltskirchener Bevölkerung gar nicht so empfunden zu werden. Jedenfalls tauchten in den Gesprächen kaum Klagen auf, die in dieser Richtung gedeutet werden können. Die schlechte Ausstattung mit Infrastruktureinrichtungen wird keineswegs als Mangel angesehen.

Diese Einstellung der Bevölkerung von Diepoltskirchen läßt sich nur erklären, wenn man die städtische und planerische Werteskala beiseite legt und sie durch eine ortsspezifische bzw. regionsspezifische ersetzt. Die Bedürfnisse, die lediglich durch Leistungen von Infrastruktureinrichtungen befriedigt werden können, erscheinen dann in einem ganz anderen Licht, ja sind vielfach gar keine Bedürfnisse mehr, während andererseits Bedürfnisse auftauchen, denen ein Städter oder Planer vielleicht verständnislos gegenübersteht; sie besitzen für ihn nur eine untergeordnete Bedeutung. So heißt das Fehlen fast jeg-

---

[27] Ein Schützenheim mit modernen Schießanlagen ist gerade im Bau und soll spätestens im Jahre 1978 zur Verfügung stehen.

licher kultureller Einrichtungen nicht — wie es aus städtischer Sicht erscheinen mag —, daß die Bevölkerung von Diepoltskirchen ihre kulturellen Bedürfnisse nicht befriedigen könnte bzw. vielleicht gar akulturell eingestellt sei. Ihre kulturellen Bedürfnisse sind vielmehr ganz anderer Art. Wenn sie grob umschrieben werden sollen, könnte man argumentieren, daß es keine Kultur-„Konsumenten", also keine passiven Teilnehmer am kulturellen Leben sind, sondern daß sie in einer aktiven Betätigung — z. B. in einer Laienspielgruppe — ihre kulturelle Erfüllung finden. Doch darauf muß in einem anderen Zusammenhang noch näher eingegangen werden.

Die Verkehrsverhältnisse werden von den Diepoltskirchener Bewohnern auch nicht so negativ beurteilt wie von den Planern. Die mangelhafte Anbindung des Ortes an das öffentliche Verkehrsnetz wird durch den privaten Personenkraftwagen ausgeglichen, über den praktisch jede Familie verfügt; nicht selten stehen den Familienmitgliedern sogar mehrere Autos zur Verfügung. Nicht von ungefähr besitzt die Region (ehemaliger Landkreis) Eggenfelden die höchste Kraftfahrzeugdichte in der Bundesrepublik Deutschland. Wegen der relativ geringen Besiedlung des niederbayerischen Hügellandes werden auch die unterdurchschnittlichen Straßenverhältnisse anders beurteilt. In Zeitspannen, von denen Großstädter oft nur träumen können, lassen sich alle wichtigen Behörden, Einkaufsstätten des täglichen und gehobenen Bedarfs, Fachärzte usw. erreichen. Warum sollte man also unzufrieden sein? [28])

Daß in einer Umgebung von ca. 40 km lediglich ein Krankenhaus der Versorgungsstufe I vorhanden ist, wird auch nicht als Nachteil empfunden. Die Bevölkerung weiß sehr wohl um die relative Seltenheit einer Krankheit, die in einer Spezialabteilung eines Krankenhauses behandelt werden muß. Es wird als völlig ausreichend angesehen, wenn ein Rettungssystem im Bedarfsfall die rasche Einlieferung in ein Spezialkrankenhaus sicherstellt. Dies ist in der Planungsregion Landshut durch einen gut ausgebauten Krankentransport- und Unfallrettungsdienst, der über 25 Sanitätskraftwagen und 8 Rettungswagen — alle mit Funkausrüstung — verfügt, gewährleistet [29]).

Auch die gesamte ambulante ärztliche Versorgung der Bevölkerung von Diepoltskirchen ist besser, als es auf den ersten Blick erscheint. Wenn auch die Zahl der Fachärzte und Zahnärzte pro 1 000 Einwohner weit unter dem bayerischen Durchschnitt liegt, fühlen sich die Diepoltskirchener nicht unterversorgt. Es ist sowieso nicht üblich, wegen jeder Kleinigkeit den Arzt zu konsultieren, geschweige denn am Anfang eines Quartals den neuen Krankenschein beim Arzt zu hinterlegen, wie man es von Städtern oft hört. Ein Facharztbesuch gehört traditionell zu den Ausnahmen, der nur im Behandlungsfall vorgenommen wird.

Auch zur Freizeit und Erholung besitzen die Diepoltskirchener ein anderes Verhältnis als die Städter. Infolge der aufgelockerten niederbayerischen Siedlungsweise [30]) und der landwirtschaftlichen bzw. forstwirtschaftlichen Tätigkeit, an der fast alle Diepoltskirchener auf irgend eine Art beteiligt sind, lebt man sehr naturverbunden, so daß eine tägliche oder Wochenenderholung nicht als notwendig oder vielleicht besser gesagt vordringlich angesehen wird.

---

[28]) Aus unternehmerischer Sicht läßt die Verkehrsinfrastruktur allerdings erhebliche Wünsche offen. Doch diesbezügliche Überlegungen stehen hier nicht zur Diskussion.

[29]) Vgl. Regionalbericht Region Landshut, a. a. O., S. 59 f.

[30]) Der Landkreis Rottal-Inn ist übrigens der streusiedlungsreichste Landkreis in der Bundesrepublik Deutschland.

Aus dieser Sicht wird auch verständlich, daß den Diepoltskirchenern zwei Mehrzweckweiher der Flurbereinigung in 3 km Entfernung zum Baden als ausreichend erscheinen. In den Sommermonaten werden die Weiher stark frequentiert, ja an heißen Tagen entwickelt sich an den Ufern ein richtiges Strandleben. Mit Bestimmtheit würde man auch im Winter einmal zum Baden gehen, wenn ein Hallenbad in der näheren Umgebung vorhanden wäre, doch bei der Frage nach der Benutzungshäufigkeit erntet man in der Regel ein vielsagendes Lächeln.

Aus all diesen Bemerkungen wird deutlich, daß Diepoltskirchen bzw. der Raum um Diepoltskirchen nur höchst unzureichend mit Infrastruktureinrichtungen ausgestattet ist, wenn die üblichen Kriterien über eine notwendige Infrastrukturausstattung zugrunde gelegt werden. In der Terminologie der Planer handelt es sich bei Diepoltskirchen also um einen unattraktiven Ort, der den Teil der menschlichen Bedürfnisse, der über Leistungen der Infrastruktur befriedigt werden muß, nur unvollkommen zu befriedigen vermag.

Diese Argumentation scheint unter der Vorstellung zu erfolgen, daß ein moderner Mensch Bedürfnisse einer bestimmten Kategorie und Intensität einfach haben muß, vielleicht deshalb, weil sie die Städter und die dort ausgebildeten Planer haben. Um es nochmals ganz deutlich zu sagen: Die Befragungsergebnisse lassen keine Rückschlüsse auf eine Unterversorgung der Diepoltskirchener mit Leistungen der Infrastruktur zu, d. h. die diesbezüglichen Bedürfnisse der Dorfbewohner können durch die vorhandenen Infrastruktureinrichtungen ohne weiteres befriedigt werden. Kaum ein Diepoltskirchener empfindet das Dorf und seine Umgebung als unattraktiv. Aus diesem Grunde stehen Diepoltskirchener auch allen Prognosen verständnislos gegenüber, die aufgrund der gegenüber Land und Bund unterdurchschnittlichen Infrastrukturausstattung eine Abwanderung deduzieren. Selbstverständlich hätten die Dorfbewohner keine Einwendungen gegen eine Verbesserung bzw. weiteren Ausbaues der Infrastruktur, sofern er von außen bezahlt wird. Eine fühlbare Verbesserung der Bedürfnisbefriedigung darf man sich laut Umfrageergebnisse davon allerdings nicht versprechen.

2. Die Arbeitsmarktsituation des Raumes Diepoltskirchen

Die Menschen können nicht all ihre Bedürfnisse mit Leistungen befriedigen, die ihnen kostenlos bzw. zu einer festen Gebühr zur Verfügung gestellt werden, wie es für die Leistungen der Infrastruktureinrichtungen charakteristisch ist. Ein Großteil der menschlichen Bedürfnisse läßt sich nur dann ganz oder teilweise befriedigen, wenn eine Person über materielle Mittel verfügt, mit denen sich die Güter eintauschen lassen, die zur Bedürfnisbefriedigung geeignet sind.

Die materiellen Mittel, die einem Menschen bzw. einer Menschengruppe (Familie, Haushalt) für die Bedürfnisbefriedigung zur Verfügung stehen, werden allgemein als verfügbares Einkommen bezeichnet. Da die Bedürfnisbefriedigungsmöglichkeiten mit dem Einkommen steigen, sind die Menschen in der Regel bestrebt, ihr Einkommen zu vergrößern. Dazu bestehen in ländlichen Regionen aber nur beschränkte Möglichkeiten. Aus Gründen, die hier nicht zur Diskussion stehen, befindet sich die Mehrzahl der qualitativ hochwertigen industriellen Arbeitsplätze, die hohe Einkommen erlauben, in den Ballungsgebieten, ebenso wie die meisten Arbeitsplätze des tertiären Sektors mit ihren überdurchschnittlichen Einkommenschancen. Nicht von ungefähr hat deshalb K. HORSTMANN die ländliche Bevölkerung als die „Gesellschaft von Unzufriedenen"[31]) bezeichnet, weil ihre

---

[31]) K. HORSTMANN, a. a. O., S. 134.

Erwerbsmöglichkeiten doch relativ beschränkt sind. Der Wunsch, überhaupt einen industriellen Arbeitsplatz zu finden bzw. eine besser bezahlte Arbeit aufzunehmen, war deshalb eines der Hauptwanderungsmotive der Landbevölkerung in der Vergangenheit. Zahlreiche empirische Untersuchungen nach dem 2. Weltkrieg belegen dies eindeutig [32]).

Betrachtet man vor diesem Hintergrund die industrielle und tertiäre Arbeitsplatzsituation von Diepoltskirchen und seiner Umgebung, so müßten fast alle Dorfbewohner abgewandert sein. Denn bei der Region um Diepoltskirchen dürfte es sich um eine der am wenigsten industrialisierten Regionen in der Bundesrepublik Deutschland handeln. Industriebesatzzahlen über die nähere Umgebung von Diepoltskirchen liegen aus verständlichen Gründen nicht vor, so daß die Zahlen des Landkreises Rottal-Inn, die allerdings durch das Vorhandensein der Mittelzentren Eggenfelden, Pfarrkirchen und Simbach/Inn geschönt sind, herangezogen werden müssen. Danach betrug der Industriebesatz, d. h. die Zahl der Industriebeschäftigten je 1 000 Einwohner, des Landkreises im Jahre 1970 65, während im gleichen Zeitraum die entsprechenden Zahlen für Bayern bei 129 und im Bund bei 149 lagen [33]). Die geringe Arbeitsplatzzahl im tertiären Bereich bzw. die geringe Zahl qualitativ hochwertiger Arbeitsplätze spiegeln sich im Anteil der Arbeiter/Angestellten an der Beschäftigtenzahl in v. H. Die Anteilszahlen beliefen sich im Jahre 1972 im Landkreis auf 87,1/12,9, während die Vergleichszahl für Bayern bei 74,7/25,3 und im Bund bei 73,5/26,5 lag [34]). Die Konsequenz dieser Arbeitsplatzzahlen drückt sich in der Lohn- und Gehaltssumme je Beschäftigten aus. Sie betrug im Jahre 1972 im Landkreis 11 900 DM, während in Bayern 15 800 DM und im Durchschnitt des Bundesgebiets 17 700 DM bezahlt wurden. Gewiß kann man argumentieren, daß die Statistiken schon 6-8 Jahre alt sind, und somit positive Veränderungen nicht berücksichtigt werden konnten. Dem ist allerdings entgegenzuhalten, daß seit der sog. Ölkrise um die Jahreswende 1973/74 sich die wirtschaftliche Entwicklung in der Bundesrepublik Deutschland zuungunsten der ländlichen Regionen vollzogen hat, wie an den weit überdurchschnittlich hohen Arbeitslosenquoten in diesen Gebieten abgelesen werden kann.

Die ökonomische Situation in der Umgebung von Diepoltskirchen ist also — gerade im Hinblick auf qualitative industrielle Arbeitsplätze und Beschäftigungsmöglichkeiten im tertiären Bereich — als wenig tragfähig zu bezeichnen. Die nächsten nennenswerten Ansammlungen von Arbeitsplätzen befinden sich in Dingolfing (BMW) und Burghausen (Chemie), d. h. in einer Entfernung von 34 bzw. über 50 km.

Beurteilung der Arbeitsmarktsituation des Raumes Diepoltskirchen durch die Bevölkerung

Wie eingangs dieses Kapitels bereits angedeutet, müßten nach den gängigen regionalpolitischen Hypothesen schon fast alle Bewohner von Diepoltskirchen abgewandert sein. Die Diskrepanz zwischen Theorie und Wirklichkeit läßt sich aufgrund der Befragungsergebnisse nur so erklären, daß die Bedürfnisse in bezug auf die Arbeitswelt nicht mit den diesbezüglichen Vorstellungen der Städter übereinstimmen; diese gehen aber in der Regel als notwendige Voraussetzung in die Planung ein.

Die Diepoltskirchener denken aus beschäftigungspolitischen Gründen nicht ans Abwandern. Die in Ballungsgebieten hochindustrialisierter Volkswirtschaften oft zu beobach-

---

[32]) Vgl. z. B. G. L. PALMER: Interpreting Patterns of Labour Mobility. In: Labour Mobility and Economic Opportunity. New York/London 1954, S. 47 ff.

[33]) Vgl. Regionalbericht Region Landshut, a. a. O., S. 34.

[34]) Vgl. ebenda, S. 35.

tende Einstellung zur Arbeit, sie gleichsam als Mittelpunkt des menschlichen Lebens zu betrachten, dem andere menschliche Bereiche unterzuordnen sind, ist den Bewohnern von Diepoltskirchen relativ fremd. Wie die Befragungen zeigten, ist für sie die Arbeit lediglich Mittel zum Zweck, d. h. ein notwendiges Übel, um sich die Mittel zur Befriedigung ihrer Bedürfnisse zu beschaffen. Dies äußert sich z. B. in speziellen Verhaltensweisen gegenüber dem Arbeitgeber. So wird aus nichtigen Gründen, wie etwa, daß die Beschäftigung mit zu langen und zu vielen Aufenthalten in geschlossenen Räumen verbunden sei, ein Arbeitsverhältnis aufgelöst. Dabei spielt es keine Rolle, ob aus konjunkturellen Gründen rasch wieder eine Beschäftigung gefunden werden kann oder nicht. Überhaupt scheint das Gefallen oder Nichtgefallen einer Tätigkeit ein wichtigeres Kriterium für einen Arbeitsplatz zu sein als die Entlohnung. Betriebstreue wird höchstens gegenüber Familienbetrieben empfunden, wenn gleichzeitig mit dem Eigentümer ein persönliches Verhältnis besteht. Wie noch zu zeigen sein wird, spielen die menschlichen Beziehungen im Leben der Diepoltskirchener überhaupt eine ganz entscheidende Rolle.

Diese distanzierte Einstellung zu einer Beschäftigung im industriellen Bereich, die Tatsache, daß ein Arbeitsverhältnis lediglich die materiellen Mittel für die Befriedigung der Bedürfnisse liefern soll, bringt es mit sich, daß in Diepoltskirchen Arbeitslosigkeit nicht als gesellschaftlicher Mangel empfunden wird. Weder hadert ein Arbeitsloser mit sich selbst, noch wird er von der Dorfgemeinschaft deshalb schief angesehen. Ganz im Gegenteil! Um es vorsichtig auszudrücken: Man hat den Eindruck, daß es sowohl vom Betroffenen als auch von der Dorfgemeinschaft als besondere Leistung empfunden wird, arbeitslos zu sein. So erhielten die Autoren wiederholt auf die Frage nach der derzeitigen Beschäftigung mit breitem Grinsen die Antwort „Staatsangestellter". Dieser Ausdruck soll besagen, daß man Arbeitslosenunterstützung bezieht. In ähnlichem Sinne wurden Fragen nach anderen Dorfbewohnern beantwortet. In einem Tonfall, den die Befrager nur als Neid interpretieren konnten, wurde von der Arbeitslosigkeit von Freunden und Bekannten berichtet bzw. geantwortet, daß diese „es wieder geschafft haben". Insofern sind auch Berichte Arbeitsloser nicht verwunderlich, daß frühere Arbeitgeber schon wiederholt an sie herangetreten seien, doch wieder ein Arbeitsverhältnis einzugehen bzw. wenigstens bei Arbeitsspitzen auszuhelfen. „Man konnte sich aber bis jetzt noch nicht entscheiden".

Dieses Verhalten in bezug auf eine Arbeitslosigkeit deckt sich mit dem erwähnten Befragungsergebnis, daß eine Beschäftigung lediglich zum Erwerb der materiellen Mittel für eine Bedürfnisbefriedigung dient, nie aber Selbstzweck — wie oft in den Ballungsgebieten — sein kann [35]. Insofern ist es vom Standpunkt der Bedürfnisbefriedigung relativ gleichgültig, ob die Mittel über eine eigene Erwerbstätigkeit oder als Transfereinkommen bezogen werden, ganz zu schweigen davon, daß die Arbeitslosenunterstützung durch „Zusatzarbeit" aufgebessert werden kann, was im Raum Diepoltskirchen relativ leicht möglich ist. Denn einen ganzen Tag untätig im Hause zu verbringen, ist nicht die Art der Diepoltskirchener. Das genannte Verhalten darf also keineswegs als Faulheit interpretiert werden.

In diesem Zusammenhang taucht auch die Frage auf, ob zeitweise Arbeitslosigkeit für die erwähnten „Vielberufler" in Diepoltskirchen — wie überhaupt in der gesamten Region — notwendig ist, damit sie ihren vielfältigen Verpflichtungen auch nachkommen können, von anderen Vorteilen einer Arbeitslosigkeit einmal abgesehen, wie günstige

---

[35]) Es ist nicht auszuschließen, daß das relativ geringe Bildungsniveau der Bevölkerung von Diepoltskirchen hier eine Rolle spielt; vgl. dazu auch W. STÖCKMANN: Die Wohnort- und Arbeitsplatzmobilität der Bevölkerung in ländlichen Räumen. Frankfurt 1971, S. 60 f.

Einstufung beim Lohnsteuerjahresausgleich, Anrechnung als Ausfallzeit in der Rentenversicherung, Höhe des Nettoeinkommens in Zeiten ohne Überstunden usw.

Die relativ niedrige Bewertung der Arbeit darf aber nicht so gedeutet werden, als seien die materiellen Dinge den Diepoltskirchener Bewohnern gleichgültig. Man kann vielmehr sehr genau rechnen. Und diese Berechnungen führen z. B. dazu, daß die Einkommensdisparität zwischen Ballungsgebieten und der Umgebung von Diepoltskirchen anders bewertet wird, als es in den absoluten Zahlen zum Ausdruck kommt und der Entleerungs- bzw. Abwanderungsthese immer neue Nahrung gibt. Denn die vermeintliche Einkommensdisparität wird kompensiert bzw. sogar überkompensiert durch nichtmonetäre Einkommensteile, die sich in dieser Art heute fast nur noch in ländlichen Regionen finden, wo überschaubare und relativ immobile Gruppen den Ausgleich von nichtmonetärer Leistung und Gegenleistung garantieren. So werden in Nachbarschaftshilfe Häuser und Stallungen kostengünstig erstellt, Reparaturen an Gebäuden, Kraftfahrzeugen und landwirtschaftlichem Gerät ohne Berechnung der Arbeitszeit durchgeführt sowie bei Tiefbauarbeiten ausgeholfen; kurzum, überall dort, wo normalerweise Geld ausgegeben wird, ergeben sich Ansatzpunkte für nichtmonetäre Einkommenserhöhungen.

Das soll aber nicht heißen, daß in Diepoltskirchen kein Geld ausgegeben wird. Aber neben der klingenden Münze ist die „Sozialmünze" in hohem Maße Zahlungsmittel. Unter letzterem sind Verpflichtungen kreditärer Art zu verstehen, welche irgendwann — manchmal erst in der nächsten Generation — ausgeglichen werden. Derartige Leistungen und Verpflichtungen werden laufend neu begründet, so daß unsichtbare kreditäre Bande neben den sozialen die Familien umschließen.

Es liegt auf der Hand, daß kreditäre Verpflichtungen der genannten Art nur eingegangen werden, wenn das „Risiko" einer späteren Einlösung nicht als zu hoch eingeschätzt wird. Mit anderen Worten: Es wird davon ausgegangen, daß die Verpflichtungen zu gegebener Zeit wieder eingelöst werden. Damit wird aber gleichzeitig die langfristige Seßhaftigkeit einer Familie unterstellt. Denn mit Gliedern einer Gruppe, die nur lose im Sozialverband hängen, lassen sich keine nichtmonetären Leistungen mit zeitlich verschobenen Gegenleistungen vereinbaren. Die ausgeprägte Vergabe und Inanspruchnahme von Nachbarschaftshilfen läßt also darauf schließen, daß die Diepoltskirchener auch bei ihren Mitmenschen keine Abwanderungstendenzen unterstellen.

Neben geringen Berufs- und Einkommenschancen werden traditionell auch lange Pendlerwege als Vorstufe zur Abwanderung angesehen. Dies ließ sich für Diepoltskirchen aber nicht nachweisen. Kaum jemand klagte über die Entfernung zum Arbeitsplatz, der nicht selten in Dingolfing liegt. Ob die selbstverständliche Hinnahme weiter Pendeldistanzen allerdings auf das allgemeine Vorhandensein von Hauseigentum zurückzuführen ist[36]), konnte leider nicht hinterfragt werden; wie noch zu zeigen sein wird, sind Lebensbedingungen ohne Hauseigentum für einen Diepoltskirchener schlecht vorstellbar. Die aufkommende Kritik[37]) an der sog. Vorstufenhypothese dürfte deshalb nicht unberechtigt sein.

---

[36]) Vgl. G. IPSEN u. a.: Standort und Wohnort. Köln/Opladen 1957, Tabelle 58.

[37]) Vgl. K. SCHWARZ: Bestimmungsgründe der räumlichen Bevölkerungsbewegung und ihre Bedeutung für die Raumforschung und Landesplanung. In: Bevölkerungsverteilung und Raumordnung, Forschungs- und Sitzungsberichte der Akademie für Raumforschung und Landesplanung, Band 58, Hannover 1970, S. 28.

3. Die dörfliche Lebensgemeinschaft in Diepoltskirchen

Aus den vorangegangenen Abschnitten ist deutlich geworden, daß Bedürfnisse, denen der Städter ein großes Gewicht zumißt, für die Bewohner von Diepoltskirchen relativ belanglos sind[38]. Ihre Nichtbefriedigung bzw. mangelhafte Befriedigung kann also schwerlich als Wanderungsmotiv herhalten. Es muß deshalb jetzt der Frage nachgegangen werden, welche Bedürfnisse von den Diepoltskirchenern als vorrangig angesehen werden. Wenn dann festgestellt werden kann, in welchem Umfang sich diese Bedürfnisse in Diepoltskirchen befriedigen lassen, vermag das Wanderungsverhalten seiner Bewohner beurteilt zu werden.

Das Leitbild der Diepoltskirchener ist schwer zu fassen und zu beschreiben. Grob gesprochen könnte man es als personengebunden bezeichnen. Denn der Mensch und seine Bindung an die Gruppe, in der er lebt, dürften nach Ansicht der Autoren die dominierende Rolle im Leitbild der Diepoltskirchener spielen. Sie haben das Bedürfnis, in einer Vielfalt menschlicher Verflechtungen zu leben, ja der tägliche Kontakt unter den Dorfbewohnern scheint das eigentliche Lebenselement zu sein. Und diese Bindungen geben sie nicht ohne Not auf.

Diese Feststellung steht im Widerspruch zu anderen Untersuchungen[39], die ein Motiv für die Wanderungen vor allem junger Menschen in der strengen sozialen Kontrolle erblicken, welche die Dorfgemeinschaft gegenseitig ausübt; dieser Kontrolle entziehen sie sich bewußt durch eine Flucht in die Anonymität der Städte. Für Diepoltskirchen konnte ein derartiges Verhalten nicht nachgewiesen werden. Der Grund mag darin liegen, daß es der Diepoltskirchener Jugend relativ gleichgültig zu sein scheint, was ihre Mitmenschen über sie denken. Allerdings muß dazu bemerkt werden, daß ein Diepoltskirchener es peinlichst vermeidet, gegen Normen zu verstoßen, die einen Ausschluß aus der Dorfgemeinschaft nach sich ziehen könnten. Die Normen scheinen aber wiederum relativ weit gefaßt zu sein[40], so daß ein Verstoß gar nicht so leicht möglich wird. Dies ist insofern überraschend, als die Normen in einer überschaubaren Lebensgemeinschaft viel strenger zu sein pflegen als in anonymen Gruppen.

a) *Die Rolle der Vereine*

Das Gemeinschaftsleben in Diepoltskirchen wird von den Vereinen getragen. Im Dorf gibt es eine freiwillige Feuerwehr, einen Schützenverein, einen Krieger- und Veteranenverein sowie eine Laienspielgruppe, die eine beachtliche Aktivität entwickeln, vor allem wenn man sie in bezug zu den doch relativ wenigen Dorfbewohnern setzt. Die von ihnen veranstalteten Feste sind der Mittelpunkt des dörflichen Gemeinschaftslebens. Dazu steht beim Oberwirt ein großer Saal mit Bühne zur Verfügung. Für den Saal ist zwar die Zeit seit seiner Erbauung im vergangenen Jahrhundert stehengeblieben, doch tut dies der Stimmung keinen Abbruch, auch wenn er im Winter mit einem gußeisernen Kohleofen beheizt werden muß.

---

[38] Von einer zunehmenden Bedeutung des großstädtischen Bedürfnisniveaus für den „kleinräumigen Bereich" spricht K. REDING: Wanderungsdistanz und Wanderungsrichtung. Regionalpolitische Folgerungen aus der Analyse von Wanderungsprozessen in der BRD seit 1960. Bonn o. J. (1973), S. 147.
[39] Vgl. z. B. P. HEINTZ: Einführung in die soziologische Theorie. Stuttgart 1962, S. 75 f.
[40] Vgl. F. KROMKA: Soziostrukturelle Integration in ehemals kleinbäuerlichen Dörfern. In: B. van DEENEN u. a. (Hrsg.): Lebensverhältnisse in kleinbäuerlichen Dörfern 1952 und 1972, Bonn o. J., Tabelle 356.

Im Saal beim Oberwirt trifft sich zu den Festen der Vereine fast die gesamte Einwohnerschaft von Diepoltskirchen. Sogar die noch nicht schulpflichtigen Kinder — sofern sie schon laufen können — dürfen kommen; die üblichen Schlafensgehenszeiten werden an diesen Tagen außer Kraft gesetzt. Und wer die Lebenslustigkeit der Niederbayern kennt, weiß, daß es nicht wenige Tage sind, an denen gefeiert wird. Selbstverständlich sind alle Feste auf die Wochenenden gelegt, damit sich auch die Fernpendler beteiligen können.

Die Rimbachtaler Schützen aus Diepoltskirchen sind weit über die engere Heimat hinaus bekannt. Sie stellten wiederholt Gaumeister, ja sogar niederbayerische Meister im Luftgewehr- bzw. Kleinkaliberschießen. Mit ihren Erfolgen identifiziert sich das Dorf, so daß viele Diepoltskirchener Männer und Frauen Mitglieder des Schützenvereins sind. Der Schützenverein umfaßt einen Großteil der Bevölkerung des Orts, und zwar über verschiedene Generationen hinweg. Er vermittelt ein starkes Zusammengehörigkeitsgefühl, das sich in dörflichem „Selbstbewußtsein" äußert [41]). Die Jugend wird auf diese Weise ins Gemeinschaftsleben integriert, von den älteren Dorfbewohnern zur Erledigung bestimmter Aufgaben wie das eigenverantwortliche Betreiben von Verkaufsständen bei Festlichkeiten herangezogen, so daß Generationenkonflikte kaum auftreten. Die Jugend macht sich gerne die Erfahrung der Älteren zunutze. Der in verstädterten Gebieten oft zu hörende Slogan „trau keinem über Dreißig", der in gewisser Hinsicht das Primat der Jugend und die Verabsolutierung ihrer Lebenseinstellung dokumentieren soll, besitzt in Diepoltskirchen kaum Gültigkeit.

Es ließ sich leider nicht überprüfen und es kann deshalb nur vermutet werden, daß die Ursache für das Stoppen der nachkriegszeitlichen Abwanderungswelle im Jahre 1968 in der Gründung des Schützenvereins zu suchen ist [42]).

Von einer ähnlichen Bedeutung dürfte die freiwillige Feuerwehr sein, welche die männlichen Dorfbewohner über verschiedene Generationen hinweg zusammenfaßt. Ihr Beitrag zur dörflichen Lebensgemeinschaft scheint u. a. in der Vermittlung eines starken Zusammengehörigkeitsgefühls zu liegen. So konnten von den Autoren anläßlich eines Brandes Erlebnisse registriert werden, die für die Kinder und Jugendlichen des Dorfes zu einem Schlüsselerlebnis werden können. Die Kinder und Jugendlichen hatten nämlich die Gelegenheit zu beobachten, wie sonst sehr ruhige Familienväter und Brüder plötzlich in einem ganz anderen Lichte erschienen. Verwandte und Bekannte, von denen man gewohnt ist, daß sie zurückhaltend sind, stehen auf einmal im Mittelpunkt, geben Anweisungen, setzen sich ein für das Gemeinwohl. Aus den Reaktionen der Kinder und Jugendlichen war zu entnehmen, daß sie das nicht so ohne weiteres von ihren Verwandten und Bekannten erwartet hätten. Alle fühlten sich plötzlich an der gemeinsamen Sache beteiligt, fühlten sich integriert in die dörfliche Gemeinschaft und fühlten sich für einander verantwortlich. Das weiß jeder auch vom anderen, und in einer derartigen Dorfgemeinschaft denkt wegen materieller Vorurteile allein niemand an Abwanderung.

Die andere gesellige Vereinigung in Diepoltskirchen ist die bereits erwähnte Laienspielgruppe. Jungen und Mädchen von etwa 20 Jahren proben unter der Anleitung und Regie älterer Dorfbewohner an Herbst- und Winterabenden Heimatstücke und führen sie — vor allem um die Weihnachtszeit — im Saal des Oberwirts auf. Diese Schauspiel-

---

[41]) Vgl. U. PLANCK: Die Landgemeinde. Hildesheim 1971, S. 39.
[42]) H. ZIMMERMANN, a. a. O., S. 197, kommt bei seinen Untersuchungen zu dem Ergebnis, daß sich „entgegen den Erwartungen ... zwischen einer Mitgliedschaft in örtlichen Vereinen und der Mobilitätsbereitschaft keine oder nur ... sehr schwache Zusammenhänge" zeigten.

abende werden zum kulturellen Ereignis nicht nur für Diepoltskirchen, sondern für die nähere Umgebung, deren Bewohner ebenfalls die Aufführungen verfolgen. Wenn es auch nur eine kleine Gruppe ist, die ein Theaterstück spielt, so fühlt sich doch der größte Teil der Bevölkerung daran beteiligt.

Es sind Theaterstücke, die aus dem Leben des Volkes schöpfen, in seiner Umgebung spielen und seine Gefühlswelt berücksichtigen. Deshalb wird jeder Besucher in irgendeiner Art von den Aufführungen angesprochen und vermag Stellung zu beziehen. Die Stücke werden aus diesem Grunde nicht passiv hingenommen, sondern lebhaft diskutiert, und zwar in inhaltlicher und darstellerischer Hinsicht.

Gewiß läßt sich einwenden, daß mit diesen Laien-Aufführungen die Palette künstlerischen und kulturellen Schaffens recht unterrepräsentiert ist; damit und vielleicht mit der Kirchenmusik könnten die kulturellen Bedürfnisse der Menschen auch nicht annähernd befriedigt werden. Wer so argumentiert, übersieht jedoch wesentliche Elemente des kulturellen Lebens. Sicher ist in den Städten das zahlenmäßige Dargebot an künstlerischen und kulturellen Veranstaltungen wesentlich höher. Doch sind wir einmal ehrlich: In welchem Umfang werden die Menschen von diesem Angebot überhaupt erreicht? Geht nicht das, was als moderne Malerei und Plastik bezeichnet wird, am Volk vorbei? Und wer in der Stadt besucht ein Theater schon um einem kulturellen Bedürfnis abzuhelfen und nicht, weil es einfach „dazu gehört"? Es ist sicher nicht zuviel behauptet, daß unter dem Gesichtspunkt des gleichen Bildungsstandes in Diepoltskirchen mehr Menschen eine Theateraufführung besuchen als in irgendeiner Stadt. Warum sollte man sich also in kultureller Hinsicht unterversorgt fühlen? Als Wanderungsmotiv kann das zahlenmäßig geringe und relativ einseitige kulturelle Angebot jedenfalls nicht herhalten.

Zusammenfassend läßt sich hier feststellen, daß die Einbindung in eine Gruppe einem ganz wesentlichen Bedürfnis der Diepoltskirchener entspricht. Das „Leben in der Gemeinschaft" ist bekanntlich eines der Grundbedürfnisse des Menschen, das aber — aus welchen Gründen auch immer — in unseren heutigen Städten kaum befriedigt werden kann [43]. Das wissen die Diepoltskirchener sehr genau. Antworten wie „in Diepoltskirchen ist mehr los als in München" oder „weshalb sollte man abwandern? Es gibt nichts, was so richtig abgeht" waren keine Seltenheit. Die Vielfalt von menschlichen Beziehungen scheint ihr Lebenselement zu sein, die sie aber nur in ihrem Dorf als gegeben ansehen. Solange jemand fest im Gemeinschaftsleben der Dorfbewohner verankert ist, sieht er keinen Anlaß abzuwandern. Dieses Gemeinschaftsleben wird aber in hohem Maße von den genannten Vereinen getragen.

b) *Die Bedeutung des Hauseigentums*

Neben den Vereinen prägt noch ein weiterer Sachverhalt das Leben der Diepoltskirchener Gemeinschaft ganz entscheidend, nämlich der Hausbesitz. Es wird als gesellschaftlicher Mangel empfunden, wenn man „in Logie wohnt". Besonders deutlich konnte dies am Arzt beobachtet werden, den es vor einigen Jahren aus dem Ruhrgebiet nach Diepoltskirchen gezogen hatte. Obwohl zur damaligen Zeit zahlreiche Orte den Zuzug eines Arztes aufs äußerste begrüßt hätten, wurde er in Diepoltskirchen mehr oder weniger „neutral" behandelt. Er wurde nur in Notfällen konsultiert, sonst ging man selbstverständlich zu den vertrauten Ärzten, auch wenn sie in einiger Entfernung praktizierten. Daran änderte sich auch nicht viel, als der Arzt bekundete, er werde in Diepoltskirchen

---

[43] Vgl. z. B. H. W. RICHARDSON: The Economics of Urban Size. Farnborough 1977, S. 102 ff.

bauen; denn er hätte ja vor dem Bauen wieder wegziehen können. Erst als er ein Grundstück erwarb — allerdings zu einem Preis für Fremde, wie der Verkäufer im kleinen Kreis bemerkte —, begann man von ihm Notiz zu nehmen. Diepoltskirchener und „Leibarzt" der Diepoltskirchener wurde er aber erst mit dem Hausbau.

Hauseigentum ist für die Diepoltskirchener eine Selbstverständlichkeit. Jede Familie trachtet deshalb danach, zumindest für die Söhne ein eigenes Haus zu bauen. Ein Lebensalter von 27 Jahren gilt aber bereits als hoch für den Hausbau. Normal sind 25 Jahre. Die Erstellung des Hauses wird sehr erleichtert durch das Eigentum an Grundstücken bzw. die relativ niedrigen Grundstückspreise sowie vor allem durch die bereits erwähnte Verwandten- und Nachbarschaftshilfe.

Damit wird neben dem Leben in der Gemeinschaft ein weiteres Motiv sichtbar, das die Bevölkerung in Diepoltskirchen hält. Denn es besteht in der Literatur Übereinstimmung darüber, daß Mieter mobiler sind als die Eigentümer von Häusern [44]. Für Diepoltskirchen kommt noch hinzu, daß das Hauseigentum und das Wohnen im eigenen Haus als Verhaltensnorm gilt, deren Erfüllung eine Einbindung in die Dorfgemeinschaft fördert. Hauseigentum wirkt somit als doppelte Klammer, die einer Abwanderung im Wege steht, nämlich es erhöht die Seßhaftigkeit der Menschen und integriert sie in die dörfliche Gemeinschaft.

In einer kurzen Zusammenschau kann deshalb folgendes Ergebnis festgehalten werden:

Nach G. ALBRECHT [45] werden Wanderungen stattfinden, wenn der Bestimmungsort Plusfaktoren bzw. der Ausgangsort Minusfaktoren aufweist. In unsere Terminologie übertragen bedeutet dies, daß menschliche Bedürfnisse im Bestimmungsort überhaupt erst bzw. in einer höheren Intensität befriedigt werden können bzw. im Ausgangsort die umgekehrten Verhältnisse vorliegen. Aus Diepoltskirchener Sicht gibt es für städtische Agglomerationen aber kaum Plusfaktoren. Denn Elemente der Diskussion um die Gegenwart und Zukunft unserer Städte, um Lebensqualität und Grenzen des Wachstums sind auch bis Diepoltskirchen vorgedrungen und haben die Sogwirkungen vor allem der traditionellen städtischen Bestimmungsorte ganz erheblich abgeschwächt [46]. Dazu kommt, daß nur aus städtischer und planerischer Sicht Diepoltskirchen Minusfaktoren aufweist, die als Ursachen für Abwanderungen angesehen werden können.

Bei der Diskussion über Plus- und Minusfaktoren wird oft völlig übersehen, daß die Bedürfnisstruktur der Diepoltskirchener sich teilweise erheblich von der Bedürfnisstruktur der Städter unterscheidet. So wird die Infrastrukturausstattung von Diepoltskirchen und seiner näheren Umgebung, die von Städtern und Planern als unattraktiv angesehen wird, von den Bewohnern ganz anders empfunden. Die Verkehrsverhältnisse, die ärztliche und schulische Versorgung sowie die kulturellen und Freizeiteinrichtungen erscheinen den Diepoltskirchenern wegen ihrer andersartigen Bedürfnisskala als ausreichend. Zugegebenermaßen würde sich ein Städter, der von Kind auf an eine Vielfalt von Schultypen, kulturellen Veranstaltungen, Freizeit- und Sporteinrichtungen sowie das Vorhandensein von Fachärzten und Spezialkrankenhäusern gewohnt ist, auf Dauer in Diepoltskirchen kaum wohlfühlen, doch umgekehrt auch kaum ein Diepoltskirchener auf Dauer in einer Stadt.

---

[44] Vgl. z. B. H. ZIMMERMANN, a. a. O., S. 210.
[45] Vgl. G. ALBRECHT, a. a. O., S. 176.
[46] Vgl. o. V. (K. TÖPFER): Standortentscheidung und Wohnortwahl. Folgerungen für die regionalpolitische Praxis aus zwei empirischen Untersuchungen. Bonn März 1974, S. 62.

Zur Integration in die Dorfgemeinschaft und damit zur Einbindung in eine Lebensgemeinschaft dienen vor allem der Schützenverein, die freiwillige Feuerwehr und die Laienspielgruppe. Ferner trägt zur Integration in hohem Maße das Hauseigentum bei, das von sich aus bekanntlich schon mobilitätshemmend wirkt. Hinzu kommt für die Diepoltskirchener aber noch die Eigenschaft des Hauseigentums als „Verhaltensnorm", die sich bei den heutigen Grundstücks- und Baupreisen für weite Bevölkerungskreise nur im ländlichen Raum realisieren läßt.

Diese Integration der Dorfbewohner äußert sich z. B. bei der Beteiligung an Bürgerversammlungen. Es gilt als selbstverständlich, daß von jeder Familie mindestens ein Mitglied vertreten ist, eine Tatsache, von der städtische Kommunen nur träumen können.

Die Einbindung in die dörfliche Lebensgemeinschaft dürfte nach Ansicht der Autoren dem Leitbild der Diepoltskirchener weitgehend entsprechen. Da sie anderswo kaum zu verwirklichen ist, werden Wanderungsabsichten nur selten erwogen. So gut wie niemand zieht ein Verlassen des Dorfes auf Dauer auch nur in den Bereich des Möglichen, wenn er in die Gemeinschaft integriert ist. Die Integration in die dörfliche Lebensgemeinschaft stellt das eigentliche Verbleibensmotiv der Diepoltskirchener dar.

IV. Empfehlungen für die Landesplanung

Diese Untersuchung soll nicht Selbstzweck sein, sondern wie jede Felduntersuchung unser Wissen um sozioökonomische Zusammenhänge erweitern. Derartiges Wissen ist vor allem dann erforderlich, wenn mittels landesplanerischer Eingriffe die „natürliche" sozioökonomische Entwicklung in einer Region einem vorgegebenen Leitbild angepaßt werden soll. Denn nur bei Kenntnis des unbeeinflußten regionalen Entwicklungsprozesses läßt sich ein Instrumentarium auswählen, das die unerwünschte Entwicklung korrigiert. Die Regionalwissenschaft hat deshalb im Sinne von J. N. KEYNES nicht nur objektiv informierend für die Regionalpolitik zu sein, sondern muß als sog. Kunstlehre auch das notwendige Instrumentarium angeben, das zur Erreichung vorgegebener regionalpolitischer Ziele eingesetzt werden soll [47].

Es wird bewußt vermieden, von Konsequenzen zu sprechen, die sich aus den Diepoltskirchener Untersuchungsergebnissen für die Landesplanung ergeben. Denn der Ausdruck Konsequenzen würde bedeuten, daß aus unseren Untersuchungen zwingend z. B. auf den Einsatz eines ganz bestimmten Instrumentariums zur Erreichung regionalpolitischer Ziele geschlossen werden kann. Es muß hier ausdrücklich darauf hingewiesen werden, daß die vorliegenden Untersuchungsergebnisse nicht in diesem Sinne interpretiert werden dürfen. Die Ergebnisse wurden lediglich für den singulären Fall Diepoltskirchen gewonnen und **können deshalb nicht verallgemeinert werden.**

Es ist allerdings zu vermuten, daß einige Ergebnisse aus Diepoltskirchen auch für andere Dörfer in ländlichen Regionen zutreffen. Denn wie bereits erwähnt, lassen die Befragungsergebnisse anderer Untersuchungen — obwohl sie andere Ziele verfolgten — diesbezügliche Schlüsse zu. So stieß z. B. W. MEISSNER im Großraum Dingolfing/Ndbay. auch auf die zentrale Bedeutung der Integration der Bewohner in die dörfliche Gemeinschaft; er führte u. a. die „geringe Ansiedlungsbereitschaft der Arbeitnehmer zum Betrieb"

---

[47] Vgl. J. N. KEYNES: The Scope and Method of Political Economy. 4. Auflage New York 1955, Chap. II.

darauf zurück, daß „die intakte soziale Integration innerhalb der dörflichen Gemeinschaften Identität ermöglicht und erhält, somit Nachbarschaftshilfe und Geborgenheit bietet"[48]).

Wenn eine gewisse Vermutung auch für die Gültigkeit einiger Untersuchungsergebnisse über Diepoltskirchen hinaus spricht, ließe sich die Formulierung von Hypothesen, an denen sich die Landesplanung zu orientieren hat, keineswegs rechtfertigen. Es wurde deshalb bewußt der Ausdruck „Empfehlungen für die Landesplanung" gewählt, um auf die mangelnde Allgemeingültigkeit der folgenden Aussagen deutlich hinzuweisen.

Aus der geschilderten Einstellung der Diepoltskirchener zu einem Beschäftigungsverhältnis und der relativ kritiklosen Hinnahme auch weiter Pendelentfernungen läßt sich ableiten, daß die Schaffung industrieller Arbeitsplätze in allen Teilräumen ländlicher Regionen nicht erforderlich ist. Die Konzentration von Arbeitsplätzen in wenigen zentralen Orten, die seitens der Regionalplanung über die Gestaltung von Förderprogrammen angestrebt wird, kann deshalb als sinnvoll bezeichnet werden. Sie wurde zwar vom Zwang der knappen öffentlichen Mittel für die Regionalentwicklung diktiert, doch wird davon das Hauptziel der Landesplanung, nämlich das Halten der Bevölkerung im Raum, nicht negativ berührt. Der Landesplanung kann deshalb empfohlen werden, trotz teilweiser heftiger Kritik die Konzentration der Mittel auf wenige zentrale Orte zu verstärken, um diese zu sich selbst tragenden Entwicklungspolen auszubauen.

In diesem Zusammenhang muß darauf hingewiesen werden, daß aufgrund der besseren Ausbildung, die Jugendliche in ländlichen Siedlungen wie Diepoltskirchen heute erhalten, eine zunehmende Mobilität unterstellt wird. In der Tendenz mag dies richtig sein. Anderseits lassen die Untersuchungsergebnisse erwarten, daß sich vollständige Populationen im Zuge der Arbeitsteilung qualifizierte Arbeitsplätze selbst schaffen. Es ist deshalb nicht einzusehen, warum diese qualifizierten Arbeitsplätze (Steuerberater, Ingenieure, Psychologen, Erziehungs- und Heilberufe) nicht auch von Personen aus der Region besetzt werden sollen.

Die Ausstattung der Region um Diepoltskirchen mit Einrichtungen der materiellen Infrastruktur dürfte von derjenigen anderer ländlicher Räume kaum abweichen. Überträgt man die Untersuchungsergebnisse aus Diepoltskirchen auf alle ländlichen Räume, dann müßte auch die dortige Bevölkerung mit den vorhandenen Infrastruktureinrichtungen zufrieden sein. Gewiß wird in der einen oder anderen Region vielleicht noch eine Lücke in der ärztlichen oder schulischen Versorgung geschlossen werden müssen, doch im großen und ganzen dürften kaum Versorgungsengpässe bestehen. Dies ist wie erwähnt insofern überraschend, als die Ausstattungszahlen mit Infrastruktureinrichtungen oft weit unter dem Landesdurchschnitt bzw. Bundesdurchschnitt oder den angestrebten Richtzahlen[49]) liegen. Trotz einer Diskrepanz in den Zahlen kann demnach von einer Unterversorgung der ländlichen Räume mit Infrastruktureinrichtungen — aus der Sicht der Bewohner — gegenüber Ballungsgebieten nicht gesprochen werden.

Die Untersuchungsergebnisse legen es nahe, zahlenmäßige Unterschiede in der regionalen Infrastrukturausstattung sehr vorsichtig zu interpretieren. Denn aufgrund unterschiedlicher Bedürfnisse der Menschen in Stadt und Land können auch ungleiche Aus-

---

[48]) W. MEISSNER: Methodischer Ansatz zur kleinräumigen Erfassung und Prognostizierung des Arbeitskräftepotentials im ländlichen Raum. Diplomarbeit am Geographischen Institut der TU München 1977, S. 65.

[49]) Derartige Richtzahlen sind z. B. veröffentlicht in: Der Bundesminister des Innern (Hrsg.): Informationsbriefe für Raumordnung. Stuttgart u. a. O. J.

stattungsniveaus mit Infrastruktureinrichtungen sog. gleichwertige Lebensbedingungen garantieren. Der Landesplanung kann deshalb empfohlen werden, die Ausstattung ländlicher Räume mit Einrichtungen der haushaltsnahen Infrastruktur nicht mehr als vordringlich anzusehen; der derzeitige Ausbauzustand genügt „normalen" Ansprüchen[50]).

Wie ferner gezeigt werden konnte, sind die echten Verbleibensmotive der Diepoltskirchener im Eingebundensein in die dörfliche Lebensgemeinschaft zu suchen. Sie verschafft ihnen sowohl Anerkennung als auch Geborgenheit in der Gruppe, so daß auf diese Weise zwei wichtige Bedürfnisse eines Menschen befriedigt werden.

In unserer heutigen Gesellschaft fällt es allerdings schwer, intakte Dorfgemeinschaften aufrechtzuerhalten. Denn die modernen Verkehrsmittel machen die Menschen mobiler, und die neuen Kommunikationsmittel stillen das Informationsbedürfnis im eigenen Haus, so daß durch beides die überkommene dörfliche Abgeschiedenheit gelockert wird. Ein Gemeinschaftsleben im Dorf ist deshalb heute viel schwieriger zu erhalten bzw. zu verwirklichen als noch vor 50 Jahren. Da aber diesem Gemeinschaftsleben eine so große Bedeutung im Abwanderungsverhalten der ländlichen Bevölkerung zuzukommen scheint, sollte die Landesplanung hier fördernd eingreifen.

Einer der Faktoren, welcher die Integration in die Dorfgemeinschaft fördert, ist das Eigentum am Haus. Nicht nur, weil mit Hauseigentum die Seßhaftigkeit verstärkt wird, sondern auch weil damit die Seßhaftigkeit nach außen dokumentiert wird, gilt es, der nachwachsenden Generation den Eigenheimbau zu ermöglichen. Es soll der Landesplanung aber nicht empfohlen werden, sich um Bauzuschüsse oder verbilligte Kredite zu kümmern bzw. diesbezügliche Förderungsprogramme zu entwickeln. Denn die Finanzierung des Eigenheims erweist sich als das geringste Problem, weil sich einmal genügend Grundstücke im Familienbesitz befinden und zum anderen ein eingespieltes System von Verwandtschafts- und Nachbarschaftshilfen die Baukosten senkt. Als Problem erweisen sich vielmehr die vielfältigen Bauhindernisse, die aufgrund administrativer Anordnungen den Landbewohnern in den Weg gelegt werden. Aus fast allen Bundesländern gibt es Beispiele, daß Bauwillige in ihren Heimatdörfern keine Bauerlaubnis erhalten, weil z. B. die Abwasserbeseitigung nicht befriedigend geregelt sei oder weil einer Zersiedelung vorgebeugt werden soll; die Bauwilligen werden dann meist auf benachbarte Orte verwiesen, in denen Baugebiete zur Verfügung stehen und auf die die Neubautätigkeit der Gegend konzentriert werden soll[51]).

Eine „kontrollierte" Bautätigkeit mag aus der Sicht der Kreisbaumeister zahlreiche Vorteile bieten. Doch aus landesplanerischer Sicht muß ihr Erfolg erheblich angezweifelt werden. Denn wer die Mentalität der Landbewohner einigermaßen kennt, dem wird die Konzentrationsthese bedenklich stimmen[52]). Von alters her bestehen zwischen benachbarten Orten oft starke Rivalitäten[53]), die unter keinen Umständen zulassen, daß man

---

[50]) Es soll nochmals ausdrücklich betont werden, daß sich die Aussage nur auf die haushaltsnahe Infrastruktur bezieht. Den Anforderungen industrieller Unternehmen an Infrastruktureinrichtungen genügt der größte Teil des ländlichen Raumes bei weitem noch nicht; vgl. D. FÜRST u. a.: Standortwahl industrieller Unternehmen. Ergebnisse einer Unternehmensbefragung. Bonn o. J. (1973), S. 150 ff.

[51]) Vgl. dazu auch Landesentwicklungsprogramm Bayern, Stand vom 10. 3. 1976, Teil B II 8.3.

[52]) Der Vorschlag von D. STORBECK, „eine stärkere Konzentration der Bevölkerung ... innerhalb der Region auf einen Schwerpunkt" vorzunehmen, muß deshalb skeptisch beurteilt werden; D. STORBECK: Chancen für den ländlichen Raum. Entwicklungspotential, Entwicklungschancen, Entwicklungsziele. In: Raumforschung und Raumordnung 34 (1976) 6, S. 274.

[53]) Vgl. U. PLANCK, a. a. O., S. 78 f.

sich in ihrer Gemarkung ansiedelt, es sei denn durch Heirat. Wenn dann als Alternative nur die Abwanderung bleibt, erfolgt sie heute oft nicht mehr in den nächstgelegenen zentralen Ort im ländlichen Raum, sondern gleich in ein Ballungsgebiet[54]). Diese Menschen sind wahrscheinlich immer für den ländlichen Raum verloren.

Es ist demnach abzuwägen zwischen den berechtigten Interessen der Kreisbaumeister und den globalen Zielen der Landesplanung, die auf ein Halten der Bevölkerung im Raum hinauslaufen. Bei diesem Zielkonflikt sollte es keiner großen Diskussion bedürfen, wo die Priorität zu liegen hat, nämlich beim Ausschalten möglicher Wanderungsgründe[55]).

Wie die Untersuchungsergebnisse von Diepoltskirchen weiterhin gezeigt haben, stellt ein intaktes Vereinsleben einen anderen wichtigen Faktor zur Integration der Bevölkerung in die Dorfgemeinschaft dar. Bei den Veranstaltungen und Festen werden die verschiedenen Bevölkerungsgruppen eines Dorfes über Generationen hinweg immer wieder zusammengeführt, so daß sich ein Zusammengehörigkeitsgefühl herausbildet, das möglichen Abwanderungstendenzen entgegenwirkt. Wenn jetzt Empfehlungen, das Vereinsleben in den Dörfern zu fördern, an die Landesplanung herangetragen werden, so übersteigt dies den traditionellen Inhalt der Landesplanung bzw. Regionalplanung, der sich vor allem auf den Bereich der materiellen Infrastruktur beschränkt.

Die Landesplanung ist also nicht der richtige Adressat für die Empfehlung, das dörfliche Gemeinschaftsleben zu fördern. Doch an welche staatliche Institution sollte die Empfehlung gerichtet werden? Es gibt in den ländlichen Räumen weit und breit keine Stelle, die sich dem dörflichen Gemeinschaftsleben verpflichtet fühlen könnte. Es ist somit zu fragen, ob nicht in einer Zeit, in der über den ökonomischen Bereich hinaus andere gesellschaftliche Bereiche in den Vordergrund rücken, nicht auch die Landesplanung von einer Regionalpolitik zu einer Raumordnungspolitik übergehen soll, die sämtliche gesellschaftliche Bereiche berücksichtigt[56]). Wenn die Bedeutung der Infrastrukturplanung zurückgeht, könnte ohne zusätzliche finanziellen Ansprüche auf eine neue Entwicklungsrichtung eingeschwenkt werden.

Ein integrationsförderndes Vereinsleben steht und fällt bekanntlich mit einer Persönlichkeit, welche die verschiedenen Bevölkerungsgruppen anzusprechen und zu begeistern vermag. Sicher müssen derartige Eigenschaften in gewissem Umfang angeboren sein, doch können bei vielen Menschen vorhandene Ansätze durch Schulung sehr wohl entwickelt werden. Dieser Aufgabe sollte sich die Landesplanung annehmen. Denn gut ausgebildete Personen, die durch ihre Integrationskraft den Mitbürgern das Eingebettetsein in eine dörfliche Gemeinschaft zu vermitteln vermögen, dürften in der heutigen Situation mehr zur bevölkerungsmäßigen Stabilisierung des ländlichen Raumes beitragen als teurere Infrastrukturinvestitionen, welche die zentralen Bedürfnisse der Bewohner kaum berücksichtigen.

Es konnte und sollte nicht unsere Aufgabe sein, konkrete Maßnahmen für Regionalsituationen vorzuschlagen, die immer durch individuelle Eigenheiten geprägt werden. Die Autoren wollten lediglich auf die Folgerungen hinweisen, die aus den Diepolts-

---

[54]) Vgl. z. B. Konrad-Adenauer-Stiftung (Hrsg.): Entwicklung ländlicher Räume. Bonn 1974, S. 25.

[55]) Der Hausbau als Instrument der Regionalpolitik wurde bereits von J. B. CULLINGWORTH erkannt; vgl. J. B. CULLINGWORTH: Housing and Labour Mobility. Paris (OECD) 1969, S. 55.

[56]) Vgl. D. FÜRST u. a.: Regionale Wirtschaftspolitik. Tübingen/Düsseldorf 1976, S. 5.

kirchener Untersuchungsergebnissen für eine Landesplanung gezogen werden können. Es handelt sich also letzlich nur um Anregungen, in eine „ganz bestimmte Richtung zu denken".

V. Zusammenfassung

Wenn die Regionalplanung ihrer Aufgabe, die Zahl der Menschen mit der Tragfähigkeit des Raumes in Einklang zu bringen, nachkommen will, ist sie in hohem Maße auf die Ergebnisse von Mobilitätsanalysen angewiesen. Trotz zahlreicher Untersuchungen ist über die Wanderungs- bzw. Verbleibensmotive der Bevölkerung aber noch relativ wenig bekannt, obwohl ihnen allgemein eine große Bedeutung zugesprochen wird.

In der vorliegenden Arbeit wurde versucht, durch Befragung und Beobachtung die Wanderungs- bzw. Verbleibensmotive der Bewohner des niederbayerischen Dorfes Diepoltskirchen herauszufinden, weil sich dessen Bewohnerzahl nach starken Bevölkerungsverlusten seit ungefähr einem Jahrzehnt stabilisiert hat. Dies war insofern überraschend, als Diepoltskirchen nach den Standards der Planer als äußerst unattraktiv gelten muß, und für die Region um Diepoltskirchen nach der „Raumordnungsprognose 1990" die höchsten Abwanderungsraten im Bundesgebiet vorausgesagt werden.

Die Werte für Erreichbarkeit, Anbindung an einen zentralen Ort durch öffentliche Verkehrsmittel, Kindergartenplätze, ambulante und stationäre Krankenversorgung, kulturelle Einrichtungen sowie Freizeit- und Erholungsanlagen liegen weit unter dem Bundesbzw. Landesdurchschnitt, so daß die Versorgung mit Leistungen der Infrastruktur aus städtischer Sicht als höchst unbefriedigend bezeichnet werden muß; aufgrund der „Entleerungsthese" hätte die Bevölkerung also längst abwandern müssen.

Wie die Untersuchung jedoch gezeigt hat, unterscheidet sich die Werteskala der Diepoltskirchener von derjenigen der Städter und Planer nicht unerheblich. Die „mangelhafte" Versorgung mit Leistungen der Infrastruktur wird von der Bevölkerung gar nicht als mangelhaft empfunden, geschweige denn daß sie ein Wanderungsmotiv abgeben könnte.

Als schlecht ist auch die Ausstattung der Region um Diepoltskirchen mit qualifizierten Arbeitsplätzen zu bezeichnen, was traditionell als Wanderungsmotiv angesehen wird. Doch die Bevölkerung ist mit der Arbeitsmarktlage relativ zufrieden. Denn eine Beschäftigung dient lediglich zur Bereitstellung der notwendigen Mittel für die Bedürfnisbefriedigung, kann aber kaum Selbstzweck sein. Arbeitslosigkeit wird deshalb nicht als negativ angesehen, sondern läßt im Gegenteil oft auf besondere Fähigkeiten des Betroffenen schließen. Eine Einkommensdisparität gegenüber anderen Regionen wird durch nichtmonetäre Einkommensteile, wie sie aus Nachbarschaftshilfen fließen, oft mehr als ausgeglichen. Warum sollte man also abwandern?

Das Leitbild der Diepoltskirchener kann grob gesprochen als personenbezogen beschrieben werden. Die Bindung des einzelnen an eine Gruppe bzw. die Vielfalt der sozialen Verflechtungen bilden den Mittelpunkt seines Lebens. Zur Aufrechterhaltung dieser Lebensform dienen die Vereine, in die fast die gesamte Bevölkerung über Generationen hinweg zusammengefaßt ist, sowie das Hauseigentum, das für die Diepoltskirchener eine „Verhaltensnorm" darstellt. Solange ein Bewohner in diese dörfliche Lebensgemeinschaft integriert ist, wird eine Abwanderung kaum in Erwägung gezogen, es sei denn durch Heirat.

Aufgrund der Erkenntnisse im singulären Fall Diepoltskirchen können Konsequenzen für die Landesplanung nicht angegeben werden. Da aber eine gewisse Vermutung dafür spricht, daß einige Ergebnisse der Untersuchung auch für andere Dörfer in ländlichen Räumen zutreffen, lassen sich durchaus Empfehlungen formulieren.

So scheint die Schaffung industrieller Arbeitsplätze in allen Teilräumen ländlicher Regionen nicht erforderlich zu sein. Die oft kritisierte Konzentration der Mittel auf wenige zentrale Orte kann demnach weiter empfohlen werden.

Wie die Untersuchung ferner gezeigt hat, sind die ländlichen Räume mit Einrichtungen der haushaltsnahen Infrastruktur — von wenigen Engpässen abgesehen — gut ausgestattet. Weitere Anstrengungen seitens der Landesplanung zur Verbesserung derartiger Einrichtungen scheinen nicht vordringlich zu sein.

Weiterhin dürfte es nach der Untersuchung nicht abwegig sein, das Leben in einer Dorfgemeinschaft als zentrales Bedürfnis der Menschen in ländlichen Räumen zu unterstellen. Eine intakte Dorfgemeinschaft wird nicht ohne triftigen Grund verlassen, so daß einer Förderung der Integration des einzelnen in die Dorfgemeinschaft in Zukunft eine hohe Bedeutung zukommen sollte. Sie kann von der Landesplanung auf zwei Arten unterstützt werden: einmal sollten institutionelle Hemmnisse, die den Hausbau erschweren, abgebaut werden, zum andern sollte die Ausbildung von Personen gefördert werden, die über den Aufbau bzw. Ausbau von Vereinen die Integration der Dorfbewohner sicherzustellen vermögen. Dies bedeutet für die Landesplanung aber der Übergang von einer Regionalpolitik zu einer Raumordnungspolitik.

VI. Literaturverzeichnis

1. Monographien

ALBRECHT, G.: Soziologie der geographischen Mobilität. Stuttgart 1972.
ATTESLANDER, P.: Methoden der empirischen Sozialforschung. 3. Auflage Berlin/New York 1974.
BOUSTEDT, O.: Grundriß der empirischen Regionalforschung Teil II: Bevölkerungsstrukturen. TzR der Akademie für Raumforschung und Landesplanung, Band 5, Hannover 1975.
CULLINGWORTH, I. B.: Housing and Labour Mobility. Veröffentlichung der OECD. Paris 1969.
FÜRST, D. u. a.: Regionale Wirtschaftspolitik. Tübingen/Düsseldorf 1976.
HADERMANN, J., KÄPPELI, J., KOLLER, P.: Räumliche Mobilität. Theoretische Grundlagen und empirische Untersuchungen in der Planungsregion St. Gallen. 3 Bände. Zürich 1975.
HEINTZ, P.: Einführung in die soziologische Theorie. Stuttgart 1962.
IPSEN, G. u. a.: Standort und Wohnort. Köln/Opladen 1957.
KLUESS, S.: Über die Struktur von Wanderungsbewegungen und ihre Motive, untersucht am Beispiel Frankfurt. Frankfurt 1971.
KNIRIM, CHR., KRÜLL, M., PETERS, R.: Familienstrukturen in Stadt und Land. Bonn 1974.
Konrad-Adenauer-Stiftung (Hrsg.): Entwicklung ländlicher Räume. Bonn 1974.
LEWIN, K.: Feldtheorie in den Sozialwissenschaften. Bern 1963.
MACKENSEN, R.: Probleme regionaler Mobilität. Göttingen 1975.
PACKARD, V.: Die ruhelose Gesellschaft. Ursachen und Folgen der heutigen Mobilität. Düsseldorf/Wien 1973.
PLANCK, U.: Die Landgemeinde. Hildesheim 1971.
REDING, K.: Wanderungsdistanz und Wanderungsrichtung. Regionalpolitische Folgerungen aus der Analyse von Wanderungsprozessen in der BRD seit 1960. Bonn o. J. (1973).
RICHARDSON, H. W.: The Economics of Urban Size. Farnborough 1977.
RICHARDSON, ST. A., DOHRENWEND, B. S., KLEIN, D.: Interviewing. Its Forms and Functions. New York 1965.
SCHERHORN, G.: Bedürfnis und Bedarf. Sozialökonomische Grundbegriffe im Lichte der neueren Anthropologie. Berlin 1959.
SCHWARZ, K.: Demographische Grundlagen der Raumforschung und Landesplanung. Abhandlungen der Akademie für Raumforschung und Landesplanung, Band 64, Hannover 1972.
STÖCKMANN, W.: Die Wohnort- und Arbeitsplatzmobilität der Bevölkerung in ländlichen Räumen. Frankfurt 1971.
o. V. (TÖPFER, K.): Standortentscheidung und Wohnortwahl. Folgerungen für die regionalpolitische Praxis aus zwei empirischen Untersuchungen. Bonn März 1974.
WALTER, W.: Die Entwicklung der Agrarstruktur zehn ehemaliger Kleinbauerndörfer und daraus abgeleitete Konsequenzen für Planungen im ländlichen Raum. Bonn 1977.
WIETING, R., HÜBSCHLE, J.: Struktur und Motive der Wanderungsbewegungen in der Bundesrepublik Deutschland — unter besonderer Berücksichtigung der kleinräumigen Mobilität. Untersuchung der PROGNOS AG. Basel 1968.
ZIMMERMANN, H.: Regionale Präferenzen. Wohnortorientierung und Mobilitätsbereitschaft der Arbeitnehmer als Determinanten der Regionalpolitik. Bonn o. J. (1973).

2. Beiträge in Zeitschriften und Sammelwerken

BASTIDE, H., GIRARD, A.: Mobilité de la population et motivations des persones. In: Population 29 (1974) 4, S. 743 ff.
BOUSTEDT, O.: Einflüsse der Verwaltungsneugliederung auf die Pendlerstatistik. In: Informationen zur Raumentwicklung (1977) 7, S. 537 ff.
FORTE, F.: Binnenwanderung als Problem der Wohlfahrtsökonomie. In: KIRSCH, G., WITTMANN, W. (Hrsg.): Föderalismus, Stuttgart/New York 1977, S. 90 ff.
HORSTMANN, K.: Zur Soziologie der Wanderungen. In: KÖNIG, R., (Hrsg.): Handbuch der empirischen Sozialforschung. Band 5: Soziale Schichtung und Mobilität, 2. Auflage, Stuttgart 1976, S. 104 ff.

KROMKA, F.: Soziostrukturelle Integration in ehemals kleinbäuerlichen Dörfern. In: van DEENEN, B. u. a. (Hrsg.): Lebensverhältnisse in kleinbäuerlichen Dörfern 1952 und 1972, Bonn o. J., S. 251 ff.

PALMER, G. L.: Interpreting Patterns of Labour Mobility. In: Labour Mobility and Economic Opportunity, New York/London 1954, S. 47 ff.

POPPER, K. R.: Die Logik der Sozialwissenschaften. In: ADORNO, T. W. u. a. (Hrsg.): Der Positivismusstreit in der deutschen Soziologie, Neuwied/Berlin 1969, S. 103 ff.

SCHAFFER, F.: Räumliche Mobilitätsprozesse in Stadtgebieten. In: Beiträge zur Frage der räumlichen Bevölkerungsbewegung, Forschungs- und Sitzungsberichte der Akademie für Raumforschung und Landesplanung, Band 55, Hannover 1970, S. 55 ff.

SCHWARZ, K.: Bestimmungsgründe der räumlichen Bevölkerungsbewegung und ihre Bedeutung für die Raumforschung und Landesplanung. In: Bevölkerungsverteilung und Raumforschung, Forschungs- und Sitzungsberichte der Akademie für Raumforschung und Landesplanung, Band 58, Hannover 1970, S. 23 ff.

STEINER, J.: Überprüfung von Interviewergebnissen über die Stimm- und Wahlbeteiligung durch amtliche Angaben. In: Kölner Zeitschrift für Soziologie und Sozialpsychologie 17 (1965) 2, S. 234 ff.

STORBECK, D.: Chancen für den ländlichen Raum. Entwicklungspotential, Entwicklungschancen, Entwicklungsziele. In: Raumforschung und Raumordnung 34 (1976) 6, S. 269 ff.

SZÉLL, G.: Einleitung: Regionale Mobilität als Forschungsgegenstand. In: SZÉLL, G. (Hrsg.): Regionale Mobilität. München 1972, S. 12 ff.

3. Sonstiges

Bayerisches Staatsministerium für Landesentwicklung und Umweltfragen / Regionaler Planungsverband Landshut (Hrsg.): Regionalbericht Region Landshut. Januar 1977.

BOUSTEDT, O., HEIDE, E.: Wanderungsmotive und innerstädtische Mobilitätsvorgänge — Ergebnisse einer Modellstudie. In: Hamburg in Zahlen 1970, S. 293 ff.

DORSCH Consult: Status-quo-Prognose der sozioökonomischen Entwicklung für die Regionen Bayerns bis 1990. München 1973.

KÜPPER, F.: Die Bevölkerungsbewegung in Essen 1967—1970 unter besonderer Berücksichtigung der Wanderungsgründe. Amt für Wahlen und Statistik der Stadt Essen. April 1971.

Landesentwicklungsprogramm Bayern, Stand vom 10. März 1976.

MEISSNER, W.: Methodischer Ansatz zur kleinräumigen Erfassung und Prognostizierung des Arbeitskräftepotentials im ländlichen Raum. Diplomarbeit am Geographischen Institut der TU München 1977.

PAUSINGER, H.: Untersuchung der Lebensverhältnisse in kleinbäuerlichen Dörfern, Untersuchungsort Diepoltskirchen. Manuskript München 1952.

Raumordnungsprognose 1990. Schriftenreihe „Raumordnung" des Bundesministeriums für Raumordnung, Bauwesen und Städtebau, Nr. 06.012. Bonn 1977.

Bevölkerungsdynamik und Raumverhalten in regional und sozioökonomisch unterschiedlichen Standorten
– das Beispiel eines traditionellen Unterzentrums im ländlichen Raum und einer dynamisch gewachsenen Stadt-Rand-Gemeinde –

von

Jörg Maier, Bayreuth

I. Fragenhorizont: Bevölkerungsdynamik – Gemeindestruktur – Zentrale Orte – Konzept

In Bayern hat sich in den letzten 25 Jahren, u. a. durch Verkehrserschließung und Industrialisierung, durch Zuwanderung von Flüchtlingen und später von weiteren Personengruppen aus anderen Teilen der Bundesrepublik Deutschland und dem Ausland, ein erheblicher Wandel in der Kulturlandschaft vollzogen. Die zunehmende Urbanisierung führte über verschiedene Wanderungsbewegungen einer Land-Stadt- oder einer Etappenwanderung zuerst zu einem Anwachsen der Großstädte, danach der sonstigen Ober- und Mittelzentren[1]). In einer zweiten Phase trägt sie im Rahmen der Ausbreitung städtischer Lebensformen auf das Umland der Städte zu einer Stadt-Rand-Wanderungsbewegung bei, begleitet von einer weiteren Umgestaltung der Raumstrukturen im Umland der Städte (sog. Suburbanisierung)[2]).

Diesem Prozeß einer gewissen Konzentration der Bevölkerung auf einzelne Orts- und/oder Gebietstypen entspricht die in der Raumplanung der Bundesrepublik Deutschland bzw. Bayerns als Planungskonzept zugrundegelegte Vorstellung der zentralen Orte als zukünftige Leitbilder der Siedlungsentwicklung. Neben Ober- und Mittelzentren werden dabei auch Unterzentren und Siedlungsschwerpunkte ausgewiesen, mit hierarchisch gestaffelten Aufgabenbereichen und Entfaltungsmöglichkeiten. Allein schon von der Abgrenzung der Zentralen Orte anhand der Ausstattung mit Betrieben der öffentlichen Hand

---

[1]) Vgl. u. a. F. SCHAFFER: Probleme der Bevölkerungsentwicklung in den Verdichtungsgebieten Bayerns. In: Arbeitsmaterial 1976–9 der Landesarbeitsgemeinschaft Bayern der Akademie für Raumforschung und Landesplanung, Hannover 1976, S. 66–112.

[2]) Vgl. u. a. O. BOUSTEDT: Gedanken und Beobachtungen zum Phänomen der Suburbanisierung. In: Band 102, Forschungs- und Sitzungsberichte der Akademie für Raumforschung und Landesplanung, Band 102, Hannover 1975, S. 1–24; W. HELLER: Zur Urbanisierung einiger ländlicher Gemeinden im Landkreis Göttingen. In: Neues Archiv für Niedersachsen, Band 23, Heft 1, Göttingen 1974, S. 51–77 bzw. S. 163–178; R. PAESLER: Urbanisierung als sozialgeographischer Prozeß, dargestellt an ausgewählten Regionen in Südbayern, Band 12 der Münchner Studien zur Sozial- und Wirtschaftsgeographie, Kallmünz 1977.

(Infrastruktur) und privater Unternehmen des Handels-, Verkehrs- und Dienstleistungssektors her wird verständlich, daß die expansiv wirkende Einflußkraft staatlicher Investitionen und/oder indirekt wirkender Maßnahmen in den Ober- und auch den Mittelzentren weit größer ist als bei den Unterzentren und den Siedlungsschwerpunkten. Angesichts der in zahlreichen Unterzentren im ländlichen Raum zu beobachtenden Bevölkerungsstagnation einerseits und der meist hohen Bevölkerungsdynamik in den Siedlungsschwerpunkten der Verdichtungsräume andererseits ist deshalb nach den Einflußmöglichkeiten staatlicher Planung zu fragen. Um dies beantworten zu können, ist von seiten der angewandten Bevölkerungsgeographie innerhalb des Analyse-Prognose-Planungskonzept-Denkens vor allem nach den charakteristischen Eigenarten derartiger Gemeinden und ihrer Bevölkerung zu fragen, insbesondere nach

— den sozioökonomischen Struktur- und Prozeßmustern,

— den Aktivitätsräumen der Bevölkerung in Abhängigkeit von den inner- und außerhalb der Gemeinden vorhandenen verorteten Einrichtungen und

— den sozialgeographischen Gruppen und ihren raumwirksamen Einflüssen.

Zu diesem Zweck werden nun die Stadt Wertingen, rund 30 km nordwestlich von Augsburg inmitten eines noch stark landwirtschaftlich orientierten bzw. von Arbeiter-Bauern-Strukturen gekennzeichneten Gebietes gelegen, als Beispiel für ein Unterzentrum im ländlichen Raum[3]) und die Gemeinde Gröbenzell, an der S-Bahn 18 km westlich von München lokalisiert als Beispiel einer dynamisch gewachsenen Stadt-Rand-Gemeinde[4]) untersucht. Zur Begründung für diese Auswahl sei nur auf die in Abb. 2 dargestellten Veränderungsraten in der Bevölkerungsentwicklung hingewiesen. Während die Stadt Wertingen (mit 4 700 Einw. 1976) zwischen 1961 bis 1970 und auch bis 1976 nur ein überaus bescheidenes Bevölkerungswachstum aufwies (1-2 %), trat in Gröbenzell (mit 14 900 Einw. 1976) Mitte bis Ende der 60er Jahre eine Zunahme der Bevölkerung um 65 % ein, seitdem — etwas abgeschwächt — um 30 % auf. Selbst in dem aufgrund der wirtschaftlichen Rezession in der Bundesrepublik Deutschland wohl mit nicht allzu großen Wanderungsbewegungen geprägten Jahr 1976 zeigten sich deutliche quantitative Unterschiede, so standen den rund 190 Zu- bzw. Wegzügen in Wertingen 1 300 Zu- bzw. 1 100 Wegzüge in Gröbenzell gegenüber. In beiden Fällen traten dabei auch Umschichtungen in der Alters- und Sozialstruktur auf (siehe Abb. 1). Der stärkere Wegzug von jüngeren Personen der sozialen Grundschicht bzw. der stärkere Zuzug mittlerer und älterer Personen der sozialen Mittel- und Oberschicht verstärkte in Gröbenzell die dort schon vorhandene Position dieser Schichten (überwiegend wohnplatzbezogene Wanderung), während der Wanderungssaldo in Wertingen — quantitativ weniger bedeutend — aufgrund der angebotenen Arbeitsplätze im Ausbildungs- und Gesundheitswesen als stark arbeitsplatzbezogen (bei den Wegzügen andererseits in Gestalt zahlenmäßig größerer Abwanderung ausländischer Arbeitnehmer und Personen der beruflichen und familiären Aufbauphase)[5]) zu erklären ist.

---

[3]) J. Maier: Wertingen-Struktur und Funktion eines Unterzentrums im ländlichen Raum. In: Nordschwaben, 4. Jahrgang, 1976, Heft 4, S. 156—164.

[4]) Vgl. auch H. Beck: Neue Siedlungsstrukturen im Großstadt-Umland. In: Nürnberger Wirtschafts- und Sozialgeographische Arbeiten, Band 15, Nürnberg 1972.

[5]) Vgl. auch K. Ganser: Die Entwicklung der Stadtregion München unter dem Einfluß regionaler Mobilitätsvorgänge. In: Mitteilungen der Geographischen Gesellschaft München, Band 55, München 1970, S. 45—76.

Gröbenzell und Wertingen – Regional differenziertes Mobilitäts- und Raumverhalten

Abb. 1a Wanderungsverhalten der Bürger von Gröbenzell 1976

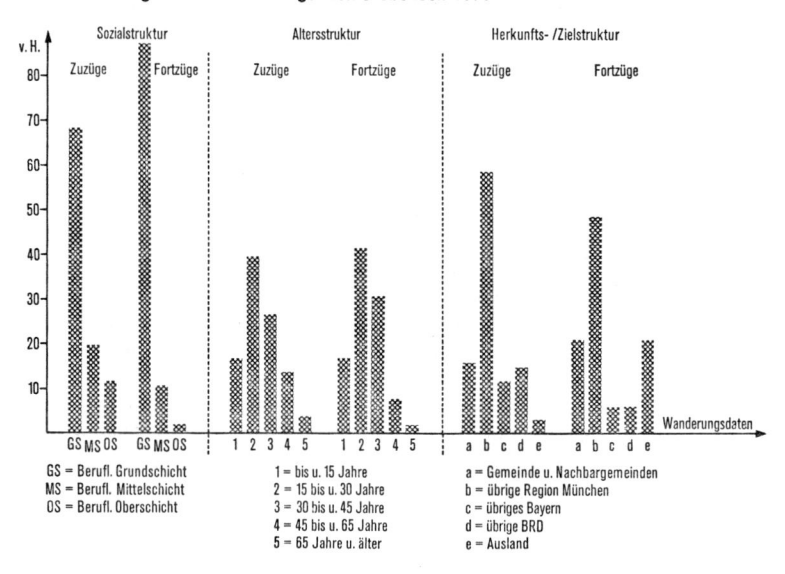

GS = Berufl. Grundschicht
MS = Berufl. Mittelschicht
OS = Berufl. Oberschicht

1 = bis u. 15 Jahre
2 = 15 bis u. 30 Jahre
3 = 30 bis u. 45 Jahre
4 = 45 bis u. 65 Jahre
5 = 65 Jahre u. älter

a = Gemeinde u. Nachbargemeinden
b = übrige Region München
c = übriges Bayern
d = übrige BRD
e = Ausland

Abb. 1b Wanderungsverhalten der Bürger von Wertingen 1976

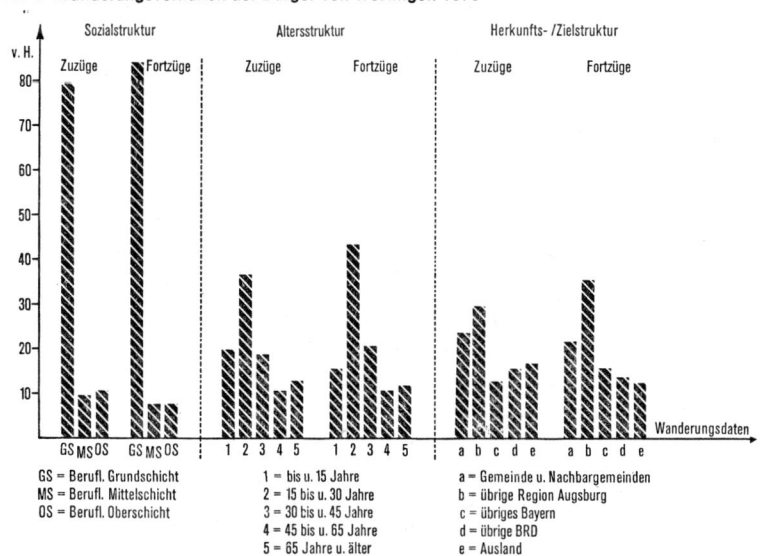

GS = Berufl. Grundschicht
MS = Berufl. Mittelschicht
OS = Berufl. Oberschicht

1 = bis u. 15 Jahre
2 = 15 bis u. 30 Jahre
3 = 30 bis u. 45 Jahre
4 = 45 bis u. 65 Jahre
5 = 65 Jahre u. älter

a = Gemeinde u. Nachbargemeinden
b = übrige Region Augsburg
c = übriges Bayern
d = übrige BRD
e = Ausland

Quelle: Unterlagen der Einwohnermeldeämter Gröbenzell und Wertingen,
Auswertung durch den Verfasser
Entwurf: J. Maier
Bearbeitung: F. Eder
Wirtschaftsgeographisches Institut
der Universität München 1977
Vorstand: Prof. Dr. K. Ruppert

II. Regionaldifferenzierte Raumstruktur und -verhalten

1. Historische Aspekte

Raumstrukturen, als eines der Untersuchungsobjekte der Geographie, sind das von menschlichen Gruppen durch ihr raumwirksames Verhalten gestaltete choristische und chorologische Gerüst der Kulturlandschaft. Zu ihrer Analyse sind neben den ökonomischen und politischen Einflußkräften auch die im Bewußtsein des einzelnen Menschen oder der Gruppe bestehenden Faktoren heranzuziehen. Gerade der Vergleich der beiden Gemeinden weist auf die Bedeutung der Persistenz von Strukturen hin, haben wir doch mit Wertingen eine historisch bis in das frühe Mittelalter zurückreichende Stadt mit einer traditionell starken Position der Handwerker und Handeltreibenden sowie der Landwirte unter der Bevölkerung, also mit einer Dominanz autochthon-bodenständiger Gruppen, ausgewählt. Als ein Ergebnis des raumwirksamen Einflusses dieser Gruppen in der Vergangenheit kann der lange Zeit verhinderte Anschluß der Stadt an das Eisenbahnnetz angesehen werden, wodurch eine Industrieansiedlung eigentlich erst nach dem 2. Weltkrieg erfolgte[6]. Demgegenüber stellt Gröbenzell eine historisch sehr junge Gemeinde dar, die — nach ersten Ansiedlungen von Torfstechern bzw. nach dem 1. Weltkrieg von Münchner Bürgern, die ihre Freizeitwohnsitze zu Hauptwohnsitzen umbauten — im Jahre 1952 aus Ortsteilen umliegender Gemeinden gebildet wurde[7]. Der Zuzug von Flüchtlingen in den 50er Jahren sowie vor allem die Abwanderung von Personengruppen aus München in Verbindung mit mehreren Wohnanlagen von Bauträgergesellschaften und dem Image einer „Gartenstadt" führten nicht nur zu Bodenpreissteigerungen von DM 20/m² 1952 auf DM 200/m² 1976, sondern auch zum Vorherrschen allochthoner, häufig erst seit 1968 ansässiger Personengruppen (54 % der Bevölkerung). Zwangsläufig ist dadurch die Integration in das Gemeindeleben und die Ortsverbundenheit weit geringer als in Wertingen, die räumlichen Aktivitäten sind häufig noch auf München ausgerichtet oder flexibler in der Orientierung auf verortete Einrichtungen, Reichweiten oder persönliche Abhängigkeiten als in Wertingen. Dies zeigt sich auch in den Beweggründen für den Zuzug nach Gröbenzell, unter denen (nach einer Umfrage 1976) neben wohnungsbezogenen Kriterien (Bau oder Kauf eines Hauses oder einer Wohnung) die Nähe und die Lage im Grünen bzw. zu den Freizeitstandorten im Vordergrund standen[8].

2. Sozioökonomische Strukturmuster

Diese unterschiedlichen Prozeßabläufe in der historischen Entwicklung bzw. der in den letzten 10 Jahren eingetretenen Wanderungsbewegungen haben die sozioökonomische Struktur der Bevölkerung in den beiden Gemeinden wesentlich bestimmt[9]. Nimmt man nur einmal die Erwerbsstruktur 1970 (vgl. Abb. 2), so ist für Gröbenzell festzustellen, daß mehr als die Hälfte der Erwerbspersonen im tertiären Sektor beschäftigt ist, während charakteristisch für Wertingen der immer noch hohe Anteil der Landwirte (mit 21 %,

---

[6] W. Störmer: Entstehung und frühe Entwicklung der Stadt Wertingen in Mittelschwaben. In: 700 Jahre Stadt Wertingen, Wertingen 1974, S. 17 ff.

[7] G. D. Raths: Gröbenzell — Flächennutzungsplan, Begründung. Gröbenzell 1975.

[8] Diese Daten beziehen sich auf Ergebnisse eines studentischen Praktikums des Wirtschaftsgeographischen Instituts der Universität München im WS 1975/76, das der Verfasser zusammen mit Frau E. Kerstiens-Koeberle durchgeführt hat.

[9] Vgl. F. Schaffer: Wirkungen der räumlichen Mobilität auf die innere Differenzierung der Stadt-Fallstudien und Faktorenanalysen aus der Sicht der Sozialgeographie. Unveröffentlichte Habil.-Schrift, München 1971.

Gröbenzell und Wertingen – Mobilitäts- und Raumverhalten

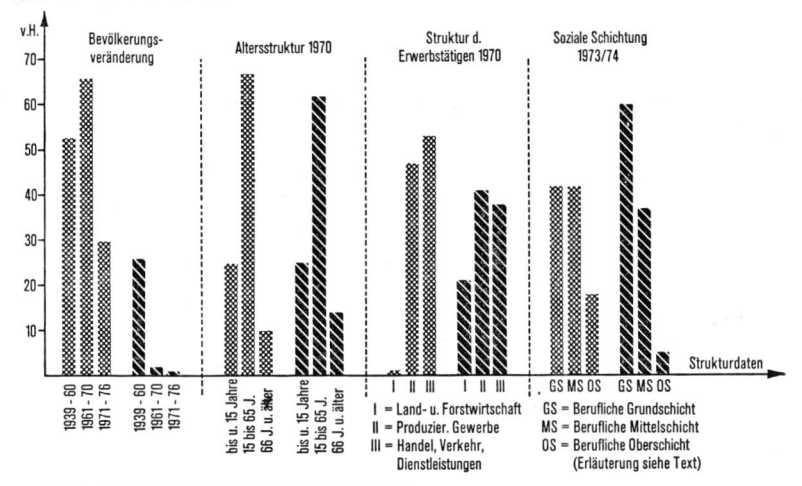

Gröbenzell ▨ Wertingen ▨

Abb. 2 Sozioökonomische Strukturdaten

Bevölkerungsveränderung: 1939-60, 1961-70, 1971-76

Altersstruktur 1970: bis u. 15 Jahre / 15 bis 65 J. / 66 J. u. älter

Struktur d. Erwerbstätigen 1970: I, II, III
- I = Land- u. Forstwirtschaft
- II = Produzier. Gewerbe
- III = Handel, Verkehr, Dienstleistungen

Soziale Schichtung 1973/74: GS MS OS
- GS = Berufliche Grundschicht
- MS = Berufliche Mittelschicht
- OS = Berufliche Oberschicht
- (Erläuterung siehe Text)

Quelle: Bayerisches Statistisches Landesamt, Gemeindedaten sowie eigene Erhebungen

Abb. 3 Aktivitätsräumliche Verhaltensdaten 1975

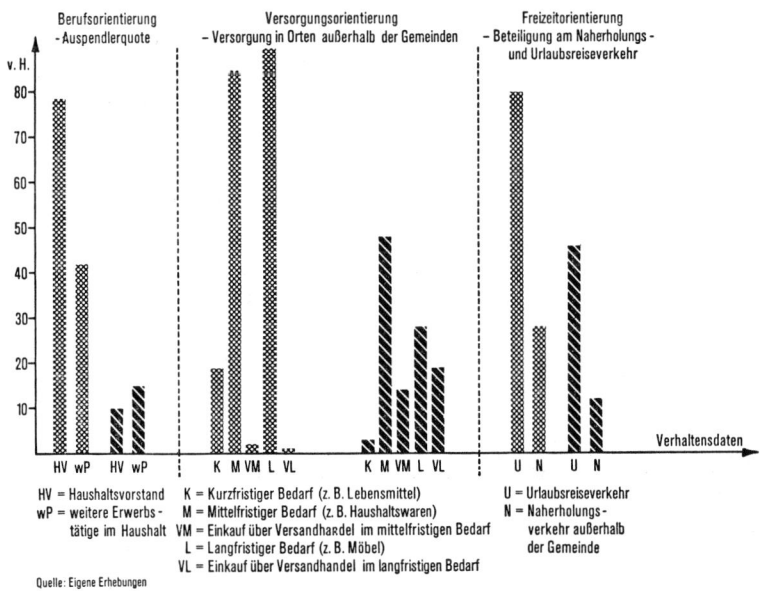

Berufsorientierung – Auspendlerquote: HV wP / HV wP
- HV = Haushaltsvorstand
- wP = weitere Erwerbstätige im Haushalt

Versorgungsorientierung – Versorgung in Orten außerhalb der Gemeinden: K M VM L VL
- K = Kurzfristiger Bedarf (z. B. Lebensmittel)
- M = Mittelfristiger Bedarf (z. B. Haushaltswaren)
- VM = Einkauf über Versandhandel im mittelfristigen Bedarf
- L = Langfristiger Bedarf (z. B. Möbel)
- VL = Einkauf über Versandhandel im langfristigen Bedarf

Freizeitorientierung – Beteiligung am Naherholungs- und Urlaubsreiseverkehr: U N / U N
- U = Urlaubsreiseverkehr
- N = Naherholungsverkehr außerhalb der Gemeinde

Quelle: Eigene Erhebungen
Entwurf: J. Maier
Bearbeitung: F. Eder
Wirtschaftsgeographisches Institut
der Universität München 1977
Vorstand: Prof. Dr. K. Ruppert

absolut gesehen waren es 1972 249, meist kleinere landwirtschaftliche Betriebe) anzusehen ist. Ihr Einfluß im Rahmen der horizontalen innerstädtischen Differenzierung[10]) trägt darüber hinaus zu einer gewissen Viertelsbildung bei (vgl. in Karte 1 die Stadtbezirke mit dem Typ 1, vor allem in der Zusmarshauser Straße), ebenso wie die für ein traditionelles Zentrum dieser zentralörtlichen Hierarchiestufe im ländlichen Raum typische Mischung von kleinen bis mittleren Industrie- bzw. Handwerksbetrieben und Einzelhandelsunternehmen[11]) aus der innerstädtischen Siedlungsstruktur ersichtlich wird (etwa in der Altstadt um den Marktplatz und im Gewerbegebiet entlang der Zusam- bzw. zwischen Augsburger- und Industriestraße).

Während das Gliederungskriterium Erwerbsstruktur für Wertingen bereits eine funktionale und schichtenspezifische Differenzierung signalisiert, sind in Gröbenzell damit nur erst Hinweise für eine Grobsortierung zu erhalten. Zwar besteht auch hier ein Gewerbegebiet (entlang der Bahnlinie) bzw. existieren einzelne Zählbezirke mit einer Dominanz von Erwerbspersonen im sekundären Sektor (u. a. zwischen Friedhof und Münchner Stadtgrenze), jedoch kann die heterogene Struktur, auch in bezug auf die berufliche Gliederung der Grundeigentümer, eher als typisch für diese Stadt-Rand-Gemeinde und im Unterschied zu suburbanen Gemeinden in den USA[12]) gewertet werden. Dies wird verständlich, wenn man aus Karte 2 entnimmt, daß die Zuwanderung sich auf verschiedene Zählbezirke verteilte*).

So treten neben den frühen Ansiedlungsbereichen im Moos (W und SW) und um den Bahnhof bzw. um das Rathaus auch die durch die Stadt-Rand-Wanderer seit 1968 stark geprägten Zählbezirke in der Alpenland-Siedlung (im SW) sowie an der nördlichen Peripherie der Gemeinde auf. Da es sich dabei hauptsächlich um Personen der beruflichen Mittel- und Oberschicht handelte, ist als sozioökonomisches Gliederungskriterium für Gröbenzell die Differenzierung nach dem Ausbildungsniveau, z. B. 12 %/o aus der sozialen Oberschicht (in Wertingen 5 %/o, in der BRD insgesamt rd. 6-8 %/o), und damit verbundene Kriterien der Haushaltsausstattung (70 %/o der Haushalte haben Telefon, 77 %/o einen Pkw, 16 %/o sogar einen Zweitwagen) zur Charakterisierung der Gemeinde weit besser geeignet.

3. Verortete Einrichtungen und vertikale Gemeindegliederung

Räumliche Strukturmuster und verhaltensorientierte Aktivitätsfelder werden jedoch nicht nur durch die sozioökonomische Zusammensetzung der Bevölkerung, sondern auch durch die Lage und Kapazität der verorteten Einrichtungen bzw. deren Reichweitensystemen beeinflußt. Es ist deshalb auch nach den Lokalisationen der Angebotsstruktur räumlicher Aktivitäten und damit der vertikalen innergemeindlichen Gliederung zu fragen. Wie schon in Karte 1 angedeutet, ist in Wertingen ein Vorherrschen der Handels- und Dienstleistungsbetriebe um den Marktplatz und in der Augsburger Straße gegeben, ein

---

[10]) Vgl. K. RUPPERT: Stadtgeographische Methoden und Erkenntnisse zur Stadtgliederung. In: Forschungs- und Sitzungsberichte der Akademie für Raumforschung und Landesplanung, Band 42, Hannover 1968, S. 199—217.

[11]) E. GRÖTZBACH: Geographische Untersuchungen über die Kleinstadt der Gegenwart in Süddeutschland. In: Münchner Geographische Hefte, Heft 24, München 1963.

[12]) K. F. WELLMANN: Suburbanismus — Lebensform und Krankheit der amerikanischen Mittelklasse. In: Deutsche Medizinische Wochenschrift, Nr. 84/2, 1959, S. 2031—2037.

*) Für die Unterstützung bei der Durchführung der Untersuchungen sowie bei der Reinzeichnung der Karten in finanzieller Hinsicht ist der Verfasser der Gemeinde Gröbenzell, insbes. dem 1. Bürgermeister, Herrn Dr. E. Götz, zu Dank verpflichtet.

Karte 1

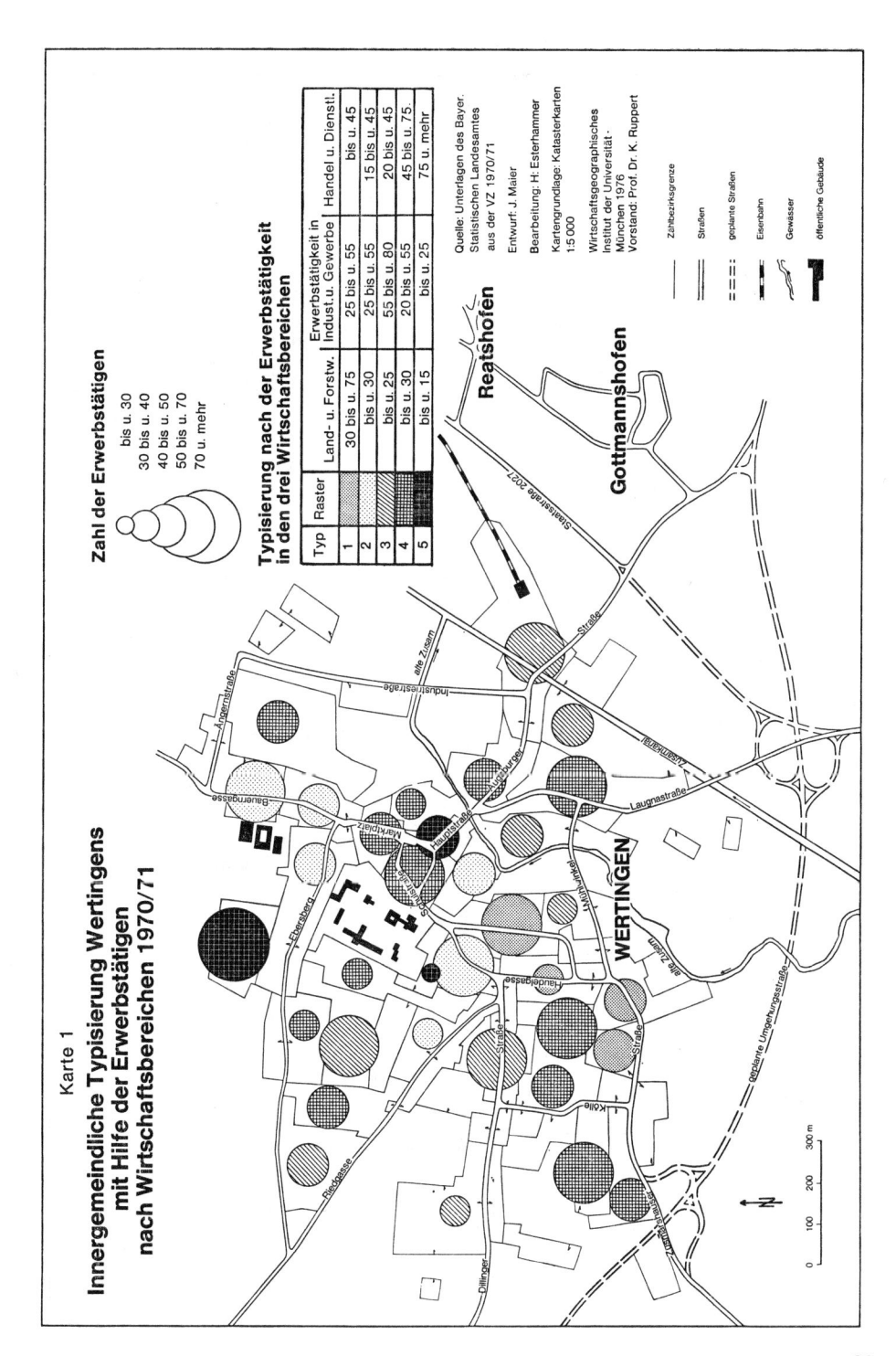

Innergemeindliche Typisierung Wertingens mit Hilfe der Erwerbstätigen nach Wirtschaftsbereichen 1970/71

Zahl der Erwerbstätigen

- bis u. 30
- 30 bis u. 40
- 40 bis u. 50
- 50 bis u. 70
- 70 u. mehr

Typisierung nach der Erwerbstätigkeit in den drei Wirtschaftsbereichen

Typ	Raster	Land- u. Forstw.	Erwerbstätigkeit in Indust. u. Gewerbe	Handel u. Dienstl.
1		30 bis u. 75	25 bis u. 55	bis u. 45
2		bis u. 30	25 bis u. 55	15 bis u. 45
3		bis u. 25	55 bis u. 80	20 bis u. 45
4		bis u. 30	20 bis u. 55	45 bis u. 75
5		bis u. 15	bis u. 25	75 u. mehr

Quelle: Unterlagen des Bayer. Statistischen Landesamtes aus der VZ 1970/71

Entwurf: J. Maier
Bearbeitung: H. Esterhammer
Kartengrundlage: Katasterkarten 1:5 000

Wirtschaftsgeographisches Institut der Universität - München 1976
Vorstand: Prof. Dr. K. Ruppert

— Zählbezirksgrenze
— Straßen
- - - - geplante Straßen
▬▬▬ Eisenbahn
～～ Gewässer
■ öffentliche Gebäude

Reatshofen

Gottmannshofen

WERTINGEN

0 100 200 300 m

Karte 2

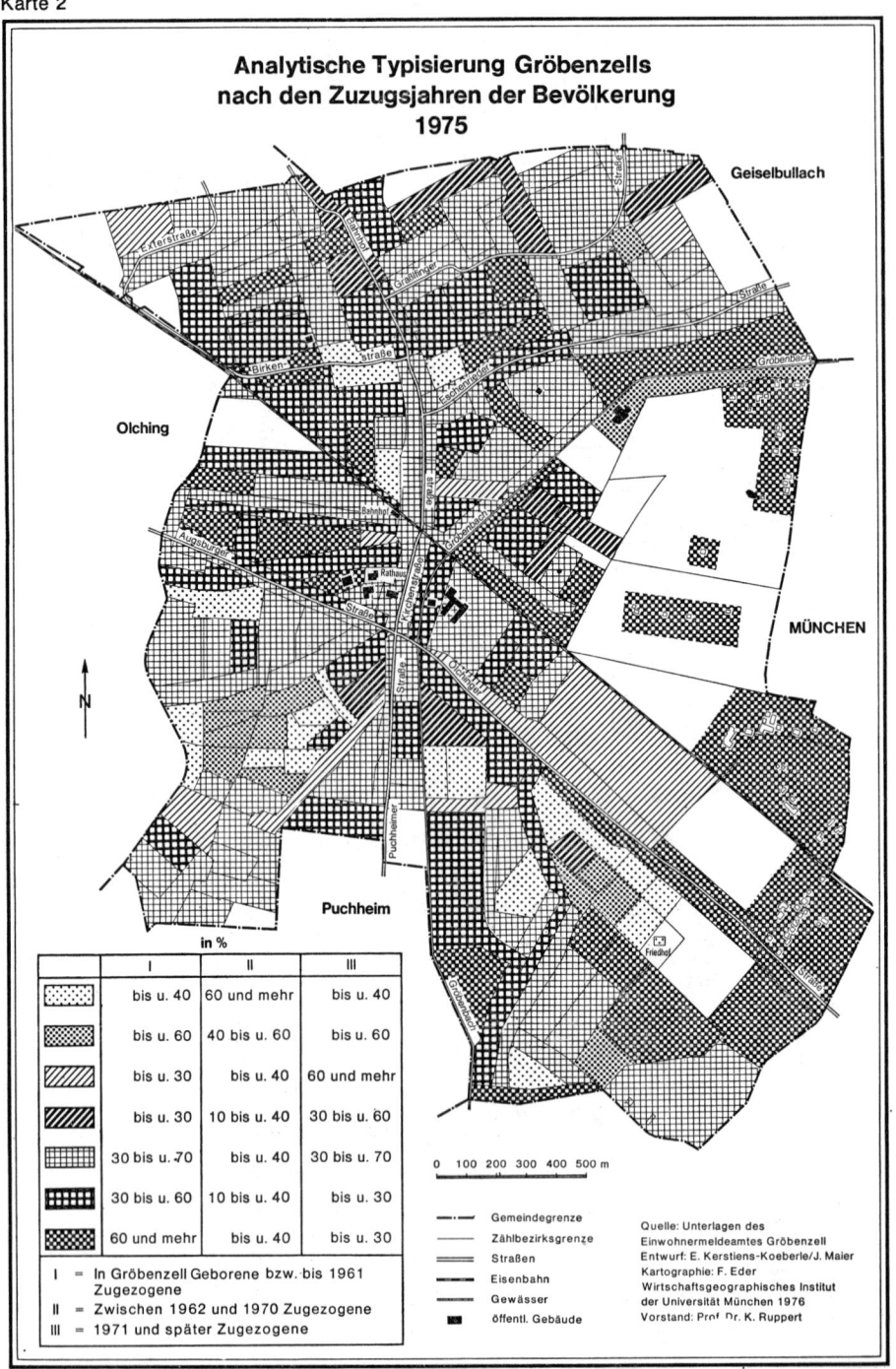

Analytische Typisierung Gröbenzells nach den Zuzugsjahren der Bevölkerung 1975

	I	II	III
▦	bis u. 40	60 und mehr	bis u. 40
▩	bis u. 60	40 bis u. 60	bis u. 60
▨	bis u. 30	bis u. 40	60 und mehr
▨	bis u. 30	10 bis u. 40	30 bis u. 60
▤	30 bis u. 70	bis u. 40	30 bis u. 70
▦	30 bis u. 60	10 bis u. 40	bis u. 30
▩	60 und mehr	bis u. 40	bis u. 30

I = In Gröbenzell Geborene bzw. bis 1961 Zugezogene
II = Zwischen 1962 und 1970 Zugezogene
III = 1971 und später Zugezogene

—·— Gemeindegrenze
—— Zählbezirksgrenze
══ Straßen
▬▬ Eisenbahn
～～ Gewässer
■ öffentl. Gebäude

Quelle: Unterlagen des Einwohnermeldeamtes Gröbenzell
Entwurf: E. Kerstiens-Koeberle/J. Maier
Kartographie: F. Eder
Wirtschaftsgeographisches Institut der Universität München 1976
Vorstand: Prof. Dr. K. Ruppert

Hinweis auf den historisch gewachsenen Standort der Altstadt. Die 1972 insgesamt 144 Arbeitsstätten mit 576 Beschäftigten in diesen Wirtschaftsbereichen machen den für Zentrale Orte charakteristischen Überbesatz in der Ausstattung gegenüber dem örtlichen Bedarf deutlich. Dies belegt jedoch nicht nur die quantitative Geschäftsausstattung, sondern auch die vorhandene Branchenvielfalt und Sortimentsbreite im Angebot zahlreicher Betriebe.

In Gröbenzell besteht zwar kein derart gewachsener zentraler Kern, jedoch hat sich in den letzten 2-3 Jahren, mit einem time-lag gegenüber dem Bevölkerungswachstum von 4-5 Jahren, eine Reihe von Warenhäusern, Einkaufsmärkten und Fachgeschäften des Einzelhandels in der Kirchen- und Bahnhofstraße (sowie am östlichen Gemeinderand) niedergelassen, die zu einer Konzentration zentraler Einrichtungen und damit zu einer Zentrumsbildung geführt haben. Im Unterschied zu Wertingen entstand dadurch jedoch kein Ausstrahlungsbereich auf die ähnlich strukturierten Nachbargemeinden, sondern der für Verdichtungsgebiete charakteristische Typus eines sogenannten Selbstversorgungsortes[13]. Unterstrichen wird diese Funktionsorientierung noch durch das Angebot an Arbeitsplätzen in Industrie und Handwerk, das beim Unterzentrum Wertingen zu einem Überschuß von 490 Einpendlern führt, während in Gröbenzell aufgrund der Nähe Münchens und der dort angebotenen Arbeitsplätze über 70% aller Erwerbspersonen Auspendler sind. Deutlich zeigt sich u. a. hierin die enge funktionale Verflechtung der Stadt-Rand-Gemeinde mit der die räumlichen Aktivitäten erheblich beeinflussenden Großstadt.

4. Aktivitätsräumliche Verhaltensmuster

Die räumlichen Aktivitäten sind das Ergebnis dieser Strukturkomponenten sowie der gruppenspezifischen Vorstellungen und Einstellungen der Personengruppen von bzw. zu der als wünschenswert erachteten Befriedigung ihrer Bedürfnisse. Das aktivitätsräumliche Konzept ist dabei ein Vorgehen, das auf den grundfunktionalen Tätigkeiten oder Aktivitäten menschlicher Gruppen im Raum aufbaut, entsprechend den Überlegungen der Sozialgeographie, und diese Vorgänge nach ihrer Häufigkeit und Distanz gewichtet[14]. Der sozialgeographische Raum und seine gruppenspezifische Differenzierung wird, nach der Definition von RUPPERT und SCHAFFER[15], als Kapazitäten-Reichweiten-System verstanden, wobei die als Ziel angestrebten verorteten Einrichtungen als Kapazitäten verstanden werden.

Hierbei zeigen sich zwischen dem Unterzentrum im ländlichen Raum und der Stadt-Rand-Gemeinde nicht nur Unterschiede in der Gewichtung der grundfunktionalen Aktivitäten[16], etwa eine überproportionale Bedeutung der arbeitsfunktionalen gegenüber den anderen Tätigkeiten in Wertingen bei einer größeren Bedeutung der Versorgungs- und insbesondere der Freizeitfunktion in Gröbenzell, sondern auch bezüglich der Beteiligungsintensitäten und Reichweiten der einzelnen funktionalen Aktivitäten. Für Wertingen besteht durch das Angebot zahlreicher, wenn auch wenig qualifizierter Arbeitsplätze eine

---

[13]) Vgl. CHR. BORCHERDT: Zentrale Orte und zentralörtliche Bereiche. In: Geographische Rundschau, Heft 12, 1971, S. 473—483.

[14]) J. MAIER: Zur Geographie verkehrsräumlicher Aktivitäten. Band 17 der Münchner Studien zur Sozial- und Wirtschaftsgeographie, Kallmünz 1976.

[15]) K. RUPPERT, F. SCHAFFER: Sozialgeographische Aspekte urbanisierter Lebensformen. In: Abhandlungen der Akademie für Raumforschung und Landesplanung, Band 68, Hannover 1973.

[16]) Vgl. auch K. H. HOTTES, D. KÜHNE: Verkehrsfeld Lünen/Nord. In: Materialien zur Raumordnung, Band I, Bonn 1969.

überaus starke Innenorientierung, d. h. auf die Gemeinde bezogene Ausrichtung im berufsorientierten Aktivitätsbereich. Nachdem die zahlenmäßig kleine Gruppe der Auspendler überwiegend Augsburg als Ziel wählt, während Wertingen für die Erwerbstätigen des ländlichen Umlandes als Arbeitsort attraktiv erscheint, ergibt sich dadurch ein für die Peripherie eines hierarchisch-zentrierten Pendlerraumes (Augsburg) typisches Bild eines sog. „Sekundärzentrums"[17]. Fast entgegengesetzt ist die Situation in Gröbenzell, dessen Bürger in starkem Maße außenorientiert im Bereich des räumlichen Arbeitsverhaltens sind (vgl. Abb. 3).

Innerhalb der versorgungsorientierten Aktivitäten verstärkt sich noch dieser Eindruck. So deckt 97 % der Bevölkerung Wertingens ihren kurzfristigen Bedarf (z. B. Lebensmittel) in Geschäften der Stadt selbst, in Gröbenzell 81 %. Beim Einkauf mittelfristiger Bedarfsartikel (z. B. Bekleidung) wird die Differenz noch größer, 39 % der Wertinger Haushalte bevorzugen Geschäfte ihrer Stadt, in Gröbenzell nur 14 % (vgl. Abb. 3). Dahinter verbirgt sich neben einer unterschiedlichen Geschäftsausstattung auch ein unterschiedliches Konsumverhalten, sowohl was die Lagerhaltung im Haushalt, die Anpassung an die Mode, die Ausrichtung an dem Vorbild der Großstadt und die gesellschaftliche und/oder persönliche Verpflichtung den Handeltreibenden der eigenen Gemeinde gegenüber betrifft[18].

Die geringe Bedeutung sozialen Zwangs beim Einkaufsverhalten zeigt sich in Gröbenzell z. B. darin, daß die innenorientierten Nachfragegruppen im mittelfristigen Bedarfsbereich fast ausschließlich Rentner sind, die verständlicherweise räumlich inaktiver als andere Sozialschichten sind.

Die Innenorientierung der Bürger von Wertingen bzw. die Außenorientierung in Gröbenzell wird auch aus dem unterschiedlichen Freizeitverhalten ersichtlich[19]. Beteiligen sich etwa 12 % der Wertinger Haushalte mehrmals im Monat an der Naherholung nach Zielorten außerhalb der Gemeinde (ein für Unterzentren im ländlichen Raum durchaus repräsentativer Wert), so ist es in Gröbenzell mit 28 % ein dem Freizeitverhalten in Großstädten entsprechender Anteilswert.

5. Sozialgeographische Gruppen und ihre räumliche Einflußkraft

Die relativ starke Urbanisierungstendenz in Gröbenzell kommt demnach bei den verschiedenen räumlichen Aktivitäten zum Ausdruck, so daß bei der Bildung sozialgeographischer Gruppen, speziell als Gruppen gleichartigen verkehrsräumlichen Verhaltens für Gröbenzell ein Vorherrschen außenorientierter Gruppen mit zum Teil großen Reichweiten zwischen Quell- und Zielgebiet, in Wertingen demgegenüber die Dominanz innenorientierter Gruppen festzustellen ist. Diese intensive Bindung der Bevölkerung in Wertingen an ihre Stadt wird in der Literatur an vergleichbaren Fällen als Ausdruck eines gewissen standortgebundenen, konservativ-traditionellen Verhaltens in Zentren des eher ruralen Raumes bezeichnet[20], im Unterschied zu den dynamischen, urbanisierten Verhaltensformen in Gröbenzell.

---

[17] CHR. BORCHERDT: Zentrale Orte..., a. a. O.

[18] Vgl. u. a. M. SEGER: Sozialgeographische Untersuchungen im Umfeld von Wien. In: Mitteilungen der Österreichischen Geographischen Gesellschaft, Band 14, 1972, S. 291—323.

[19] Vgl. auch H. DÜRR: Boden- und Sozialgeographie der Gemeinden um Jesteburg / Nördliche Lüneburger Heide, Heft 26 der Hamburger Geographischen Studien, Hamburg 1971.

[20] Vgl. u. a. P. SCHÖLLER: Einheit und Raumbeziehungen des Siegerlandes, Versuche zur funktionalen Abgrenzung. In: Das Siegerland, Münster 1955, S. 75—122.

Fragt man nun, welche sozialen Schichten diese Orientierung im räumlichen Verhalten entscheidend mitbestimmen, so reicht in Wertingen die Erklärung von den Landwirten bis zu den Handwerkern und Handeltreibenden. Ohne hier auf den in den USA vielfach angewandten Ansatz der „community-power-groups" näher einzugehen, sei für Wertingen auf die besondere Rolle der Selbständigen, größtenteils zusammengeschlossen in der Wirtschaftsvereinigung Wertingen, hingewiesen. Mit einem beachtlichen Anteilswert von 26 % an den Erwerbstätigen 1970 besitzt diese Personengruppe neben politischen und ökonomischen Beziehungsfeldern in Wertingen auch erhebliche Einflüsse auf die Gestaltung des inneren Strukturgefüges der Stadt (vgl. Karte 3). Sind es im Falle der Zählbezirke um den Marktplatz und die Augsburger Straße vor allem Einzelhändler und Handwerker, so ist es bei der Zusmarshauser Straße die Gruppe der Landwirte, die als typische Vertreter innenorientierten Raumverhaltens angesehen werden können.

Demgegenüber ist für Gröbenzell und die vorhandene Außenorientierung die Personengruppe der Angestellten und Beamten, vor allem aus der Mittel- und Oberschicht anzusprechen. Gerade in den nach 1968 errichteten neuen Siedlungsteilen ist diese Gruppe besonders stark vertreten (vgl. Karte 4), ja bestimmt eindeutig die Sozialstruktur in zahlreichen dieser Zählbezirke. Sie repräsentieren mit ihrer aktivitätsräumlichen und — zumindest in den ersten fünf Jahren der Ansiedlung — auch emotionalen Bindung an München, ihren häufig mit distanziell großen Reichweiten versehenen Freizeitpräferenzen und ihren ökonomischen Möglichkeiten einer Realisierung sehr gut den Typus der verkehrsräumlich aktiven Gruppe.

III. Planerische Alternativen und Steuerungsmöglichkeiten

Ausgehend von der Analyse der Strukturdaten, den aktivitätsräumlichen Verhaltensweisen und den entwicklungsbestimmenden sozialgeographischen Gruppen (deren Einflußkraft etwa auch im Gemeinderat zum Ausdruck kommt), ist für die eingangs aufgestellte Frage nach den Möglichkeiten staatlicher Planung bezüglich der weiteren Entwicklung der Gemeinden einmal nach den Vorstellungen der Bürger und ihrer politischen Vertreter zu fragen. Dabei zeigt sich, daß in Gröbenzell mit der Vorlage und Genehmigung des Flächennutzungsplanes nicht nur der besonders von den Neubürgern unterstützte „Garten-Stadt"-Charakter der Gemeinde, sondern durch die Ausweisung von Baugebieten bzw. möglicher Baulücken-Schließung eine maximale Einwohnerzahl von 22 700 bis zum Jahre 1990 festgelegt wurde. Diese Entscheidung kommt den Vorstellungen der Bevölkerungsrichtwerte von seiten der Landes- und Regionalplanung entgegen, wobei hier das bislang nicht gelöste Problem einer wissenschaftlichen Bevölkerungsprognose auf Gemeindeebene durch eine pragmatische Planung im Sinne einer limitierenden Angebotsplanung gelöst wurde. Die Festlegung auf einen derart exakten Bevölkerungswert erscheint angesichts zahlreicher Unwägbarkeiten jedoch nicht gerade sinnvoll.

Für die angewandte Bevölkerungsgeographie wird andererseits deutlich, daß im Hinblick auf die Entwicklung der meisten Siedlungsschwerpunkte nicht eine expansive, sondern eine eher restriktive Planungspolitik angebracht erscheint. Während die Stadt-Rand-Gemeinden in der Regel genügend, in einzelnen Fällen sogar zuviel Initialkraft (z. B. etwa Taufkirchen, südlich von München) besitzen, so daß die Planung eine Ordnungs- und weniger eine Entwicklungsaufgabe wahrzunehmen hat, ist diese These für Unterzentren im ländlichen Raum nicht unbedingt zu vertreten. Will man hier, etwa in Wertingen, nicht dem Leitbild einer funktionierenden Kleinstadt mit stagnierender Bevölkerungs-

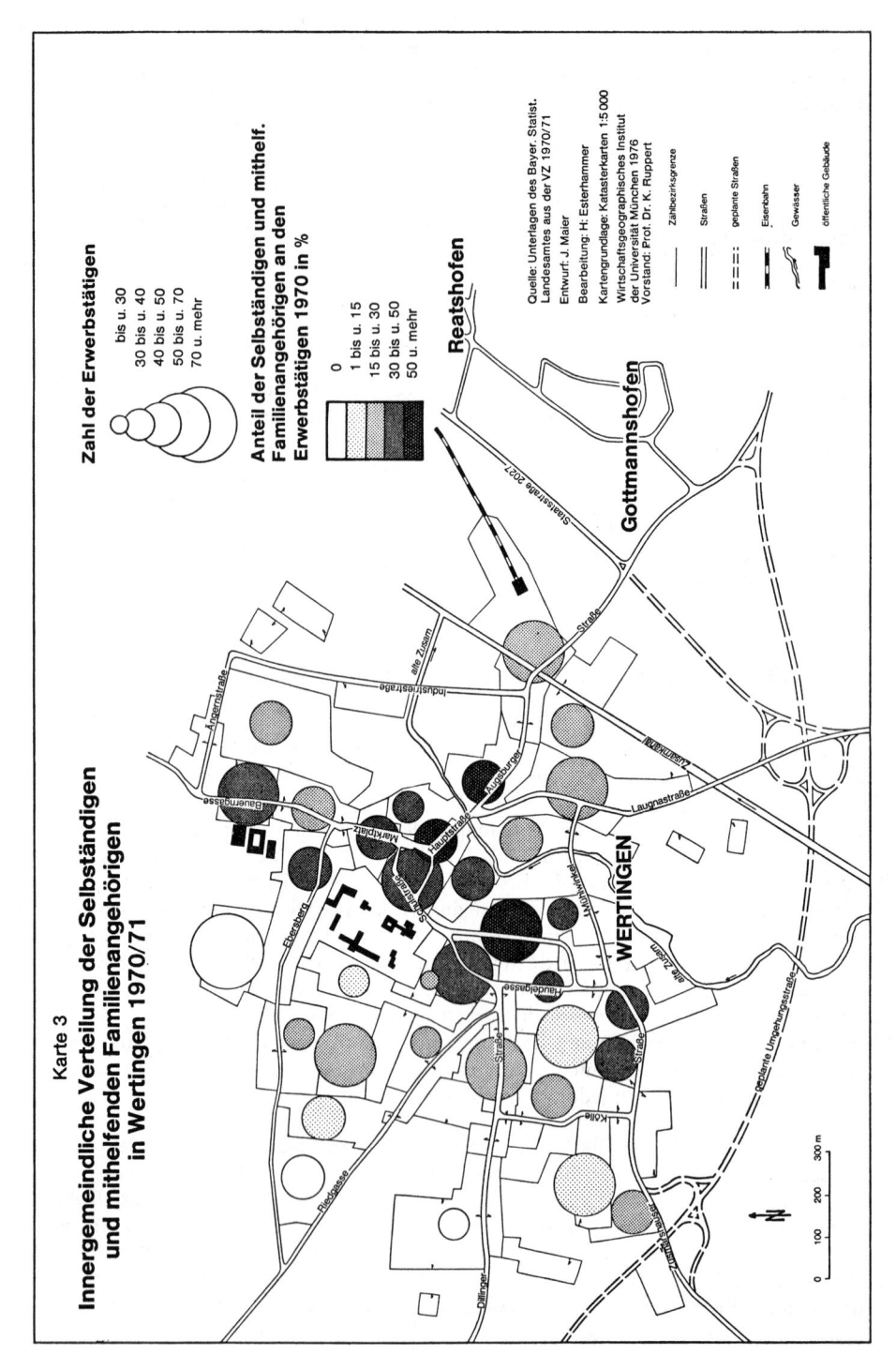

Karte 3
Innergemeindliche Verteilung der Selbständigen und mithelfenden Familienangehörigen in Wertingen 1970/71

Zahl der Erwerbstätigen
- bis u. 30
- 30 bis u. 40
- 40 bis u. 50
- 50 bis u. 70
- 70 u. mehr

Anteil der Selbständigen und mithelf. Familienangehörigen an den Erwerbstätigen 1970 in %
- 0
- 1 bis u. 15
- 15 bis u. 30
- 30 bis u. 50
- 50 u. mehr

Quelle: Unterlagen des Bayer. Statist. Landesamtes aus der VZ 1970/71
Entwurf: J. Maier
Bearbeitung: H. Esterhammer
Kartengrundlage: Katasterkarten 1:5000
Wirtschaftsgeographisches Institut der Universität München 1976
Vorstand: Prof. Dr. K. Ruppert

Zählbezirksgrenze
Straßen
geplante Straßen
Eisenbahn
Gewässer
öffentliche Gebäude

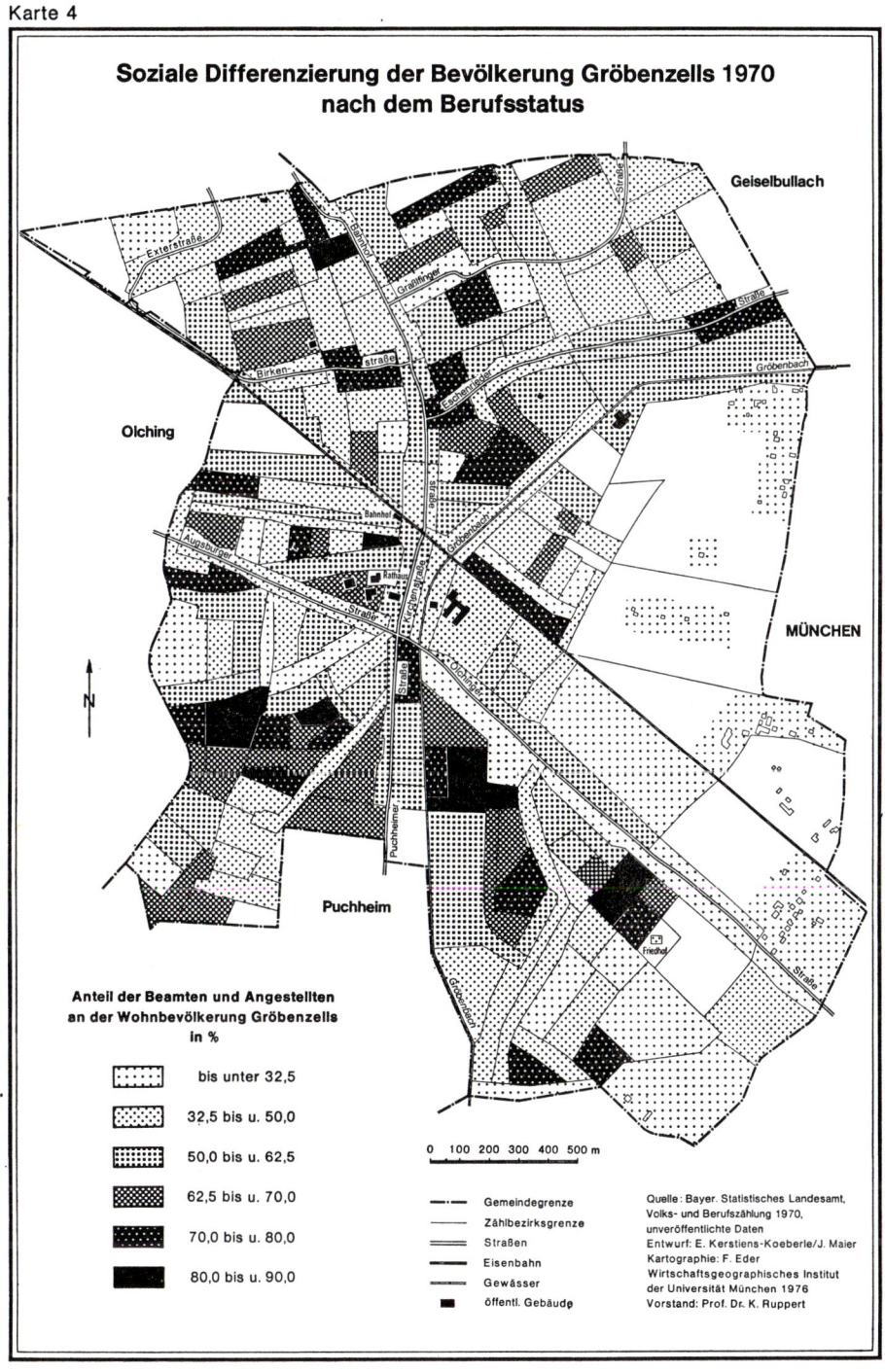

Karte 4

Soziale Differenzierung der Bevölkerung Gröbenzells 1970 nach dem Berufsstatus

Anteil der Beamten und Angestellten an der Wohnbevölkerung Gröbenzells in %

- bis unter 32,5
- 32,5 bis u. 50,0
- 50,0 bis u. 62,5
- 62,5 bis u. 70,0
- 70,0 bis u. 80,0
- 80,0 bis u. 90,0

0 100 200 300 400 500 m

— · — Gemeindegrenze
——— Zählbezirksgrenze
=== Straßen
≡≡≡ Eisenbahn
=== Gewässer
■ öffentl. Gebäude

Quelle: Bayer. Statistisches Landesamt,
Volks- und Berufszählung 1970,
unveröffentlichte Daten
Entwurf: E. Kerstiens-Koeberle/J. Maier
Kartographie: F. Eder
Wirtschaftsgeographisches Institut
der Universität München 1976
Vorstand: Prof. Dr. K. Ruppert

zahl folgen, sondern strebt eine weitere Aufwertung als zentraler Ort (über verschiedene Maßnahmen staatlicher Förderungspolitik) an, so ist auch dabei nach dem Einfluß staatlicher Planung zu fragen. Direkte Maßnahmen bzw. Investitionen von seiten des Landes oder des Kreises, z. B. die Errichtung von Ämtern und Behörden oder sonstiger Infrastruktur, sind im allgemeinen der Zahl und Finanzierungsmöglichkeit nach sehr begrenzt. Indirekte Maßnahmen, etwa Förderungs- oder Erklärungsabsichten — wie sie in verschiedenen Planungsprogrammen vorkommen —, sind nur dann erfolgreich, wenn sie mit entsprechenden Geldmitteln ausgestattet sind. Da diese Quellen in einer Zeit allgemeiner Finanzknappheit eingeschränkt sind, kann als ein Ergebnis der beiden Fall-Studien festgestellt werden, daß — von Einzelfällen und vorhandenen privatunternehmerischen Investitionen abgesehen — auf diesen unteren Hierarchiestufen zentralörtlicher Planung eine restriktive Politik staatlicher Organisationen leichter erscheint als eine expansive.

Bevölkerungsmobilität in der Region Oberfranken-Ost (5) unter besonderer Berücksichtigung des Mittelzentrums Marktredwitz/Wunsiedel

von

Thomas Polensky, München

I. Räumliche Aspekte des Untersuchungsraums

1. Naturräumliche Gliederung, Böden, Klima

Das thüringisch-fränkische Mittelgebirge im NO der Region nimmt fast die Hälfte der Regionsfläche von 3 726 km² ein und weist seine höchsten Erhebungen im hohen Fichtelgebirge mit über 1 000 m auf (Schneeberg, Ochsenkopf). Die durch die Höhenlage bedingte relative Schneesicherheit stellt eine gute Voraussetzung für den Wintersport in diesem Gebiet dar. Daran schließt sich nach SW hin das oberpfälzisch-obermainische Hügelland an. Im äußersten SW wird die Region von den nördlichen Ausläufern der Fränkischen Alb geprägt.

Die kargen Böden dieses Mittelgebirgsraumes weisen niedrige Ertragsmeßzahlen (EMZ) auf. Im gesamten thüringisch-fränkischen Mittelgebirgsraum schwanken die EMZ um 25-35, nach SW hin sind in zunehmendem Maße EMZ bis 40 anzutreffen [1]. Die höhergelegenen Lagen der Gebirge sind fast ausnahmslos mit kultiviertem Fichten- und Kiefernwald bestanden. Die Urbarmachung der Senken ist auf die mittelalterliche Rodungsperiode des 12. Jahrhunderts zurückzuführen [2]. Bei der Bodennutzung dominieren Getreideanbau und Dauergrünland zu etwa gleichen Teilen.

In engem Zusammenhang mit der naturräumlichen Gliederung stehen die klimatischen Verhältnisse der Region Oberfranken-Ost: gemäßigt kontinentales Klima mit ergiebigem Niederschlagsmaximum im Juli — welches je nach Relief zwischen 600-1200 mm reicht — und entsprechendem Niederschlagsminimum im März. Die jährliche und mittlere Jahrestemperatur schwankt zwischen 6,2 °C im Osten und 7,8 ° im Westen. Entsprechend der regionalen Differenzierung der Jahresmitteltemperatur schwankt die Vegetationszeit zwischen 180-230 Tagen im Jahr [3].

---

[1] Vgl. Bayerisches Staatsministerium für Landesentwicklung und Umweltfragen; Regionaler Planungsverband Oberfranken-Ost: Regionalbericht Region Oberfranken-Ost (Zitierweise: Regionalbericht), Karten-Beilagen, München 1976, Karte 4.

[2] H. Gemeinhardt: Südliches Fichtelgebirge und Naab-Wondreb-Senke. In: Bayerisches Landesvermessungsamt (Hrsg.): Topographischer Atlas Bayern, S. 154; O. Berninger: Frankenwald, Fichtelgebirge und Vorland, ebenda, S. 134.

[3] Vgl. Regionalbericht, a. a. O., S. 9.

2. Staats- und Verwaltungsgliederung

Die Planungsregion Oberfranken-Ost liegt im NO Bayerns und umfaßt den östlichen Teil des Regierungsbezirkes Oberfranken sowie 12 Gemeinden des Landkreises Tirschenreuth aus dem Regierungsbezirk Oberpfalz, deren sozioökonomische Verflechtungen auf das Mittelzentrum Marktredwitz/Wunsiedel ausgerichtet sind [4]. Die Anbindung dieser Gemeinden richtet sich vor allem auf die Pendlerbeziehungen (den 4 861 Einpendlern, wovon 3 590 Berufspendler sind, stehen lediglich 851 Auspendler gegenüber) [5], auf die überregional bedeutsame Infrastruktur (Kreis- und Stadtkrankenhaus Wunsiedel/Marktredwitz in Marktredwitz) sowie das dortige Hallenbad; ferner auf Zuständigkeitsbereiche von Verwaltungsbehörden (z. B. Arbeitsamt Hof, Nebenstelle Marktredwitz; Zollamt etc.) sowie auf den Einzugsbereich des Einkaufszentrums Marktredwitz und auf postalische Amts- und Versorgungsbereiche.

Die angrenzenden Regionen Oberfranken-West (4), Industrieregion Mittelfranken (7) und Oberpfalz-Nord (6) umgeben die Region Oberfranken-Ost im Westen, Süden und Süd-Osten. Die nördliche Regionsgrenze wird vom Staatsgebiet der DDR, die östliche von dem der CSSR gebildet.

Die Region wird nach der Kreisreform in 4 Landkreise untergliedert. Hof im Norden, Wunsiedel im Osten, Bayreuth im Süden und Kulmbach im Westen. Dazu kommen die kreisfreien Städte Bayreuth und Hof, welche als mögliche Oberzentren vor allem den Norden und Süden versorgen sollen. Für den Osten der Region erlangt das mögliche Oberzentrum Weiden im Regierungsbezirk Oberpfalz bereits eine gewisse Bedeutung. Dies gilt insbesondere für den südlichen Teil des Landkreises Wunsiedel [6].

Der Verflechtungsbereich (Mittelbereich) des Mittelzentrums Marktredwitz/Wunsiedel verläuft im Westen entlang der Kreisgrenze und biegt im äußersten Norden nach SO ab bis zur Grenze der CSSR, unter Einschließung des Nahbereichs Arzberg. Die Südgrenze wird von jenen 12 Gemeinden gebildet, die aus dem Regierungsbezirk Oberpfalz der Region zugeordnet worden sind.

Der Nahbereich von Marktredwitz als Einzugsgebiet der Bevölkerung umliegender Gemeinden zur Deckung der Grundversorgung wird gebildet von den im Norden und Osten gelegenen Gemeinden Thölau, Lorenzreuth, Wölsau, Wölsauerhammer und Brand bei Marktredwitz. Nach Westen ist die Nahbereichsgrenze identisch mit der Stadtgrenze; ebenso im Süden, wo sie gleichbedeutend mit der Kreisgrenze und der Nahbereichsgrenze zu Waldersdorf ist [7]. Mit den Gemeinden Brand bei Marktredwitz und Lorenzreuth

---

[4] Die Orientierung dieser Gemeinden auf das gemeinsame Mittelzentrum Marktredwitz / Wunsiedel waren Gegenstand eingehender wissenschaftlicher und politischer Erörterungen. Vgl. K. RUPPERT und Mitarbeiter: Planungsregionen Bayerns — Gliederungsvorschlag — München 1969, S. 99—102; vgl. ferner: Kreisreform im nordbayerischen Zonenrandgebiet — Kritik zu den Vorschlägen der Bayerischen Staatsregierung im Gebiet der Landkreise Wunsiedel, Kemnath und Tirschenreuth und der kreisfreien Städte Marktredwitz und Selb, Marktredwitz 1971, S. 9 ff.

[5] Quelle: Bayerisches Statistisches Landesamt: Pendelwanderung in Bayern, Ergebnisse der Volkszählung am 27. Mai 1970 nach dem Gebietsstand vom Juli 1972; Beiträge zur Statistik Bayerns, Heft 330; vgl. ferner: Regionalbericht, a. a. O., Karten-Beilagen, Karte 14.

[6] Vgl. Bayerisches Staatsministerium für Landesentwicklung und Umweltfragen (Hrsg.): 3. Raumordnungsbericht der Bayerischen Staatsregierung, München 1975. Darin enthalten: Folie mit Zentralen Orten und Siedlungsschwerpunkten gemäß der Verordnung vom 3. August 1973.

[7] Vgl. Bayerisches Staatsministerium für Landesentwicklung und Umweltfragen: Zentrale Orte und Nahbereiche in Bayern, München 1972. Karte: Vorschlag für die Abgrenzung der Nahbereiche in Bayern, Stand: 1. Juli 1972.

hat die Stadt Marktredwitz im Vorgriff auf den Abschluß der Gemeindegebietsreform im Jahre 1978 eine Planungsgemeinschaft für den Raum Marktredwitz gegründet, deren Ziel die Erarbeitung eines Stadtentwicklungsplans sowie die Aufstellung eines gemeinsamen Flächennutzungs- und Landschaftsplanes ist.

II. Wirtschaftsstruktur und Erwerbstätigkeit

Die Erwerbstätigkeit nach Wirtschaftsbereichen im Jahre 1970 vermittelt einen guten Einblick in die Wirtschaftsstruktur der Region Oberfranken-Ost. Die Land- und Forstwirtschaft ist mit 11,7 % der Beschäftigten von untergeordneter Bedeutung. Das produzierende Gewerbe dominiert mit 56,3 % der Beschäftigten und liegt um 9,1 % über dem bayerischen Durchschnitt. Die sonstigen Wirtschaftsbereiche (Handel, Öffentlicher Dienst und Dienstleistungen) bleiben mit 32 % der Beschäftigten um 7,2 % unter dem bayerischen Durchschnitt[8].

Karge Böden, ungünstige klimatische Verhältnisse sowie geringe Betriebsgrößen (Realteilungsgebiete) stellen die Existenzsicherung der von der Landwirtschaft lebenden Bevölkerung seit jeher in Frage. Die Umwandlung von Haupt- in Zuerwerbsbetriebe hat daher in größerem Umfang bereits mit Beginn der Industrialisierung eingesetzt.

Einer der beherrschenden Standortfaktoren für die rasche industriell-gewerbliche Entwicklung im 19. Jahrhundert waren deshalb die aus der Landwirtschaft ganz oder teilweise freigesetzten Arbeitskräfte (Arbeiterbauern). Der Ursprung der Industrialisierung ist jedoch weniger in den Arbeitskräften, als vielmehr in den bereits im Mittelalter und in der beginnenden Neuzeit bekannten Bodenschätzen zu sehen. Gold-, Zinn- und Erzlagerstätten, in Verbindung mit reichlich vorhandener Wasserkraft, verhalfen dem Gebiet schnell zu wirtschaftlicher Prosperität.

Die geringe Ergiebigkeit der Vorkommen führte nach dem Dreißigjährigen Krieg zur Verlagerung der Produktion auf den Textilsektor. Woll- und Leinenwebereien, später auch Baumwollwebereien, in Heimgewerbe und Manufakturen bestimmten im 17. und 18. Jahrhundert das wirtschaftliche Bild der Region. Die zu Beginn des 19. Jahrhunderts zuerst in England eingesetzten mechanischen Webstühle machten den oberfränkischen Produkten, die bis dahin überwiegend von Hand gefertigt waren, mit billigen Massenerzeugnissen Konkurrenz.

Nach dem wirtschaftlichen Niedergang der Textilindustrie sorgten die seit Jahrhunderten betriebenen Granitsteinbrüche für neue Arbeitsplätze. Im Gegensatz zu der früheren Bearbeitung, in der die Steine nur im Rohzustand verkauft wurden, entwickelte sich im 19. Jahrhundert eine Schleifindustrie, welche die Steine polierte und damit ganz anderen Verwendungszwecken zugänglich machte, wobei sich der Absatz beträchtlich erhöhte.

Die Entdeckung von Kaolin und Pegmatitvorkommen sowie der vorhandene Feldspat und Quarzsand führten zur Gründung der ersten Porzellanfabrik im Jahre 1814. Dieser Industriezweig bot sichere Arbeitsplätze und gute Löhne und beherrschte die wirtschaftliche Entwicklung des 19. Jahrhunderts.

Die gute Anbindung an das europäische Eisenbahnnetz brachte weitere Standortvorteile für diesen Raum gegen Ende des 19. Jahrhunderts. Marktredwitz als Kreuzungs-

---

[8]) Vgl. Regionalbericht, a. a. O., S. 23.

punkt der Eisenbahnlinien Nürnberg-Prag und München-Berlin verdankt seinen späteren wirtschaftlichen Aufschwung zum großen Teil dieser verkehrsinfrastrukturellen Maßnahme.

Die wechselnde Bedeutung der Standortfaktoren, wie z. B. Bodenschätze, Arbeitskräfte, Verkehrslage etc. haben innerhalb der Region „unterschiedliche Wirtschaftsschwerpunkte geschaffen, die eigentlich kaum eine kontinuierliche Standortnachfrage aufkommen ließen"[9]. Die einmal geschaffenen Industriestandorte haben sich gegenüber allen strukturellen und konjunkturellen Schwierigkeiten behaupten können, obgleich ein gewisser Bedeutungsverlust der einzelnen Branchen nicht zu verkennen ist. Bis in die jüngste Zeit wird das produzierende Gewerbe entscheidend von den Wirtschaftsbereichen Steine, Erden, Feinkeramik und Glas mit 16,6 % der Beschäftigten, und Leder-Textilbekleidung mit 33,3 % der Beschäftigten geprägt. Insgesamt verringerte sich die Zahl der Beschäftigten zwar um 4,5 % im Zeitraum 1961-1970, gleichzeitig erhöhte sich die Zahl der Beschäftigten in Marktredwitz jedoch um 10,2 %[10].

Die monostrukturelle Ausrichtung von Industrie und Gewerbebetrieben zeigte in der Nachkriegszeit kaum Tendenzen einer zur Vermeidung von strukturellen und konjunkturellen Krisen dringend notwendigen Diversifikation. Diese Tatsache ist umso erstaunlicher, als im Jahre 1945 ein beachtlicher Bevölkerungszustrom einsetzte, der — wie noch gezeigt wird — ein bis dahin nicht vorhandenes Bevölkerungswachstum induzierte. Menschen aller sozialer Schichten und Berufsgruppen boten auf der Suche nach Wohnung und Arbeitsplätzen eine gute Gelegenheit zur Auflockerung der Monostruktur. Orte wie Traunreut, Geretsried, Waldkraiburg, Neugablonz zeugen von der unternehmerischen Initiative dieser Bevölkerungsgruppen. Die Nähe zur politischen Grenze jener Staaten, aus denen die Vertriebenen stammten, hat sicher eine entscheidende Rolle für die mangelnde Niederlassungsbereitschaft gespielt. Andererseits hätten die engen wirtschaftlichen Verflechtungen, die bis Kriegsende bestanden, einen guten Ansatzpunkt für die Seßhaftigkeit der Vertriebenen in dieser Region geboten. WEIGT[11], der sich mit dem grundsätzlich unterschiedlichen Standortverhalten von Vertriebenen und Flüchtlingen im Sinne von Zuwanderern auseinandersetzt, verweist auf die Dominanz der ersten Seßhaftigkeit bei den Vertriebenen und das Vorherrschen ökonomischer Standortentscheidungen bei den Flüchtlingen. Aber auch diese zweite Gruppe vermochte keine grundlegenden Änderungen von regionaler Bedeutung auf den industriell-gewerblichen Sektor zu bewirken.

Der Mangel an Arbeitsplätzen im tertiären Sektor ist einer der gravierendsten Nachteile für die wirtschaftliche Entwicklung der Region Oberfranken-Ost. Lediglich die Zentralen Orte höherer Ordnung weisen ein ausreichendes Arbeitsplatzspektrum in den Bereichen Einzel- und Großhandel, öffentlichem Dienst und Dienstleistungen auf.

Eine gewisse Verbesserung der Situation ist durch die Intensivierung des Fremdenverkehrs, insbesondere im Fichtelgebirge, dem Frankenwald und der Fränkischen Schweiz zu verzeichnen. Die Saisonabhängigkeit dieser Arbeitsplätze stellt jedoch nach wie vor

---

[9] H. RUPPERT: Industrie und Gewerbe im Fichtelgebirge. In: Mitteilungen der fränkischen Geographischen Gesellschaft 1971, Band 18, S. 322.

[10] Quelle: Regionalbericht, a. a. O., S. 33 und 34.

[11] E. WEIGT: Standorte neuer Industriebetriebe in Franken und der Oberpfalz unter dem Gesichtspunkt von Nachbarschaft und Fühlungsvorteil. In: Berichte zur deutschen Landeskunde 1959, Band 23, Heft 2, S. 385.

einen Nachteil für die Beschäftigten dar. Heilbäder und Luftkurorte (Bad Berneck, Bad Steeben, Alexandersbad) mit ganzjährigem Betrieb und guter Kapazitätsauslastung zeigen eine Möglichkeit für die Schaffung neuer tertiärer Arbeitsplätze auf. Mit erheblichen Investitionen in der Fremdenverkehrsinfrastruktur wird in den letzten Jahren, vor allem im Fichtelgebirge, der Versuch unternommen, neben der traditionellen Sommersaison eine sich in steigenden Gästezahlen und zunehmendem Naherholungsverkehr andeutende Wintersaison zu etablieren.

III. Demographische Strukturen

1. Bevölkerungsentwicklung

Bayern zählte im Jahre 1840 3 802 515 Einwohner. Bis zum Jahr 1975 erhöhte sich diese Zahl auf 10 838 505. Dies entspricht einer durchschnittlichen Zunahme von 285 %[12]). Während sich die Bevölkerung Bayerns fast verdreifacht hat, ist in der Region Oberfranken-Ost nur eine Verdopplung der Einwohner (196 %) zu verzeichnen. Die Entwicklung in diesem Zeitraum von 135 Jahren ist jedoch nicht kontinuierlich verlaufen, sondern läßt deutlich zeitliche Entwicklungsphasen mit typischen regionalspezifischen Unterschieden, insbesondere im Hinblick auf die Region Oberfranken-Ost und ihre Gebietskörperschaften erkennen[13]) (vgl. Abb. 1).

Phase I Der erste Zeitabschnitt 1840-1871 ist durch einen geringfügigen Bevölkerungszuwachs gekennzeichnet, der keine nennenswerten regionalen Differenzierungen aufzuweisen hat.

Phase II Der Zeitraum 1871-1925 ist — von wenigen Ausnahmen abgesehen — durch ein starkes Bevölkerungswachstum geprägt, welches regional unterschiedlich verläuft. Die umfangreiche Investitionsphase der Gründerjahre führt vor allem in den traditionellen Industriestandorten zu einer beachtlichen Zunahme, welche beispielsweise die Einwohnerzahl der Städte Marktredwitz, Selb und Wunsiedel auf das Zwei- bis Dreifache ihrer bisherigen Einwohnerzahl ansteigen läßt.

Phase III In den Jahren 1925-1939 verläuft die Entwicklung erstmalig stark uneinheitlich. Bei einem Teil der Gemeinden ist ein geringeres Bevölkerungswachstum gegenüber dem Zeitraum 1871-1925 festzustellen, bei den übrigen Gemeinden tritt sogar eine geringfügige Rückläufigkeit auf. Kriegsbedingte Inflationstendenzen und weltweite Wirtschaftsrezession führen im Zusammenhang mit einer nie gekannten Massenarbeitslosigkeit zu einer selektiven, von der Einwohnergrößenklasse abhängigen Bevölkerungsentwicklung. Gemeinden unter 1 000 Einwohnern beginnen zu stagnieren, in den meisten Fällen sogar zu schrumpfen, wohingegen Gemeinden über 1 000 Einwohner noch ein gegenüber Phase II verlangsamtes Wachstum verbuchen können. Dies läßt vermuten, daß in den Jahren 1925-1939 eine Bevölkerungsumverteilung auftritt, welche den Bevölkerungsrückgang kleinerer Gemeinden zu Gunsten des Wachstums grö-

---

[12]) Quelle: Bayerisches Statistisches Landesamt: Die Gemeinden Bayerns, Änderungen im Bestand und Gebiet von 1840 bis 1975; Beiträge zur Statistik Bayerns, Heft 350, S. 26.

[13]) Vgl. H. D. LANDMANN: NO-Oberfranken Konsistente Strukturen und Funktionsräume in einem Abwanderungsgebiet, Inaugural-Dissertation an der Universität München, München 1969, S. 15 ff.

Abb. 1

Bevölkerungsentwicklung in ausgewählten Landkreisen und Gemeinden der Planungsregionen Oberfranken-Ost und Oberpfalz-Nord zwischen 1840 und 1975

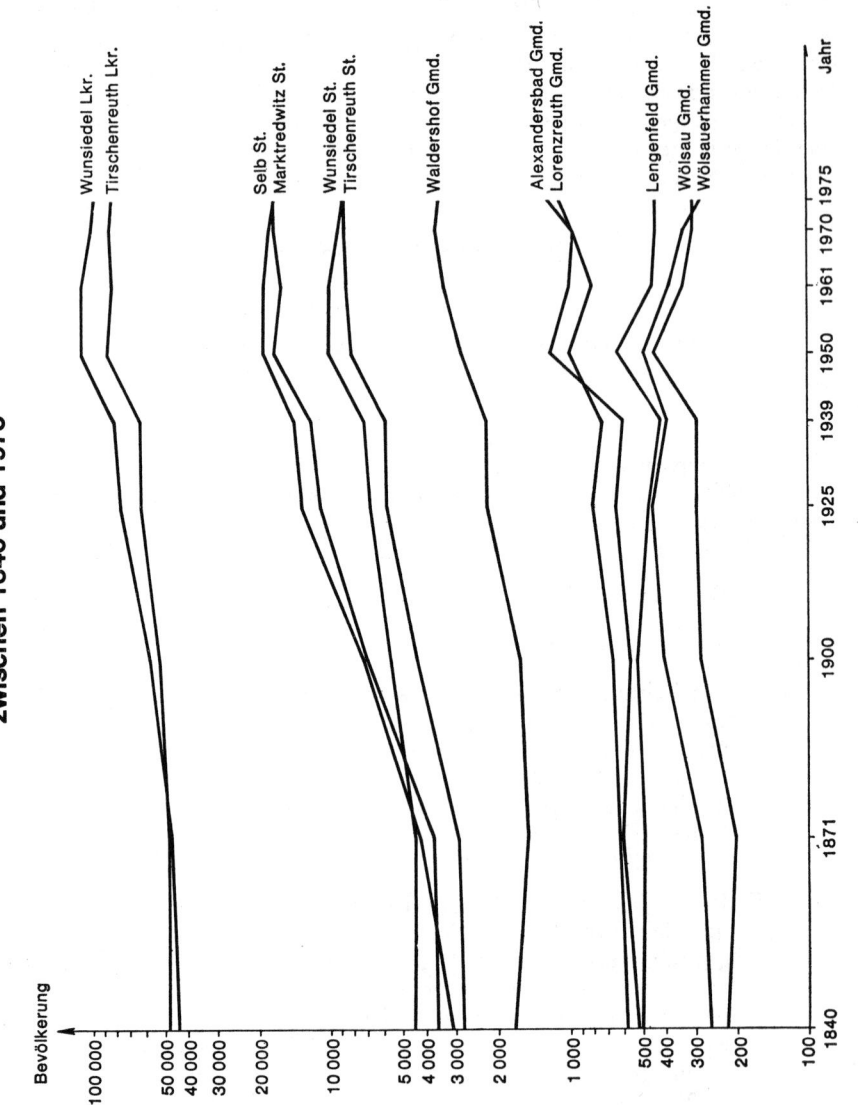

Quelle: Bayerisches Statistisches Landesamt, Beiträge zur Statistik Bayerns, Heft 350

ßerer Gemeinden steuert. Die Attraktivität der in den Gründerjahren geschaffenen Arbeitsplätze hat durch die Krisenanfälligkeit einzelner Wirtschaftsbranchen stark gelitten. In Verbindung mit Rationalisierung, vor allem aber Mechanisierung bei der vielerorts dominierenden Textil- und Keramikindustrie, hat diese Entwicklung zu einer Freisetzung von Arbeitskräften geführt, die den interregionalen Wanderungsstrom von Arbeitskräften zum Erliegen brachte.

Phase IV Der Zeitabschnitt 1939-1950 ist durch den stärksten Bevölkerungsanstieg während des gesamten 135-jährigen Beobachtungszeitraumes charakterisiert. Entsprechend ihrer vorhandenen Wohnraumkapazität profitieren alle Gemeinden etwa gleichermaßen von dem Vertriebenen- und Flüchtlingsstrom. Für viele, insbesondere kleinere Gemeinden, stellt das Jahr 1950 das absolute Bevölkerungsmaximum im Zeitraum 1840-1975 dar. Im Gegensatz zur Bevölkerungsentwicklung der Phasen I-III, deren Ursachen überwiegend orts- und bzw. regionalspezifischen Entwicklungscharakter tragen, stellt das Bevölkerungswachstum der Kriegs- und insbesondere der Nachkriegszeit ein von außen auf die Region wirkendes Ereignis dar.

Phase V Die Jahre 1950-1975 sind anfänglich von einem Abbau des vertriebenen- und flüchtlingsbedingten Bevölkerungsüberhangs geprägt. Insbesondere jene Bevölkerungsschichten, die in der Region keine äquivalenten Wohn- und Arbeitsbedingungen gemäß ihren Ansprüchen zur Erfüllung dieser Grunddaseinsfunktionen finden, wandern aus diesem Raum ab, wobei die Ballungsräume mit ihrem differenzierten Wohn- und Arbeitsplatzangebot bevorzugt werden[14]. Es zeigt sich, daß der Trend einer nach Gemeindegrößenklassen unterschiedlichen Entwicklung, wie er sich bereits in Phase III abzuzeichnen begann, verstärkt in Erscheinung tritt. Kleinere Gemeinden — vorwiegend unter 1 000 Einwohnern — haben einen starken Bevölkerungsrückgang zu verzeichnen, während die größeren Gemeinden überwiegend stagnieren. Die Region insgesamt hat einen Bevölkerungsverlust aufzuweisen.

Besonders deutlich wird die Bevölkerungssituation der Gemeinden in der Region Oberfranken-Ost, wenn die Entwicklung der einzelnen Kommunen mit der Entwicklung des Landes Bayern verglichen wird. Der Bevölkerungsmultiplikator für Bayern im Zeitraum 1840-1975 beträgt 2,85; demzufolge weisen alle Gemeinden, die mit der Gesamtentwicklung Schritt gehalten haben, einen mindest ebenso großen Multiplikator auf. Gemeinden mit einem kleineren Wert sind unter der durchschnittlichen Landesentwicklung geblieben. Gemeinden mit einem Multiplikator unter 1 weisen 1975 weniger Einwohner auf als 1840. Danach sind von den 286 Regionsgemeinden (Gebietsstand 1. Mai 1975) 256 unter der durchschnittlichen bayerischen Entwicklung geblieben, d. h. nur gut $1/10$ aller Gemeinden haben eine durchschnittliche bis überdurchschnittliche Entwicklung durchgemacht, obwohl sich die Bevölkerungszahl der Region fast verdoppelt hat. 100 Gemeinden haben heute weniger Einwohner als 1840, das ist ein gutes Drittel der Regionsgemeinden[15]. Im Landkreis Wunsiedel mit 56 Gemeinden haben nicht weniger als 22 Gemeinden eine geringere

---

[14]) Vgl. E. WEIGT, a. a. O., S. 385. WEIGT verweist in diesem Zusammenhang vor allem auf die wirtschaftlichen Überlegungen bei der Existenzgründung von Flüchtlingsbetrieben, wobei vor allem die Nachbarschafts- und Fühlungsvorteile der Verdichtungsräume hervorgehoben werden.

[15]) Vgl. Bayerisches Statistisches Landesamt: Die Gemeinden Bayerns, a. a. O., S. 81 ff. Danach zählt die Region 1840 269 327 Einwohner und 1975 533 501.

Einwohnerzahl als 1840; dies entspricht einem Prozentsatz von annähernd 40%. In den übrigen 3 Landkreisen der Region ist dieser Anteil geringer (vgl. Karte).*

Dieser Sachverhalt deutet jenen Prozeß der Bevölkerungskonzentration an, der im allgemeinen mit dem Wandel von der flächenbezogenen Agrargesellschaft zur standortorientierten postindustriellen Industriegesellschaft beschrieben wird. Beispielsweise lebten 1840 ein Viertel (27%) der Bevölkerung noch in zwei Drittel (66%) der Gemeinden. Etwa der gleiche Bevölkerungsanteil (28%) verteilt sich 1975 bereits auf vier Fünftel (80%) der Gemeinden.

Dieses Ergebnis läßt sich zu folgender Komplementaussage umformulieren: *1840 lebten drei Viertel der Bevölkerung in einem Drittel der Gemeinden. 1975 konzentrierte sich der gleiche Bevölkerungsanteil (bei einer Verdoppelung der absoluten Bevölkerungszahl) nur auf ein Fünftel der Gemeinden.*

2. Bevölkerungsmobilität

Für die Beurteilung der zukünftigen Bevölkerungsentwicklung ebenso wie für die Erklärung des Bevölkerungsverlaufes zurückliegender Jahre kommen den demographischen Kennziffern wie Geburten- und Sterberate, insbesondere aber der Analyse der Wanderungsvorgänge eine zentrale Bedeutung zu. Die Situation in der Region Oberfranken-Ost ist durch sinkende Geburten- und steigende Sterberaten gekennzeichnet, was vor allem in den 60er Jahren zu einem stetig sinkenden Geburtenüberschuß führte. Zu Beginn dieses Jahrzehnts waren noch 2 500 mehr Geburten als Sterbefälle zu verzeichnen. Seit 1968 dominieren die Sterbefälle mit wachsender Tendenz [16]).

Eine entgegengesetzte Entwicklung weist der Wanderungssaldo auf. Das vorige Jahrzehnt ist von einem negativen Wanderungssaldo gekennzeichnet, welcher einen deutlich steigenden Trend aufweist. Im gleichen Jahr 1968, in dem der Saldo der natürlichen Bevölkerungsentwicklung negativ wird, ist erstmalig ein positiver Wanderungssaldo zu verzeichnen. Trotz dieser günstigen Entwicklung signalisiert der Bevölkerungstrend eine negative Tendenz [17]) (vgl. Abb. 2).

Die Ursache für den positiven Wanderungssaldo ist vor allem auf einen verstärkten Zustrom ausländischer Arbeitskräfte zurückzuführen. In den beiden Arbeitsamtsbezirken Bayreuth und Hof stieg die Zahl der ausländischen Arbeitnehmer im Zeitraum 1968-1972 von 778 bzw. 3 234 auf 2 472 bzw. 7 139. Im Arbeitsamtsbezirk Bayreuth haben sich demnach in 4 Jahren die ausländischen Arbeitskräfte verdreifacht, in Hof immerhin verdoppelt [18]). Gleichzeitig sank jedoch die Zahl der Arbeitsplätze erheblich. Einem Rückgang in der Region von 6,4% steht ein bayerischer Zuwachs von 1% gegenüber. Diese Abnahme ist nicht auf den primären Sektor begrenzt (— 37%), sondern erstreckt sich auch auf den sekundären Sektor (— 4,5%). Lediglich im tertiären Bereich ist eine Zunahme von 8,4% zu verzeichnen, die aber neben dem bayerischen Anstieg (12,7%) sehr bescheiden ausfällt [19]).

---

[16]) Vgl. DIVO Institut: Vorbereitende Untersuchung zur Aufstellung von Raumordnungsplänen in Nordostbayern, Band 2: Raum und Bevölkerung, Frankfurt 1968, S. 45 ff.

[17]) Vgl. Regionalbericht, a. a. O., Abb. 7.

[18]) Ebenda, S. 27.

[19]) Bayerisches Staatsministerium für Landesentwicklung und Umweltfragen: Landesentwicklungsprogramm Bayern, Teil C: Regionale Ziele und Begründung, München 1976, S. 630 ff.

* Die Karte befindet sich in der Kartentasche.

Abb. 2

Bevölkerungsentwicklung der Planungsregion Oberfranken-Ost zwischen 1957 und 1974

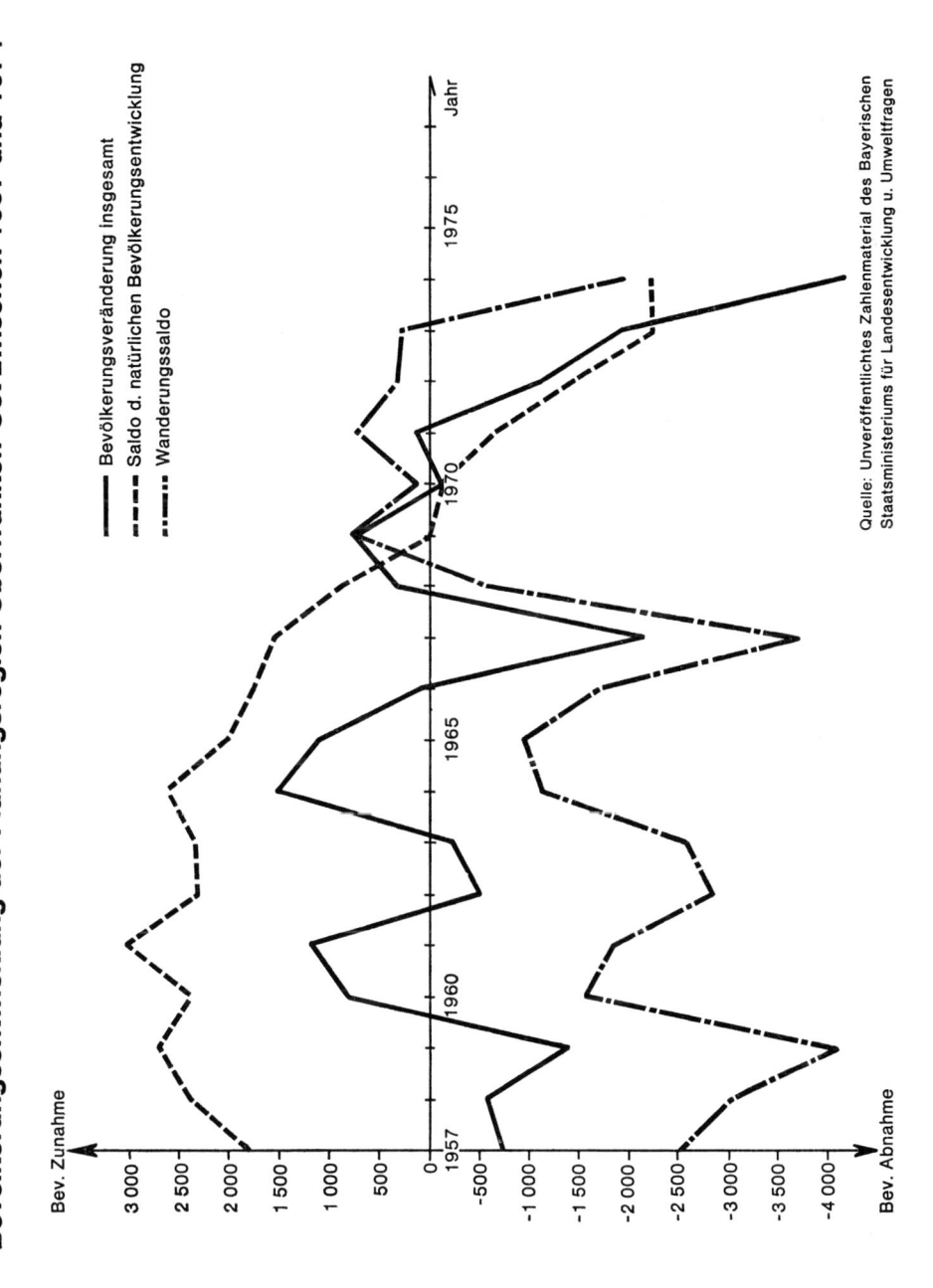

— Bevölkerungsveränderung insgesamt
--- Saldo d. natürlichen Bevölkerungsentwicklung
−·− Wanderungssaldo

Quelle: Unveröffentlichtes Zahlenmaterial des Bayerischen Staatsministeriums für Landesentwicklung u. Umweltfragen

Der beachtliche Zustrom von ausländischen Arbeitskräften bei rückläufigem Arbeitsplatzangebot im dominierenden sekundären Sektor (55 % aller Arbeitsplätze) deutet einen Austausch der Arbeitskräfte an. Einheimische Arbeitskräfte wandern ab, ausländische Arbeitskräfte übernehmen die freigewordenen Stellen. Im Zustrom der ausländischen Arbeitskräfte überwiegen die weiblichen Arbeitnehmer mit Beschäftigungsschwerpunkt in der Textil- und Keramikindustrie, welche über ein ausreichendes Arbeitsplatzangebot bei geringer Konkurrenz inländischer Stellenbewerber für un- und angelernte Arbeitskräfte verfügen.

Bedingt durch den branchenüblichen Akkordlohn ist das Lohnniveau im Vergleich zur geforderten Qualifikation der Arbeitnehmer relativ hoch [20]. „Als Schwerpunkte der Ausländerbeschäftigung in der Region gelten daher insbesondere die Stadt Hof und der Landkreis Wunsiedel mit den Industriestädten Marktredwitz und Selb" [21].

Angesichts der für die Kommunen unbefriedigenden Bevölkerungs-Entwicklung haben sich die Städte Bayreuth, Hof, Kulmbach und Marktredwitz entschlossen, auf eigene Initiative eine Fragebogen-Aktion zum Wanderungsverhalten bei den Einwohnermeldeämtern zu starten. Daneben haben noch die Städte Bamberg, Kronach, Neustadt b. Coburg und Schwarzenbach a. d. Saale aus den außerhalb der Region gelegenen Gebieten Oberfrankens Fragebogen aufgelegt. Mangelnde Koordination und Kooperation haben dazu geführt, daß den Erhebungsbogen ein unterschiedlicher Aufbau und Umfang zugrunde liegt, der eine einheitliche Analyse der Wanderungsmotive verhindert. „Seltener sind Hinweise auf den Anteil der Ausländer an den Wandernden zu finden und die wenigen Angaben über die Altersstruktur der erfaßten Personenkreise können leider nur für jede Berichtsgemeinde isoliert betrachtet werden" [22].

Obgleich — wie gezeigt wurde — insbesondere der Zustrom äußerst mobiler ausländischer Arbeitnehmer seit 1968 zu einem positiven Wanderungssaldo in der Region geführt hat und diese Gruppe von Arbeitnehmern zu einem fest integrierten Bestandteil des Wirtschaftsprozesses geworden ist, finden sich unverständlicherweise kaum Angaben über ihr Wanderungsverhalten. Dieser Mangel ist inzwischen durch einen einheitlichen Fragebogen der Regierung von Oberfranken behoben worden.

Dessen ungeachtet und unter Berücksichtigung der Tatsache, daß die Ergebnisse *nur für größere Städte repräsentativ* sind und nicht alle davon in der Region Oberfranken-Ost liegen, lassen sich folgende 5 Hauptwanderungsmotive erkennen [23]:

Tab. 1:

Wanderungsmotive	Zuzüge in %	Fortzüge in %
1) Wirtschaftliche und berufliche Verbesserung	27	21
2) Familiäre Gründe	20	24
3) Verbesserung der Wohnsituation	16	20
4) Aus- und Fortbildung	12	8
5) Versetzung	10	8

---

[20] Vgl. Regionalbericht, a. a. O., S. 20.
[21] Ebenda, S. 27.
[22] R. Färber: Bestimmungsgründe und Konsequenzen der Bevölkerungsentwicklung im Zonengrenzbezirk Oberfranken, Vortragskonzept für die Jahresversammlung der Landesarbeitsgemeinschaft Bayern der Akademie für Raumforschung und Landesplanung am 6. 11. 1975 in München, S. 14.
[23] R. Färber, a. a. O., S. 12.

Es kann unterstellt werden, daß die Gründe 2) und 5) derart zwingender Natur sind, daß sie auch bei völlig veränderten räumlichen und wirtschaftlichen Rahmenbedingungen dominieren würden. Die hohen Quoten der wirtschaftlichen und beruflichen Verbesserung ebenso wie die Aus- und Fortbildung dürften vor allem von jenen Bevölkerungsgruppen ins Feld geführt werden, die bisher in den zentrenfernen ländlichen Räumen der Region lebten. Eine Entwicklung, die bereits deutlich bei der Analyse der Bevölkerungsentwicklung bei den Phasen III und IV zu beobachten war, und vor allem von den Gemeinden mit weniger als 1 000 Einwohnern getragen wurde. Der negative Saldo bei der Verbesserung der Wohnsituation ist als Stadt-Randwanderungsprozeß kein Spezifikum der Region Oberfranken-Ost.

Unter den 4 Landkreisen der Region Oberfranken-Ost hat der Landkreis Wunsiedel die größten Bevölkerungsverluste seit 1950 zu verzeichnen. Von ursprünglich 108 725 Einwohnern hat der Landkreis 1975 nur noch 97 115 aufzuweisen, was einem Rückgang von 9 % entspricht. Von den 56 Gemeinden weisen nur 9 eine äußerst geringfügige Bevölkerungszunahme im Zeitraum 1950-1972 auf [24].

Der Landkreis Wunsiedel führt seit dem 1. 10. 1975 eine Wanderungsbefragung in Zusammenarbeit mit den Gemeinden durch. Damit sollen die Gründe für Zuzüge und insbesondere für Fortzüge auf *Kreisebene* festgestellt werden. Eine vorläufige Auswertung, die sich zwar nur über den Zeitraum eines halben Jahres erstreckt, hat die im nachfolgenden dargestellten Ergebnisse erbracht [25].

Danach sind 503 befragte Personen (davon 169 Ausländer) weggezogen und 329 befragte Personen (davon 52 Ausländer) zugezogen. Der negative Trend vergangener Jahre bestätigt sich in diesen Zahlen. Besonders symptomatisch für die Bevölkerungssituation ist die Aufgliederung nach Altersgruppen:

Tab. 2:

Altersgruppe	Zuzüge in %	Fortzüge in %
15—30	50	57
31—50	24	28
51 und älter	26	15

Die jüngeren Altersgruppen überwiegen bei den Abwanderern, die älteren Personengruppen dominieren bei den Zuwanderern. Das Gebiet ist zu klein und der Zeitraum zu kurz, um daraus einen allgemein gültigen Entwicklungstrend für die Region abzuleiten. Die altersbedingten Unterschiede sind aber andererseits zu markant, als daß man den selektiven Wanderungsprozeß in Bezug auf die unterschiedlichen Altersgruppen als reine Zufälligkeit bezeichnen könnte.

Eine Berufsgruppenanalyse der befragten Personen mit deutscher Staatsangehörigkeit unterstreicht die getroffene Feststellung. Hinter den Arbeitern (20 %) und kaufmännischen Angestellten (15,6 %) folgen die Rentner (14,5 %) in der Rangfolge der abgewanderten Berufsgruppen. Unter den zugewanderten Berufsgruppen folgen die Rentner (18,8 %) bereits unmittelbar den Arbeitern (19,9 %) und sind demnach bereits die zweitstärkste Gruppe. Wanderungsüberschüsse treten vor allem bei den in Berufsausbildung befindlichen Personen (+ 4,5 %) und bei den Rentnern (+ 4,3 %); Wanderungsdefizite vor allem bei

---
[24] o. V.: Landkreis Wunsiedel im Fichtelgebirge, Jahresbericht 1975, Wunsiedel 1976, S. 4—6.
[25] Ebenda, S. 7—9.

den kaufmännischen Angestellten (— 6,9 %) und den Schülern und Studenten (— 4,2 %) auf. Die von der Berufsgruppenanalyse bestätigte Tendenz wird auch von den Wanderungsmotiven gestützt.

Als die 3 wichtigsten Gründe für den Fortzug wurden angegeben:
    Heirat   18 %
    Umzug an den bisherigen Arbeitsplatz   13,8 %
    Rückkehr in den Heimatort   11,4 %.

Als die 3 wichtigsten Gründe für den Zuzug wurden angegeben:
    Dienstliche und berufliche Versetzung   13,4 %
    Familienzusammenführung   13,0 %
    Zuzug als Rentner   12,6 %.

Bei den Fortzügen steht die Versetzung in den Ruhestand erst an 6. Stelle der Wanderungsmotive, bei den Zuzügen bereits an 3. Stelle. Eine Sortierung der Wanderungsmotive nach beruflichen und privaten Gründen weist auf die weitaus größere Bedeutung beruflicher Faktoren bei den Fortzügen gegenüber den Zuzügen hin. Während die Abwandernden fast gleich viel private wie berufliche Gründe ins Feld führen, werden bei den Zuwanderern mehr als doppelt so viel private wie berufliche Argumente genannt.

Zusammenfassend läßt sich sagen, daß jüngere Altersgruppen insbesondere aus beruflichen Gründen den Landkreis verlassen, während ältere Gruppen vorwiegend aus privaten Gründen in den Landkreis ziehen. Der wanderungsbedingte Ausleseprozeß unter der Bevölkerung hinsichtlich Altersgruppe und Berufsstruktur wird verstärkt durch den seit Jahren negativen Wanderungssaldo.

Die Bevölkerungsentwicklung in der Region im Zeitraum 1840 bis 1975 hat gezeigt, daß Bevölkerungswachstum und -rückgang in den einzelnen Gemeinden sehr unterschiedlich verlaufen. Während die kleineren Gemeinden schon in den 30er Jahren eine Abnahme ihrer Bevölkerung zu verzeichnen haben, die sich in den 50er und 60er Jahren verstärkt fortsetzte, wiesen insbesondere die größeren Städte des Landkreises (Marktredwitz, Selb, Wunsiedel) ein kontinuierliches, jedoch gewissen Schwankungen unterworfenes Wachstum bis 1961 auf. Seit dieser Zeit stagnieren die Bevölkerungszahlen von Marktredwitz, während die Städte Selb und Wunsiedel eine rückläufige Tendenz aufzuweisen haben.

Marktredwitz lag bezüglich der Einwohnerzahlen bis 1880 mit weitem Abstand hinter Selb und Wunsiedel [26]. Bedingt durch den bereits erwähnten Eisenbahnbau kam es in der Stadt zu einer stürmischen industriellen Entwicklung, als deren Folge ein starkes Bevölkerungswachstum einsetzte. Im Verlauf dieser Phase wurde Wunsiedel — bis 1871 die größte Stadt des Landkreises — gegen 1900 auch noch von Marktredwitz übertroffen, nachdem es seine Führungsposition bereits in den 70er Jahren an Selb abtreten mußte. Bis 1975 blieb Selb einwohnerstärkste Stadt des Kreises. Seit 1961 weist Selb jedoch einen starken Bevölkerungsverlust auf, der dazu führt, daß sich insbesondere in den 70er Jahren die rückläufigen Einwohnerzahlen dem seit 1950 stagnierenden Wert von Marktredwitz sehr stark annähern. Selb verfügte im Jahr 1975 nur noch über 500 Einwohner mehr als Marktredwitz [27].

---

[26] Vgl. H. BRAUN: Marktredwitz Geschichts-, Lebens- und Raumbild einer bayerischen Grenzstadt. In: Schriftenreihe des Volksbildungswerkes der Stadt Marktredwitz, Heft 4, S. 119.
[27] Vgl. Bayerisches Statistisches Landesamt: Die Gemeinden Bayerns, a. a. O., S. 95.

Die Gründe für das relativ gute Abschneiden von Marktredwitz gegenüber den anderen mittelzentralen Orten Wunsiedel und Selb liegen zweifellos in der gegenüber den anderen beiden Orten wesentlich stärker differenzierten Branchenstruktur. Neben Feinkeramik und Textilien sind noch beachtliche Anteile der Elektroindustrie, der metallverarbeitenden Industrie und des Baugewerbes vertreten [28]. Dieses breitere Arbeitsplatzspektrum verhinderte die allzu starke Abhängigkeit der Arbeitskräfte und Bewohner von ein bis zwei führenden Branchen [29]. Obgleich Marktredwitz zu den „Industrie-Kernorten" [30] des Fichtelgebirges zu zählen ist, blieb es von der Bevölkerungsstagnation nicht verschont.

Die seit 1950 nur unwesentlich schwankenden Einwohnerzahlen sind jedoch nur das äußere in der Bevölkerungsstatistik ausgewiesene Erscheinungsbild von Bevölkerungsprozessen, die erst durch die Analyse der natürlichen und räumlichen Bevölkerungsentwicklung sichtbar werden. Für den Nahbereich von Marktredwitz [31] ergibt sich im Zeitraum 1957-1975 eine durchschnittliche Bevölkerungszahl von ca. 19 500. Bis zum Jahre 1968 weist die Wanderungsstatistik einen negativen Saldo aus. Diese Abwanderung kann jedoch durch Geburtenüberschüsse teilweise kompensiert werden, so daß nur ein geringfügiger Bevölkerungsrückgang die Folge ist. Seit 1969 treten hingegen verstärkt Wanderungsgewinne auf, die ausschließlich von einer Zunahme der Zuzüge bei unverändertem Fortzug verursacht werden, wohingegen im gleichen Jahr aufgrund einer ständig sinkenden Geburtenziffer bei konstanter Sterbeziffer erstmals ein Geburtendefizit mit stark steigender Tendenz zu verzeichnen ist. Der geburtenbedingte Bevölkerungsrückgang kann durch größere Wanderungsgewinne ausgeglichen werden und führt darüber hinaus zu einem geringen Bevölkerungsanstieg [32] (vgl. Abb. 3).

Die Bevölkerungsstagnation hat demnach zwei völlig unterschiedliche Ursachen:

1) Im Zeitraum 1957-1968: Geburtenüberschuß und Wanderungsdefizit.

2) Im Zeitraum 1969-1975: Geburtendefizit und Wanderungsüberschuß.

Vergleichbar der beschriebenen Entwicklung in der Region Oberfranken-Ost ist zu vermuten, daß der Ausgleich des Geburtenrückgangs in erster Linie durch Wanderungsgewinne von ausländischen Arbeitnehmern getragen wird. Die deutschstämmige Bevölkerung wäre demnach ebenso wie im Gesamtraum der Region rückläufig.

Hinsichtlich der Altersstruktur der am Wanderungsprozeß teilnehmenden Personen ist das Bild in Bezug auf die Stadt Marktredwitz günstiger als im Landkreis Wunsiedel. Ausgeprägte Maxima und Minima, wie sie für den Landkreis zu beobachten waren, sind nicht ausgebildet. Die Alterspyramiden der mobilen Personengruppen gleichen in der

---

[28] Vgl. Bayerisches Staatsministerium für Arbeits- und Sozialordnung (Hrsg.): Bayerischer Arbeitsmarktatlas, Oberfranken, Region 5, München 1973, Mittelbereich Marktredwitz / Wunsiedel (26), 26/12.

[29] Vgl. H. Ruppert: Fichtelgebirge mit Wondrebsenke, Probleme eines gewerblich industriellen Raumes im Grenzland. In: H. Heller (Hrsg.): Exkursionen in Franken und Oberpfalz, Erlangen-Nürnberg 1971, S. 355.

[30] H. Ruppert: Industrie und Gewerbe im Fichtelgebirge, a. a. O., S. 318.

[31] S. Kapitel Staats- und Verwaltungsgliederung.

[32] Quelle: Bayerisches Staatsministerium für Landesentwicklung und Umweltfragen: Unveröffentlichte Bevölkerungsstatistik auf Nahbereichsbasis.

Abb. 3

Bevölkerungsentwicklung der Stadt Marktredwitz zwischen 1957 und 1974

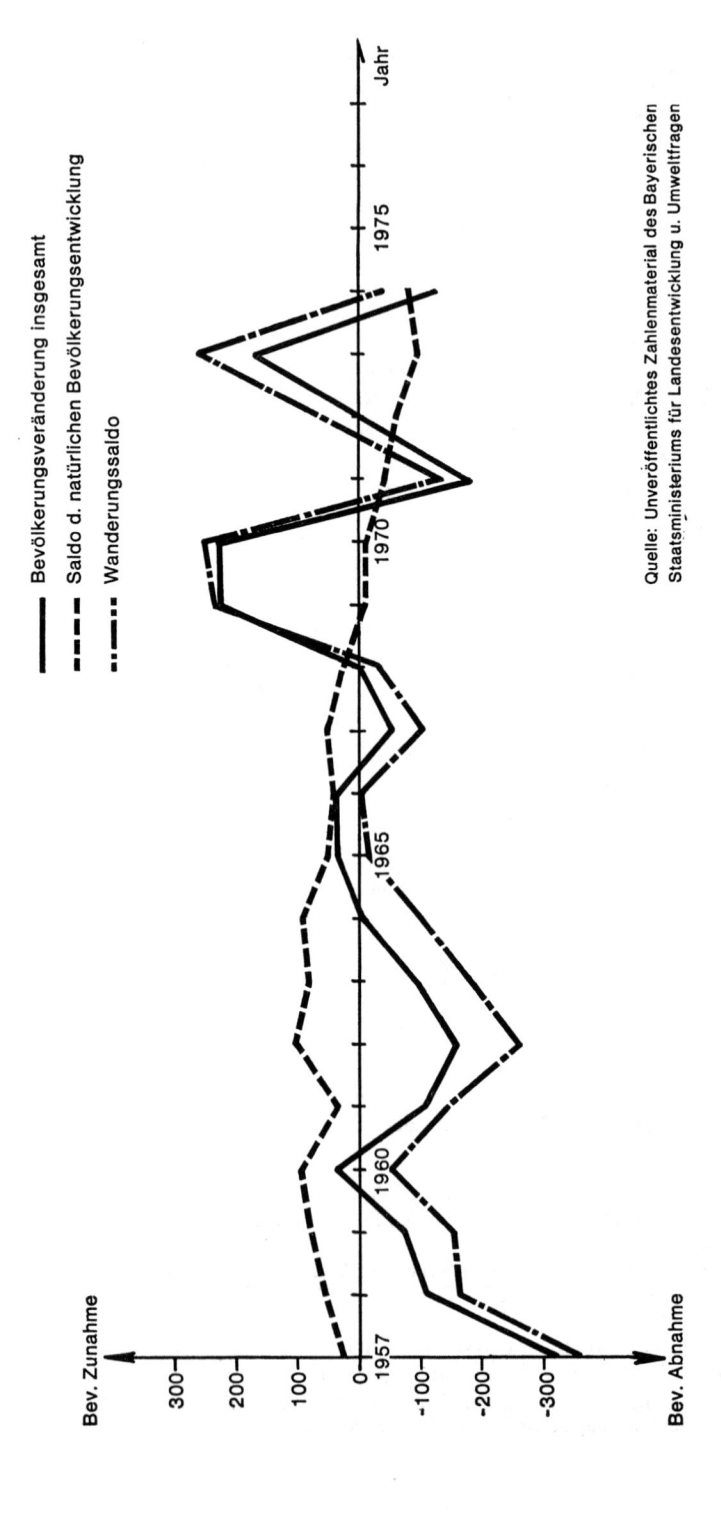

— Bevölkerungsveränderung insgesamt
--- Saldo d. natürlichen Bevölkerungsentwicklung
–·– Wanderungssaldo

Quelle: Unveröffentlichtes Zahlenmaterial des Bayerischen Staatsministeriums für Landesentwicklung u. Umweltfragen

Konfiguration weitgehend der Alterspyramide der Einwohner[33]). Allerdings zeigt sich, daß die Wanderungsgewinne nach 1968 vor allem von weiblichen Personen hervorgerufen werden. Das Vorhandensein von Arbeitsplätzen für un- bzw. angelernte weibliche Kräfte, vor allem in der Textil- und Keramikindustrie, deutet darauf hin, daß es sich bei den erzielten Wanderungsgewinnen auch in diesem Fall vorwiegend um ausländische weibliche Arbeitskräfte handelt.

Nach Berufsgruppen aufgeschlüsselt zeigt sich, daß im Zeitraum 1964-1975 vor allem weibliche Beschäftigte im privaten und öffentlichen Dienstleistungssektor Marktredwitz verlassen, was als eindeutiger Hinweis für den Mangel an geeigneten Arbeitsplätzen in diesen Sparten zu werten ist. Dies kann als weiteres Indiz dafür gewertet werden, daß die zugewanderten weiblichen ausländischen Arbeitskräfte vor allem Beschäftigung in der Industrie finden. Größere Zuwachsraten sind dagegen in den Berufsgruppen Metallverarbeitung, Bau und Handel zu verzeichnen.

Die Auswertung der Einwohnermeldedatei von Marktredwitz ermöglichte auch eine Analyse der Herkunfts- und Zielgemeinden für die Jahre 1964 und 1975. Der überwiegende Teil der Zuwanderer des Jahres 1964 stammt aus den unmittelbar benachbarten Kreisen Wunsiedel und Tirschenreuth. Dasselbe gilt in abgeschwächter Form für das Jahr 1975. Allerdings hat sich der Einzugsbereich gegenüber 1964 auf die westlichen Teile des Landkreises Weiden und auf den Landkreis Hof ausgedehnt. Als weitere Herkunftsgemeinden treten vor allem die Verdichtungsräume Augsburg und Nürnberg hervor. Außerhalb Bayerns stellt Berlin das stärkste Zuzugskontingent. Da der Frankenwald und das Fichtelgebirge von je her bevorzugtes Urlaubsziel der Berliner waren, liegt die Vermutung nahe, daß zumindest ein Teil der Berliner auf der Suche nach einem Altersruhesitz nach Marktredwitz gekommen ist.

Unter den Zielgemeinden dominieren in beiden Jahren eindeutig die Orte hoher und höchster Zentralität. An der Spitze der Präferenzskala liegen die Verdichtungsräume München, Nürnberg und Augsburg. Daneben werden aber auch die möglichen Oberzentren Hof, Bayreuth und Weiden aufgesucht. Die Vermutung liegt nahe, daß die skizzierte Bevölkerungsbewegung ein sich in Etappen vollziehender Wanderungsprozeß ist, der — ausgehend von den ländlichen Gebieten — zunächst auf die mittleren und höheren Zentralen Orte des Gebietes gerichtet ist. Der räumliche Kontakt zum Verwandten- und Bekanntenkreis bleibt per Distanz erhalten. Im Laufe der Jahre tritt durch neue Verbindungen eine gewisse Lockerung der alten Beziehungen ein. Informationen über bessere Wohn- und Arbeitsbedingungen, insbesondere bessere Verdienstmöglichkeiten in den Verdichtungsräumen lassen den Entschluß zum Übersiedeln in die Ballungsgebiete heranreifen, der dann in einer zweiten Wanderungsetappe vollzogen wird. Quellgebiete sind demnach vor allem die ländlich strukturierten Gebiete des weiteren Umlandes von Marktredwitz, Zielgebiete sind Zentrale Orte höherer Ordnung, insbesondere Verdichtungsräume.

---

[33]) Das Wirtschaftsgeographische Institut der Universität München unter Leitung von Prof. Dr. K. Ruppert hat im Wintersemester 1975 ein stadtgeographisches Praktikum in der Stadt Marktredwitz unter der Betreuung des Autors in engem Kontakt mit der Stadtverwaltung durchgeführt. Unter anderem wurde dabei die Einwohnermeldedatei im Hinblick auf die Alters- und Berufsstruktur der Bevölkerung unter besonderer Berücksichtigung ihres mobilen Anteils untersucht.

Ein tragendes, bisher kaum angesprochenes Wanderungsmotiv für den starken Zuzug in die Verdichtungsräume, das auch nicht im Umzugsfragebogen der Regierung von Oberfranken enthalten ist, stellt die regionale Einkommensdisparität dar. Danach liegt das Jahreseinkommen der in der Industrie Beschäftigten im Regierungsbezirk Oberfranken für Arbeiter 10 %, für Angestellte 17 % unter dem bayerischen Durchschnitt. Arbeiter im Regierungsbezirk Oberbayern verdienen gegenüber Oberfranken 19 %, Angestellte sogar 28 % mehr. Diese Werte erhöhen sich im Verdichtungsraum München noch beträchtlich. Arbeiter im Verdichtungsraum München haben durchschnittlich 24 %, Angestellte sogar 33 % mehr in der Lohntüte als ihre Arbeitskollegen in Oberfranken[34]). Selbst unter Berücksichtigung der Tatsache, daß die Industriestruktur in den zum Vergleich herangezogenen Räumen stark differiert, was nicht ohne Wirkung auf das Lohnniveau der Beschäftigten bleiben kann, und daß überregional gültige Tarifabschlüsse eine Nivellierung der Einkommen begünstigen, bleiben unterschiedliche Verdienstmöglichkeiten (z. B. auch durch Branchenwechsel) bestehen.

IV. Schlußbemerkung

Die Bevölkerungsentwicklung in der Region Oberfranken-Ost im Landkreis Wunsiedel und in der Stadt Marktredwitz ist alarmierend. Permanent sinkende Einwohnerzahlen haben — zumindest auf Kreis- und Regionsebene — zu einem bevölkerungsmäßigen Aderlaß geführt, der in Zukunft auch dem Mittelzentrum Marktredwitz nicht erspart bleiben wird. Die Ursache dieser Entwicklung ist nicht erst in der für das Gebiet äußerst ungünstigen politischen Grenzziehung nach dem 2. Weltkrieg zu sehen, sondern setzte als Folge der industriellen Monostruktur bereits Mitte der 30er Jahre mit einer Entleerung insbesondere des ländlichen Raumes ein. Nach Abwanderung des nachkriegsbedingten Bevölkerungszustroms setzte sich dieser Trend verstärkt fort.

Gründe hierfür sind vor allem der Wandel generativer Verhaltensweisen und selektive Wanderungsvorgänge im ländlichen Raum, die ihren sichtbaren Niederschlag einerseits in sinkenden Geburtenziffern, andererseits in der Abwanderung vor allem jüngerer und beruflich qualifizierter Arbeitskräfte haben. In einer ersten Phase werden dabei die nähergelegenen mittelzentralen Orte und in einer zweiten Phase die attraktiven Verdichtungsräume aufgesucht. Bei diesen Wanderungsvorgängen kommt den weitaus mobileren ausländischen Arbeitnehmern eine immer größere Bedeutung zu, weil sie häufig an die Stelle abgewanderter (räumliche und soziale Mobilität) deutschstämmiger Arbeitskräfte treten.

Unter der Maxime einer Erhaltung der Funktionsfähigkeit des ländlichen Raumes und seiner Versorgungs- und Arbeitsplatzzentren in der Region Oberfranken-Ost sollte man den Einsatz des orts-, regional- und landesplanerischen Instrumentariums verstärkt auf folgende Ziele ausrichten[35]):

1) Da in zunehmendem Maße die Bevölkerungsentwicklung von den Wanderungsströmen und nicht wie einst von Geburten und Sterbeziffern bestimmt werden, muß das

---

[34]) Vgl. Bayerisches Staatsministerium für Wirtschaft und Verkehr (Hrsg.): Bericht über die wirtschaftliche Entwicklung der strukturschwachen Gebiete Bayerns — Grenzlandbericht — München 1975, S. 160.

[35]) Vgl. K. RUPPERT: Landesentwicklung in der Krise. Bevölkerungsgeographische Aspekte als Planungsgrundlage. In: Innere Kolonisation, 25. Jahrgang, 1976, Heft 1, S. 3—5.

Augenmerk der Planungsbehörden stärker als bisher auf diese Vorgänge gelenkt werden.

2) Die nachgewiesene Attraktivität mittlerer Zentraler Orte im Zonenrandgebiet für die Zuwanderer aus ländlich strukturierten Bereichen gilt es zu erhalten und auszubauen Insbesondere gilt es, die starke Abhängigkeit von dominierenden Industriezweigen durch Schaffung neuer *Arbeitsplätze*, vor allem im *tertiären Bereich* abzubauen.

3) Diese Forderung wird in Zukunft nur dann befriedigend erfüllt werden können, wenn die dafür zur Verfügung stehenden Mittel incl. aller regionalbedingten Förderungsmaßnahmen in einer *koordinierten räumlichen Entwicklungsstrategie, die von allen Planungsträgern gemeinsam verfochten wird, konzentriert zum Einsatz* gelangen.

Typen urbanisierter Gemeinden –
Anwendung des Urbanisierungskonzepts am Beispiel Südbayern

von

Reinhard Paesler, München

I. Die raumprägende Bedeutung des Urbanisierungsprozesses

Die Siedlungs- und Bevölkerungsgeographie, ebenso wie die Raumordnung und Landesplanung, stützte sich bei der Erklärung vom Raumstrukturen bis in die jüngste Vergangenheit — und zum Teil noch heute — sehr stark auf das Konzept eines Stadt-Land-Gegensatzes. Man ging von zwei unterschiedlichen Siedlungskategorien mit entsprechend unterschiedlichen Bevölkerungs- und Wirtschaftsstrukturen aus. Als Beispiel sei aus dem Bereich der Geographie BRÜNGER[1]) erwähnt, aus dem Bereich der Planung etwa das Bundesraumordnungsprogramm oder das Bayerische Landesentwicklungsprogramm[2]).

Eine derartige Differenzierung der menschlichen Siedlungen lediglich in zwei große Kategorien hatte einen Sinn, solange — unter agrargesellschaftlichen Voraussetzungen — tatsächlich klare Unterscheidungskriterien vorlagen, angefangen vom Stadtrecht über die physiognomischen Gegensätze, die zweifelsfreie Einordnung in unterschiedliche Einwohnergrößenklassen, bis hin zu weitgehend unterschiedlichen Funktionen städtischer und ländlicher Siedlungen und verschiedener Lebens- und Wirtschaftsweise der Bevölkerung. Auch für den Geographen war diese Konzeption einer Stadt-Land-Dichotomie eine tragfähige Basis für darauf aufbauende Detailuntersuchungen, Regionalstudien usw.

Inzwischen haben sich die sozioökonomischen Bedingungen und damit auch die Raumstrukturen derart gewandelt, daß für die heutige Industrie- und Dienstleistungsgesellschaft ein Festhalten an dieser Zweiteilung der Siedlungslandschaft, zumindest im mitteleuropäischen Raum, weitgehend sinnlos geworden ist und die Erkenntnis räumlicher Probleme eher behindert. Beweise dafür sind nicht nur das Absinken des Stadtrechts in Deutschland zu einem rein dekorativen Beinamen, also die rechtliche Gleichstellung von Stadt und Land, das Verwischen physiognomischer und funktionaler Unterschiede „städtischer" und „ländlicher" Siedlungen und ihrer Bevölkerung, zuletzt noch in Deutschland und anderen Ländern die Gemeindegebietsreform, die durch die Zusammenfassung dörflicher Siedlungen zu neuen Großgemeinden der Einwohnerzahl einer Gemeinde ihren

---
[1]) WILHELM BRÜNGER (Einführung in die Siedlungsgeographie. Heidelberg, 1961) gliedert die menschlichen Siedlungen in „ländliche Siedlungen" und „städtische Siedlungen".
[2]) Sowohl das Raumordnungsprogramm für die großräumige Entwicklung des Bundesgebietes, Bonn, 1975, I. 3, als auch das Landesentwicklungsprogramm Bayern, Entwurf 1974, Teil A, II. 3.1., gliedern das Staatsgebiet in „Verdichtungsräume" und „ländliche Räume".

strukturanzeigenden Charakter nahm und statistische Einteilungen nach Gemeindegrößenklassen ihres eigentlichen Sinnes entleerte. Hinzu kam die zunächst in der Soziologie erarbeitete Erkenntnis, daß man die Menschen nach ihren Verhaltensweisen nicht mehr einfach in Stadt- und Landbewohner einteilen kann, sondern daß man statt des früher vorhandenen Gegensatzes heute von einem Stadt-Land-Kontinuum mit vielen Zwischenstufen und gleitenden Übergängen ausgehen muß[3]). In der empirisch arbeitenden Sozialgeographie wurde bei der Untersuchung räumlich differenzierter raumwirksamer Verhaltensweisen sozialgeographischer Gruppen dieses Kontinuum immer wieder bestätigt; d. h. zwischen „städtischen" und „ländlichen" Verhaltensweisen (jeweils idealtypisch gesehen) existiert eine breite Skala von Übergangs- und Mischformen[4]).

Zur Erklärung der unterschiedlichen raumrelevanten Verhaltensweisen sozialgeographischer Gruppen in differenziert strukturierten Siedlungen kann die Untersuchung des *Urbanisierungsprozesses* beitragen, der in der heutigen Industrie- und Dienstleistungsgesellschaft stärkste raumprägende Bedeutung gewonnen hat. Wir verstehen darunter den Prozeß der Ausbreitung raumwirksamer urbaner Verhaltensweisen der Bevölkerung vom Innovationszentrum Stadt aus[5]). Die Ausbreitung kann sowohl durch Annahme urbaner Verhaltensweisen durch autochthone Sozialgruppen geschehen als auch durch Wanderung urbaner Bevölkerung ins Urbanisierungsgebiet (z. B. Stadtrand-Wanderung). Immer aber ist die Stadt — oder neutral: die urbane Siedlung — als der Ort, an dem die moderne Industrie- und Dienstleistungsgesellschaft mit allen ihren Aspekten und Merkmalen sich am charakteristischsten ausprägt und wo sie sich am stärksten weiterentwickelt, Ausgangspunkt oder Innovationszentrum neuer sozioökonomischer, politischer, kultureller und technologischer Entwicklungen[6]). Von hier aus breiten sich ihre urbane Lebens- und Wirtschaftsweise und damit urbane Verhaltensweisen der Bevölkerung mit ihren raumgestaltenden Kräften ins Umland aus.

II. Typen urbanisierter Gemeinden nach den Verhaltensweisen in den Grunddaseinsfunktionen

Der in der Agrargesellschaft schroffe Stadt-Land-Gegensatz hat sich in der Industrie- und Dienstleistungsgesellschaft aufgelöst zugunsten eines breiten Spektrums von Siedlungen unterschiedlichen Urbanisierungsgrads und -typs, also unterschiedlicher Urbanität in einem Stadt-Land-Kontinuum. Hochentwickelte Städte als urbane Kerne stellen Verdichtungen sozialgeographischer Gruppen großer Mannigfaltigkeit dar, die in jeder Hinsicht, d. h. bei der Ausübung aller Grunddaseinsfunktionen, sehr stark urbanisierte Verhaltensweisen zeigen. Solche urbanen Verhaltensweisen breiten sich, wie Untersuchungen im südbayerischen Raum eindeutig ergaben[7]), von den städtischen Kernsiedlungen nicht in alle Gemeinden nach dem gleichen Muster aus, also mit gleicher Intensität und gleicher Qualität in allen Grundfunktionen. Man kann daher nur bedingt vom Urbanisierungsgrad einer Gemeinde sprechen; statt dessen entwickeln sich im Urbanisierungsfeld Typen

---

[3]) Vgl. REINHARD PAESLER: Urbanisierung als sozialgeographischer Prozeß — dargestellt am Beispiel südbayerischer Regionen. Kallmünz, 1976 (Münchner Studien zur Sozial- und Wirtschaftsgeographie, Band 12), S. 24 ff.

[4]) Zuletzt nachgewiesen in JÖRG MAIER: Zur Geographie verkehrsräumlicher Aktivitäten. Kallmünz, 1976 (Münchner Studien zur Sozial- und Wirtschaftsgeographie, Band 17).

[5]) R. PAESLER, a. a. O., S. 21 ff.

[6]) Vgl. hierzu R. PAESLER, a. a. O., S. 14 ff.

[7]) Vgl. R. PAESLER, a. a. O., S. 18 f.

von Gemeinden mit unterschiedlich starker Urbanisierung bei der Ausübung der verschiedenen Grunddaseinsfunktionen.

Karte 1* zeigt für einen Gebietsausschnitt der südbayerischen Planungsregionen München, Augsburg, Ingolstadt und Oberland[8]) eine Gemeindetypisierung nach dem Stand des Urbanisierungsprozesses 1970/71 [8a]). Bei der Erstellung dieser Typisierung wurde folgendermaßen vorgegangen: Zunächst wurden die Verhaltensweisen der Bevölkerung auf Gemeindebasis daraufhin untersucht, wie stark sie in den verschiedenen Grunddaseinsfunktionen urbanisiert sind. Die den Urbanisierungsprozeß anzeigenden typischen Verhaltensweisen im Bereich der einzelnen Grundfunktionen[9]) wurden zum Teil mithilfe von statistisch erfaßbaren Indikatoren gemessen (z. B. das Wohnverhalten u. a. mithilfe des Indikators „durchschnittliche Haushaltsgröße", das Bildungsverhalten mithilfe des Merkmals „Anteil der Bevölkerung mit höherem und Hochschulabschluß" oder das Arbeitsverhalten durch die alters- und geschlechtstypischen Erwerbsquoten), zum anderen Teil wurden sie in ausgewählten Räumen durch Befragungen in Beispielgemeinden ermittelt (z. B. das Freizeitverhalten u. a. durch Befragungen über die Teilnahmehäufigkeit am Naherholungs- und Urlaubsreiseverkehr oder das Versorgungsverhalten durch entsprechende Befragungen über Einkaufsgewohnheiten).

Alle Verhaltensweisen wurden dann zum Zwecke der Vergleichbarkeit in Wertziffern umgerechnet (meist %-Werte) und jeweils der Durchschnitt des Untersuchungsgebiets bestimmt. Dieser Durchschnitt, der also ein mittleres Urbanisierungsniveau für den Untersuchungsraum anzeigt, erhielt den Wert 0, über- bzw. unterdurchschnittliche Werte wurden jeweils in 3 positive und 3 negative Wertstufen eingeteilt. Der Wert + 3 repräsentiert also höchst urbanisierte Verhaltensweisen, die in unserem Untersuchungsbereich dem Verhalten der Münchner Bevölkerung stark ähneln; — 3 sind Verhaltensweisen, die bisher noch wenig vom großstädtischen Einfluß berührt worden sind[10]).

Die Wertziffern für Verhaltensweisen wurden für 8 Urbanisierungsprozeß-Komponenten, die weitgehend mit den Grunddaseinsfunktionen identisch sind, und, soweit Daten verfügbar waren, für 4 Untersuchungszeitpunkte (1939, 1950, 1961, 1970/71) berechnet, um den differenzierten Prozeßablauf pro Grundfunktion und Gemeinde ermitteln zu können. Die Wertziffern wurden dabei in jedem Jahr auf den jeweiligen Gebietsdurchschnitt bezogen; zunehmende Wertziffern im Verlauf des Untersuchungszeitraumes bedeuten also sehr stark zunehmende Urbanisierung der betreffenden Verhaltensweise, da der Gebietsdurchschnitt selbst auch von Stichjahr zu Stichjahr stieg. Für das Freizeit-, Versorgungs- und Bildungsverhalten existieren kaum frühere Daten; die Wertziffern konnten hier nur für 1970-73 ermittelt werden. Die synthetische Typisierungskarte zeigt, wie viele Prozeßkomponenten, also Grundfunktionen, überdurchschnittlich, durchschnittlich oder unterdurchschnittlich urbanisierte Verhaltensweisen zeigen, wobei die schwarzen Kreissektoren diejenigen Komponenten bezeichnen, die in der betreffenden Gemeinde den Ablauf des Urbanisierungsprozesses besonders nachhaltig beeinflussen (durch Intensität und Dauer)[11]).

[8]) Nach dem Abgrenzungsvorschlag in KARL RUPPERT u. a.: Planungsregionen Bayerns — Gliederungsvorschlag. München (Wirtschaftsgeographisches Institut der Universität), 1969.

[8a]) Die Karte stellt einen bearbeiteten und in schwarz-weiß umgesetzten Ausschnitt dar aus Karte 9 in: R. PAESLER, a. a. O.

[9]) Vgl. hierzu R. PAESLER, a. a. O., S. 39 ff.

[10]) Zur Untersuchungsmethode siehe R. PAESLER, a. a. O., S. 30 ff.

[11]) Zur Typisierung siehe R. PAESLER, a. a. O., S. 185 ff.

* Karte 1 befindet sich in der Kartentasche.

III. Beispiele aus Südbayern für Urbanisierungstypen

1. Überblick

Eine kurze regionale Interpretation der Gemeindetypisierung zeigt im Untersuchungsgebiet Südbayern ein Grundmuster von 3 Raumkategorien unterschiedlichen Urbanisierungstyps:

1. monozentrische Stadtregionen (München, Augsburg, Ingolstadt) mit nach Größe und Stärke differenziert entwickelten urbanen Intensitätsfeldern und einem von den Innovationszentren radial abfallenden Urbanisierungsstand mit Vorherrschen derjenigen Prozeßkomponenten, die sich aus Verhaltensweisen im Bereich der Grundfunktionen „arbeiten" und „in Gemeinschaften leben" ergeben;

2. das sehr stark durch Freizeit- und Erholungsfunktionen gekennzeichnete Gebiet in den Alpen und im Alpenvorland mit flächenhafter Verbreitung von Gemeinden mit durchschnittlichem und überdurchschnittlichem Urbanisierungsstand und Vorherrschen der arbeits- und freizeitfunktionalen Prozeßkomponenten;

3. das rurale Gebiet außerhalb dieser beiden Kategorien mit flächenhaft verbreiteten Gemeinden stark unterdurchschnittlicher Urbanisierung, aus denen sich mittel- und unterzentrale Orte als urbane Kerne herausheben mit meist gebietsdurchschnittlicher Urbanisierung und prozeßprägenden Komponenten vor allem aus den Bereichen der Grundfunktionen „arbeiten", „sich versorgen", „sich bilden" und „Freizeitverhalten".

Im folgenden sollen anhand dieses Raumes einige in der Literatur häufig angesprochene Gebietstypen unter dem Aspekt des Urbanisierungsprozesses näher untersucht werden.

2. „Suburbane Zone"

Der Begriff der Suburbanisierung wird seit einiger Zeit auch in Deutschland verwendet, um raumrelevante Entwicklungsprozesse im Stadtumland zu analysieren[12]. Definiert wird Suburbanisierung zuletzt von FRIEDRICHS und v. ROHR („intraregionaler Dekonzentrationsprozeß")[13] und von FRIEDRICHS („Verlagerung von Nutzungen und Bevölkerung ... in das städtische Umland ...")[14], jedoch ergeben sich bei der Übertragung dieser der us.-amerikanischen Terminologie („suburbanization") entnommenen Begriffs auf mitteleuropäische Verhältnisse Schwierigkeiten, auf die z. B. BOUSTEDT hinweist[14a]. Sie sind bedingt durch die Verschiedenheit der Entwicklungsvorgänge am Rand amerikanischer und mitteleuropäischer Agglomerationen, ihre unterschiedliche Besiedlungsstruktur und die dadurch hervorgerufenen Unterschiede bei Ausdehnungs- und Erweiterungsprozessen von Agglomerationen. In den USA finden wir weitgehend unbesiedelte Freiräume am Rand der großstädtischen Ballungen, in die die Siedlungsgebiete sehr

---

[12] Eingeführt durch K. F. WELLMANN: Suburbanismus — Lebensform und Krankheit der amerikanischen Mittelklasse. Deutsche Medizinische Wochenschrift, 84 (1959), S. 2031—2037; siehe zum Thema „Suburbanisierung" den Sammelband Beiträge zum Problem der Suburbanisierung, Forschungs- und Sitzungsberichte der Akademie für Raumforschung und Landesplanung, Band 102 (1975).

[13] J. FRIEDRICHS und H.-G. v. ROHR: Ein Konzept der Suburbanisierung, Beiträge zum Problem ..., a. a. O., S. 30.

[14] J. FRIEDRICHS: Soziologische Analyse der Bevölkerungs-Suburbanisierung. Beiträge zum Problem ..., a. a. O., S. 40.

[14a] OLAF BOUSTEDT: Gedanken und Beobachtungen zum Phänomen der Suburbanisierung. Beiträge zum Problem ..., a. a. O., S. 7.

flächenextensiv hineinwuchern („urban sprawl") [15]. In Mitteleuropa dagegen liegt eine dichte Folge ehemals dörflicher Siedlungen und kleinerer bis mittelgroßer urbaner Kerne im Großstadt-Umland. Die Agglomerationserweiterung bzw. -verdichtung geht hier meist in Form der Vergrößerung, der Umwandlung und Umstrukturierung dieser schon bestehenden Siedlungen durch Anlagerung von Wohn- und Arbeitsstätten vor sich und modifiziert eher schon existente Siedlungs-, Wirtschafts- und Bevölkerungsstrukturen als neue zu schaffen.

Es ist einsichtig, daß sich unter diesen Umständen räumliche Strukturen und Entwicklungsprozesse am Stadtrand in beiden Großräumen stark unterschiedlich darstellen müssen, angefangen von der Morphologie der Siedlungen bis hin zum raumrelevanten Verhalten der Bewohner, die ja in Mitteleuropa — sehen wir einmal von den wenigen Ausnahmefällen echter Neusiedlungen ab — in ihrer statistischen Gesamtheit eine Mischung aus autochthoner und allochthoner Bevölkerung unterschiedlich langer Anwesenheit am Ort und ungleich stärkerer sozialer Differenzierung als in den USA darstellt. Dementsprechend tauchen Verhaltensweisen und soziale Probleme, die die us.-amerikanischen „suburbs" kennzeichnen, bei uns höchstens in Extremfällen auf, und SCHÄFERS weist ganz richtig darauf hin, daß es bei uns „nur in sehr bedingtem Maße sinnvoll" sei, vom „Suburbaniten" als „eigenem Verhaltenstyp" zu sprechen [16].

Aus diesen Gründen wird vorgeschlagen, den Gebrauch des Begriffs „Suburbanisierung" auf die Kennzeichnung der amerikanischen Situation und eventuelle Parallelen in anderen Ländern zu beschränken, ihn aber nicht generell auf alle Formen von Stadt-Rand-Wanderung und -Standortverlagerung und Verhaltensweisen im engeren Stadtumland auszudehnen. Nach unseren Untersuchungen gibt es keine typischen „suburbanen" Verhaltensweisen, sondern die sogenannte „suburbane Zone" am Großstadtrand läßt sich als Zone mit am weitesten fortgeschrittenem Urbanisierungsprozeß und somit am stärksten urban geprägten Verhaltensweisen der Bevölkerung zwanglos als Teil des Stadt-Land-Kontinuums erklären. Ein Ausdruck wie „urbanisierte Stadtrandgemeinde" wäre insofern treffender als „suburbaner Raum".

Die Karte zeigt die Charakteristika dieses stadtnahen Übergangsraumes deutlich. Entsprechend der jeweils unterschiedlichen Urbanitätsstufe und der verschieden starken Ausstrahlungskraft der drei großen Innovationszentren für Urbanisierungsprozesse — München, Augsburg und Ingolstadt — ergeben sich nach Größe und Stärke differenziert entwickelte urbane Intensitätsfelder. Im Fall München liegt um die Kernstadt (höchst urbanisierter Typ I) ein Kranz von stark urbanisierten Randgemeinden (meist Typen II und III), die nach außen von einem breiteren Gürtel durchschnittlich urbanisierter Gemeinden — zum Teil mit leicht über- oder unterdurchschnittlicher Tendenz — abgelöst werden (Typen III, IV oder V). Ihnen folgen mit größerer Distanz vom Zentrum und als Übergang zu den angrenzenden ruralen Räumen Gemeinden mit eindeutig unterdurchschnittlicher Urbanisierung (Typ VI). Die genannten Gürtel sind natürlich nur modellhaft als Kreise zu sehen. In der räumlichen Wirklichkeit werden die Faktoren, vor allem sozioökonomischer Art, wirksam, die auch das Ringmodell der Innovation bei BORCHERDT [17] zu mannigfach abgewandelten Strukturen modifizieren.

---

[15]) Siehe hierzu die Darstellung bei O. BOUSTEDT, a. a. O.

[16]) B. SCHÄFERS: Über einige Zusammenhänge zwischen der Entwicklung suburbaner Räume, gesellschaftlichen Prozessen und Sozialverhalten. Beiträge zum Problem..., a. a. O., S. 92 f.

[17]) CHRISTOPH BORCHERDT: Die Innovation als agrargeographische Regelerscheinung. Saarbrücken, 1961 (Arbeit aus dem Geographischen Institut der Universität des Saarlandes, 6), S. 13—50.

Am Beispiel von Gemeinden des südlichen Umlands von München wird die Stellung der sogenannten „suburbanen Zone" im Stadt-Land-Kontinuum deutlich. In einer Sonderauswertung des statistischen Materials wurde nach der oben erläuterten Methode, jedoch bezogen nur auf die Region München, das Verhalten der Bevölkerung in den Grundfunktionen „in Gemeinschaften leben", „arbeiten" und „sich bilden" nach dem Urbanisierungsgrad bewertet. Es ergaben sich für 1970 folgende Werte, wie sie aus Karte 2 ersichtlich sind (siehe Karte 2).

Die Werte zeigen deutlich die Lage der Gemeinden im urbanen Intensitätsfeld Münchens, die gekennzeichnet ist durch mit zunehmender Entfernung abnehmenden Urbanisierungsgrad bei der Ausübung der einzelnen Grundfunktionen. Auch in einigen dieser Gemeinden durchgeführte Befragungen ergaben keinen Hinweis darauf, daß es sich bei den stark urbanisierten Stadtrandgemeinden um einen Typ sui generis mit spezifischen Verhaltensweisen handelt. Die Bezeichnung „suburbaner Raum" sollte also besser auf die Kennzeichnung nordamerikanischer Verhältnisse beschränkt bleiben, wo sich offenbar tatsächlich derartige Verhaltensmuster entwickelt haben[18]). Für unseren Bereich ist der Begriff weniger geeignet, da er fälschlicherweise das Vorliegen ähnlicher Verhältnisse andeuten kann, in Wirklichkeit aber nur stark urbanisierte Gemeinden im engeren Stadtumland gemeint sind.

3. „Ländlicher Raum"

Der Begriff „ländlicher Raum" ist in der Wissenschaft und Umgangssprache weit verbreitet, wird aber bis heute stark unterschiedlich angewandt. Auch in der Geographie wurde der Begriff bislang wenig präzisiert und kaum den heutigen Raumgegebenheiten angepaßt. Meist wird er noch im Sinne des überwundenen Stadt-Land-Gegensatzes gebraucht und gleichgesetzt mit „landwirtschaftlich strukturiertes Gebiet"; so definiert etwa SCHWARZ ländliche Siedlungen als solche, in denen die Bewohner Pflanzen und Tiere zur Eigenversorgung oder für den Markt nutzen[19]). Eine solche rein auf der landwirtschaftlichen Erwerbsstruktur der Bevölkerung aufgebaute Definition ist heute in Mitteleuropa nicht mehr brauchbar — es sei denn, man verneint die Existenz eines größeren ländlichen Raumes überhaupt —, da die Agrarerwerbsquote soweit zurückgegangen ist, daß sie vielfach kaum noch zur Gemeindedifferenzierung ausreicht und, aufgrund von Gewerbeansiedlungen und des Pendlerphänomens, Siedlungsstruktur und Erwerbsstruktur nicht mehr korrelieren. In von der Physiognomie her landwirtschaftlichen Siedlungen leben heute im allgemeinen landwirtschaftliche und nicht-landwirtschaftliche Berufsgruppen nebeneinander. So sah sich bereits SCHWARZ gezwungen, zwischen städtischen und ländlichen Siedlungen eine dritte Kategorie, die „zwischen Stadt und Land stehenden Siedlungen" einzuführen[20]).

Auch die Abgrenzung der Kommission für die Terminologie der Agrarlandschaft ist wenig hilfreich. Sie definiert „ländlichen Raum" als „Kulturland außerhalb der größeren Städte und städtischen Ballungsgebiete"[21]). Eine solche Definition hat zweifellos den Vorteil der raschen und unkomplizierten Anwendbarkeit und wird daher auch in der Planung benutzt. Der ländliche Raum wird hierbei jedoch nur in sehr stark vereinfachter

---

[18]) B. SCHÄFERS, a. a. O., S. 81—94.
[19]) GABRIELE SCHWARZ: Allgemeine Siedlungsgeographie. Berlin, ³1966, S. 47.
[20]) Ebenda, S. 225 ff.
[21]) Die Siedlungen des ländlichen Raumes, Hg. Harald Uhlig. Gießen, 1972, S. 19.

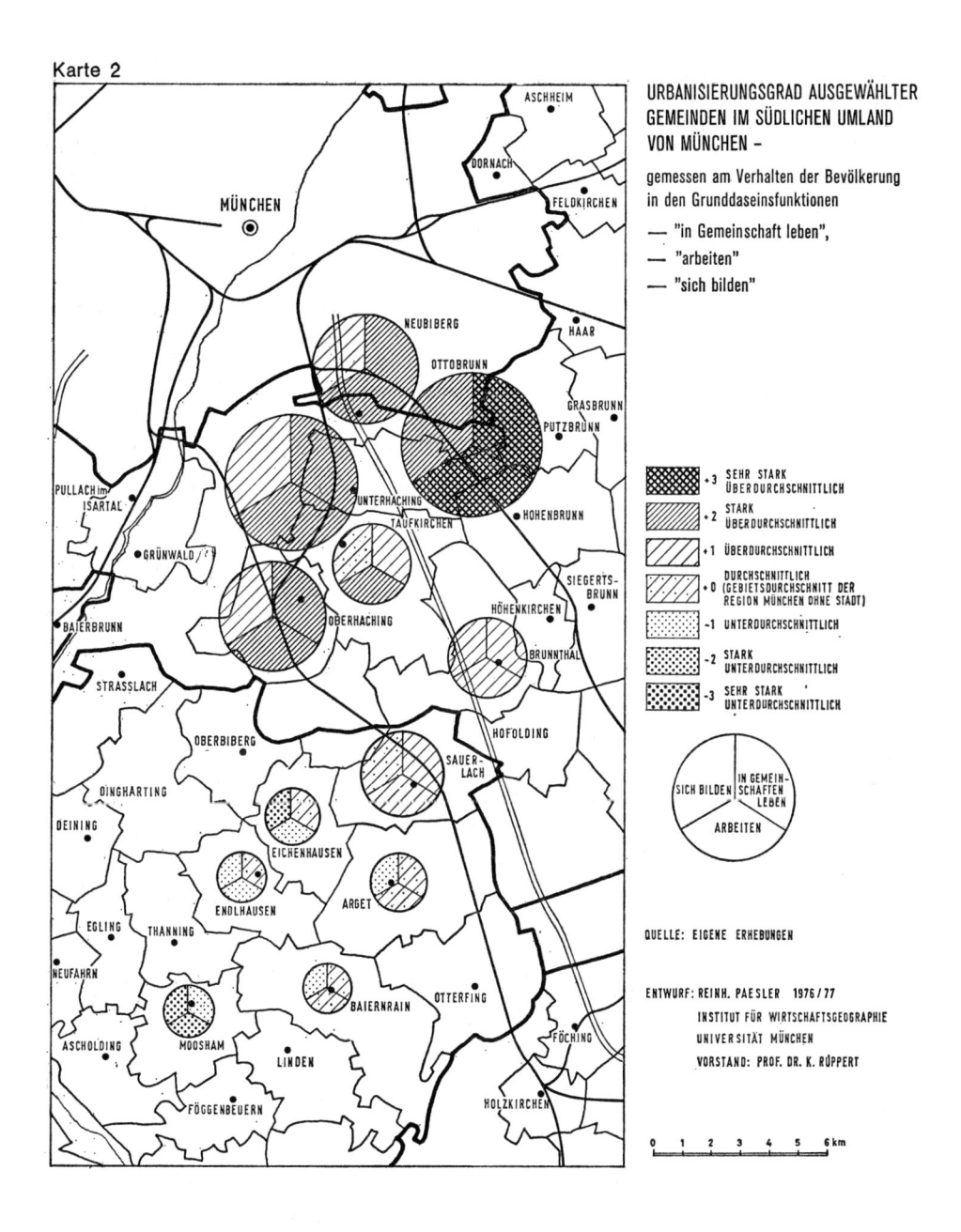

Karte 2

URBANISIERUNGSGRAD AUSGEWÄHLTER GEMEINDEN IM SÜDLICHEN UMLAND VON MÜNCHEN –

gemessen am Verhalten der Bevölkerung in den Grunddaseinsfunktionen

— "in Gemeinschaft leben",
— "arbeiten"
— "sich bilden"

+3 SEHR STARK ÜBERDURCHSCHNITTLICH
+2 STARK ÜBERDURCHSCHNITTLICH
+1 ÜBERDURCHSCHNITTLICH
 0 DURCHSCHNITTLICH (GEBIETSDURCHSCHNITT DER REGION MÜNCHEN OHNE STADT)
−1 UNTERDURCHSCHNITTLICH
−2 STARK UNTERDURCHSCHNITTLICH
−3 SEHR STARK UNTERDURCHSCHNITTLICH

QUELLE: EIGENE ERHEBUNGEN

ENTWURF: REINH. PAESLER 1976/77
INSTITUT FÜR WIRTSCHAFTSGEOGRAPHIE
UNIVERSITÄT MÜNCHEN
VORSTAND: PROF. DR. K. RUPPERT

Sichtweise als Gegensatz zur Stadt betrachtet, ohne die Möglichkeit feinerer Differenzierung innerhalb dieses Raumes. So heißt es im Bundesraumordnungprogramm: Die ländlichen Gebiete... „erstrecken sich auf Gebiete außerhalb der Verdichtungsräume und ihrer Randbereiche sowie auf Gebiete außerhalb sonstiger verdichteter Räume"[22]). Der Entwurf des Bayerischen Landesentwicklungsprogramms bezeichnet noch knapper „die Gebiete außerhalb der Verdichtungsräume" als „ländliche Räume"[23]). Wir haben also hier die alte Stadt-Land-Zweiteilung in besonders vergröberter Form. Alle Gebiete Bayerns außerhalb der Verdichtungsräume Aschaffenburg, Würzburg, Schweinfurt, Bamberg, Nünberg/Fürth/Erlangen, Regensburg, Ingolstadt, Ulm/Neu-Ulm, Augsburg und München sind ländlicher Raum. Hinter dieser Sammelbezeichnung verbergen sich somit so heterogene Räume wie z. B. landwirtschaftliche Streusiedlungen in Niederbayern, das Fremdenverkehrsgebiet des Werdenfelser Landes, Gemeinden am Rand der Verdichtungsräume, die von der Stadt-Land-Wanderung profitieren, und sogar Mittelzentren und mögliche Oberzentren wie Rosenheim, Kempten, Landshut, Passau oder Bayreuth. Auf diese die räumliche Ungleichheit und Raumprobleme verschleiernde Zusammenfassung heterogener Gebiete unter eine Rubrik ist es z. B. zurückzuführen, daß der „ländliche Raum" in Bayern bis 1973, dem Beginn der damaligen wirtschaftlichen Rezession, einen positiven Wanderungssaldo hatte.

Was bieten sich nun für Möglichkeiten an, den „ländlichen Raum" wirklichkeitsnäher abzugrenzen und vor allem auch in sich zu differenzieren? Auch hier kann das Konzept der Urbanisierung weiterhelfen, denn in der Sozialgeographie als der Wissenschaft, die sich mit der Gestaltung der Kulturlandschaft durch raumrelevante Verhaltensweisen menschlicher Gruppen und Gesellschaften befaßt, bieten sich als wichtigste Kriterien für eine derartige räumliche Differenzierung die Verhaltensweisen der Bevölkerung im Bereich der Grundfunktionen menschlichen Daseins an. In diesem Sinne könnte der in der räumlichen Wirklichkeit in dieser Zweiteilung nicht mehr bestehende Gegensatz Stadt — ländlicher Raum ersetzt werden durch eine stärkere Differenzierung aufgrund des Urbanisierungstyps der Gemeinden. „Ländlicher Raum" — wenn der Begriff weiter benutzt werden soll — wäre dann „ruraler Raum", gleichzusetzen mit verschiedenen Typen gering urbanisierten Raumes, gemessen an den Verhaltensweisen der Bevölkerung.

Die Karte 1 zeigt deutlich, wie stark ausgeprägt die Differenzierungen innerhalb dieses Raumes sind, hervorgerufen durch unterschiedlich starke Urbanisierung im Bereich der einzelnen Grundfunktionen. Zu beachten ist vor allem, daß unter den Gemeinden unterdurchschnittlicher Urbanisierung zwar die landwirtschaftlich strukturierten Kleingemeinden noch vorherrschen, jedoch Gemeinden dieser Typen selbst noch in der Größenklasse bis 4 000 Einwohner zu finden sind (Arbeiter-Bauern- und Auspendler-Gemeinden am Rand der Stadtregionen). Es besteht also keineswegs ein unmittelbarer oder gar proportionaler Zusammenhang zwischen sehr schwacher Urbanisierung und hohem Anteil der Landwirtschaft als Erwerbsgrundlage. Im Gegenteil ist bei vielen dieser Gemeinden die landwirtschaftliche Prozeßkomponente diejenige mit der stärksten positiven Entwicklung im Untersuchungszeitraum. Eine solchermaßen „urbanisierte Landwirtschaft" geht oft Hand in Hand mit sehr gering urbanisierten Verhaltensweisen, etwa im Bereich der Grundfunktionen „in Gemeinschaften leben" und „wohnen" oder „Freizeitverhalten". Detailuntersuchungen in einigen Gemeinden des Landkreises Aichach ergaben z. B., daß relativ stark urbanisiertes Verhalten bei der Ausübung der Arbeitsfunktion (Innova-

---

[22]) Raumordnungsprogramm..., a. a. O.
[23]) Landesentwicklungsprogramm Bayern, a. a. O.

tionsbereitschaft, rationelle Betriebsführung, entemotionalisiertes Verhalten gegenüber der Landwirtschaft u. ä.) vielfach vergesellschaftet war mit gering urbanisierten Familien- und Haushaltsstrukturen, generativen Verhaltensweisen oder fast noch agrargesellschaftlichem Freizeitverhalten.

Mit Hilfe des Urbanisierungstyps der Gemeinden ist also eine Möglichkeit gegeben, den Begriff des „ländlichen Raumes" abzulösen und eine auf raumrelevante Verhaltensweisen der Bevölkerung basierende sozialgeographische Differenzierung der mehr auf der „ländlichen" Seite des Stadt-Land-Kontinuums stehenden Gemeinden durchzuführen. Sie hätte den Vorteil, alle Lebensbereiche einzubeziehen und nicht durch eine Abgrenzung anhand weniger Strukturdaten wie Bevölkerungsdichte, Einwohnergrößenklasse oder Erwerbsstruktur zu der oben dargestellten, ziemlich wertlosen Zusammenfassung heterogener Gebiete zu führen.

4. Zentrale Orte im sogenannten „ländlichen Raum"

Aus der ruralen Siedlungslandschaft, die die Karte für größere Gebiete Südbayerns zeigt, heben sich als Gemeinden mit meist durchschnittlicher, zum Teil auch leicht überdurchschnittlicher Urbanisierung vor allem Kreisstädte und sonstige Mittel- und Unterzentren als urbane Kerne heraus. Für diese Städte und Marktgemeinden ist Multifunktionalität typisch (Wohn-, Verwaltungs-, Gewerbe-, Versorgungs-, oft auch Freizeitfunktion), und entsprechend groß ist auch das Spektrum der den Urbanisierungsprozeß besonders stark beeinflussenden Komponenten. Lediglich die Ausübung der Grundfunktionen „wohnen" und „in Gemeinschaften leben" zeigt selten stärker urbanisierte Verhaltensweisen.

Bei einigen dieser urbanen Kerne im ruralen Gebiet sind erste Ansätze für die Ausbildung geschlossener urbaner Intensitätsfelder zu erkennen; d. h. hier ist ein Einfluß dieser Urbanisierungszentren auf Umlandgemeinden deutlich. Als Beispiel für diesen Gemeindetyp sei Landsberg am Lech näher beleuchtet.

Die Stadt Landsberg liegt am westlichen Rand der Planungsregion München, in einer Überlagerungszone der sozioökonomischen Einzugsbereiche von München und Augsburg. Landsberg wird also von den von beiden Oberzentren ausgehenden Einflüssen berührt und ist, insgesamt gesehen, leicht überdurchschnittlich urbanisiert, ebenso die beiden Randgemeinden Kaufering und Penzing. Neuere Untersuchungen, vor allem Befragungen über verschiedene raumrelevante Verhaltensweisen bei unterschiedlichen sozialgeographischen Gruppen, wurden in der Stadt und einigen Umlandgemeinden im Januar 1977 im Rahmen eines studentischen Geländepraktikums durchgeführt. Die ersten Ergebnisse zeigen auch hier wieder deutlich, daß sich die Verhaltensweisen der Bevölkerung nicht in allen Grundfunktionen in gleicher Intensität und Geschwindigkeit urban beeinflussen lassen und daß die Annahme urbaner Verhaltensweisen durch unterschiedliche Gruppen stark differiert.

Besonders die Verhaltensweisen in den Grundfunktionen „sich versorgen", „sich bilden", „in Gemeinschaften leben" und „Freizeitverhalten" wurden untersucht. Am stärksten urban beeinflußt sind sowohl in der Stadt als in den Randgemeinden die Verhaltensweisen bei der Ausübung des Versorgungs- und Bildungsverhaltens, dann folgt das Freizeitverhalten und mit Abstand das Gemeinschaftsverhalten. Relativ gering urbanisiert ist die alteingesessene und am Ort arbeitende Bevölkerung (in allen drei Wirtschaftssektoren); bedeutend stärker urbanisiert ist das Verhalten der von außen, besonders aus Ballungsgebieten, zugewanderten Bevölkerung sowie derjenigen Landsberger, die als Auspendler in den Stadtregionen München oder Augsburg arbeiten.

Deutlich sichtbar wird auch die Weitergabe der urbanisierten Verhaltensweisen in den Randgemeinden, am stärksten dorthin, wo sich Landsberger „Stadtrandwanderer" in größerer Zahl niederließen bzw. wo die stärksten Pendelbeziehungen zu Landsberg bestehen. Soweit eine erste Auswertung diese Folgerung zuläßt, ist Landsberg — und dies dürfte für derartige Zentrale Orte im ruralen Gebiet allgemein gelten — deutlich als Durchgangs- und Übermittlungsstation für die Weitergabe urbaner Verhaltensweisen zu erkennen.

Das Beispiel Landsberg zeigt aber auch die Notwendigkeit von kleinräumigen Untersuchungen, etwa auf Stadtteilbasis. Es läßt deutlich werden, daß die „Verhaltensweisen der Bewohner einer Stadt" selbstverständlich nur als Durchschnittswert der Verhaltensweisen der unterschiedlichen sozialgeographischen Gruppen von Einwohnern zu sehen sind. Da eine starke Heterogenität der Bevölkerung (etwa nach Herkunft, sozialem und beruflichem Status, Ausbildung usw.) typisch ist für stark urbanisierte Gemeinden, dürfte gerade für diese die Forderung nach Untersuchungen des Urbanisierungsprozesses auf kleinräumiger Basis, jedenfalls unterhalb der Gemeindeebene, besonders dringend sein.

IV. Die Bedeutung einer sozialgeographischen Gemeindetypisierung nach Verhaltenstypen

Eine Gemeindetypisierung nach Verhaltensweisen der Bevölkerung bei der Ausübung der Grunddaseinsfunktionen, wie sie oben anhand der Methode und einiger Ergebnisse vorgestellt wurde, scheint für sozialgeographisches Arbeiten brauchbarer und angemessener zu sein als eine Typisierung nach wirtschaftlichen oder demographischen Strukturdaten. Die Bedeutung solcher Typisierungen für sektorales Arbeiten wird damit nicht verkannt — etwa nach dem Industriebesatz und der Erwerbsstruktur für Zwecke der Wirtschaftsförderung —, dem sozialgeographischen Raumverständnis entspricht aber eher eine auf den Verhaltensweisen der Bevölkerung basierende Gemeindetypisierung. Wenn der sozialgeographische Raum als Kapazitäten-Reichweiten-System definiert wird, der durch die Entfaltung der Grundfunktionen gesellschaftlicher Existenz entsteht und seine Dimensionen durch die Verhaltensweisen, Reichweiten und Funktionsfelder der sozialgeographischen Gruppen erhält[24]), dann sollte eine innere Differenzierung dieses Raumes, hier im Sinne einer Gemeindetypisierung, folgerichtig auch von diesen Verhaltensweisen ausgehen.

---

[24]) JÖRG MAIER, REINHARD PAESLER, KARL RUPPERT und FRANZ SCHAFFER: Sozialgeographie. Braunschweig, 1976.

Funktionale Zusammenhänge von Infrastrukturen und Bevölkerung – Beispiel eines randalpinen Landkreises

von

Peter Gräf, München

Der Wandel unserer Gesellschaftsform von der flächenbezogenen Agrargesellschaft zur standortorientierten postindustriellen Gesellschaft[1]) setzt sich fort mit einer Entwicklungsphase, in der Dienstleistungen ganz allgemein, vor allem aber auch materielle Vorleistungen, Einrichtungen und Dienste der öffentlichen Hand, stark an Bedeutung gewinnen. Leistungen also, die aufgrund ihres Investitionsvolumens, ihrer ökonomischen Merkmale oder ihres politisch-hoheitlichen Charakters vom Individuum oder Privatunternehmer nicht oder nur unter solchen Bedingungen erbracht werden können, die volkswirtschaftlich unerwünschte Selektionseffekte nach sich ziehen würden.

Ein weiteres Kennzeichen dieser Entwicklungsphase ist der Bedeutungszuwachs der Planung im Sinne eines steuernden Eingreifens in die räumlichen Entwicklungsprozesse von Wirtschaft und Gesellschaft.

Die dargelegten Entwicklungsmerkmale beinhalten als wesentlichen Teil ihrer Problematik den Komplex „Infrastruktur"[2]); einmal nur die materiellen, im Sinne der Sozialgeographie verorteten Einrichtungen an sich[3]) als standortprägendes Element, zum anderen nach den Vorstellungen der überwiegenden Zahl von Landesplanungen[4]) das nachhaltigste Instrument zur raumbezogenen Ordnung und Lenkung von Entwicklungsprozessen.

Der in der heutigen wissenschaftlichen und politischen Diskussion mit sehr unterschiedlichem Inhalt gebrauchte Begriff der Infrastruktur, der überwiegend auf den ökonomi-

---

[1]) Vgl. K. Ruppert: Landentwicklung in der Krise — Bevölkerungsgeographische Aspekte als Planungsgrundlagen. In: Innere Kolonisation Heft 1, 1976, S. 3—5.

[2]) Vgl. P. Gräf: Zur Raumrelevanz infrastruktureller Maßnahmen — Kleinräumliche Struktur- und Prozeßanalyse im Landkreis Miesbach, ein Beitrag zur sozialgeographischen Infrastrukturforschung. Diss. München 1977, MSSW, Band 18, Kallmünz/Regensburg 1978.

[3]) Vgl. K. Ruppert, F. Schaffer: Zur Konzeption der Sozialgeographie. In: Geographische Rundschau, Heft 6, 1969, S. 205—214. Vgl. J. Maier, R. Paesler, K. Ruppert, F. Schaffer: Sozialgeographie, Braunschweig 1977.

[4]) Vgl. u. a. Landesentwicklungsprogramm Bayern, Hrsg. Bayerisches Staatsministerium für Landesentwicklung und Umweltfragen, München 1976.

[5]) Vgl. R. Jochimsen: Theorie der Infrastruktur, Grundlagen der marktwirtschaftlichen Entwicklung, Tübingen 1966.

schen Ansatz von JOCHIMSEN zurückgeht [5]), bedarf für die funktional orientierte Arbeitsweise der Sozialgeographie einer Präzisierung, die in Ansätzen von MÜLLER und vor allem von BOESLER begonnen [6]) und hier fortentwickelt wird. Infrastruktur im engeren Sinne wird als die „Ausstattung eines Raumes mit materiellen Einrichtungen verstanden, die die Grundlage der Ausübung menschlicher Grundfunktionen bilden und das Niveau möglicher Aktivitäten bestimmen. Ihre Errichtung orientiert sich an raumbezogenen Versorgungs-, Ordnungs- und Entwicklungszielen". Sie ist gekennzeichnet durch öffentliche Zugänglichkeit, starke Einschränkung des erwerbswirtschaftlichen Prinzips und geringen Reaktionselastizitäten [7]).

Aus der Vielfalt der infrastrukturellen Probleme wird dieser Beitrag sich mit den speziellen Aspekten des Zusammenhangs von Bevölkerung und Infrastruktur außerhalb der Verdichtungsgebiete beschäftigen. Regionales Beispiel für die empirischen Untersuchungen zu dieser Problematik ist der Landkreis Miesbach in Oberbayern, sicherlich wesentlich bekannter durch seine bevorzugten Freizeitlandschaften Tegernseer Tal und Schlierseer Raum. Rund 60 km südöstlich von München gelegen, 860 km² in seiner Ausdehnung, wohnen heute in diesem Raum rund 80 000 Menschen. Sie verteilen sich (1975) auf 29 politisch-administrative Gemeinden, die überwiegend eine Größenordnung von 2-3 000 Einwohnern aufweisen, jedoch eine sehr unterschiedliche Siedlungskonzentration besitzen. Lediglich die Mittelzentren, die Gemeinden Miesbach — Hausham sowie Bad Wiessee — Rottach Egern — Tegernsee — Gmund — haben pro Gemeinde über 5-8 000 Einwohner [8]). Im Süden grenzt der Landkreis an Österreich, hat hier Anteil an den Kalkalpen mit ihren nach Norden anschließenden Flyschausläufern, die durch ihre Reliefenergie in Verbindung mit Tegernsee und Schliersee das landschaftliche Potential für die funktionale Spezialisierung der Gemeinden im Fremdenverkehr innerhalb der südlichen Landkreishälfte darstellen. Die nördliche Kreishälfte greift in das voralpine Hügelland hinaus, dessen Gemeinden, neben einigen Ansätzen im sekundären Sektor, vor allem agrarisch geprägt sind. Hochspezialisierte Grünlandwirtschaft in Verbindung mit intensiver Almwirtschaft kennzeichnen unter den Betriebszielen Viehzucht und Milchwirtschaft die landwirtschaftlichen Betriebe. In ihrer arbeitsfunktionalen Verflechtung sind die Gemeinden auf einige Binnen-Einpendelzentren ausgerichtet, daneben, nach Norden zunehmend, auf die Städte München und Rosenheim. Unterstützt wird diese Verflechtung durch eine, je nach Lange der Gemeinden, relativ günstige Verkehrsanbindung durch Bundesstraßen, Autobahn und Schienenverkehr (z. T. Schnellbahnanschluß). Zum Abschluß der Gebietscharakterisierung noch einige Daten, die in einem engen Verhältnis zum Thema Bevölkerung und Infrastruktur stehen. Die Erwerbsstruktur 1970 für den Landkreis Miesbach wies einen Anteil von 13 % im primären Sektor, 37 % im sekundären und 50 % im tertiären Sektor auf, wobei gerade die Dienstleistungen in einigen Gemeinden Anteile von 80 % (Bad Wiessee) erreichen können. Die Bedeutung des Fremdenverkehrs im Fremdenverkehrsjahr 1975/76 wird durch folgende Daten unterstrichen (15 von 29

---

[6]) Vgl. G. MÜLLER: Erarbeitung von praktisch anwendbaren Grundlagen und Methoden für die Koordinierung des Einsatzes raumwirksamer Bundesmittel, München 1970, S. 120. Vgl. K. A. BOESLER: Gedanken zum Konzept der politischen Geographie. In: Die Erde, Heft 1, 1974, S. 7—31. Vgl. K. A. BOESLER: Kulturlandschaftswandel durch raumwirksame Staatstätigkeit. In: Abhandlungen des 1. Geographischen Instituts der Freien Universität Berlin, Band 12, Berlin 1969.

[7]) Vgl. P. GRÄF. a. a. O. S. 6 ff.

[8]) Vgl. Landkreis Miesbach, in: Die kreisfreien Städte und Landkreise Bayerns in der amtlichen Statistik, Band 15, 1974, Hrsg. Bayerisches Statistisches Landesamt, München. Vgl. Zentrale Orte und Nahbereiche in Bayern, Hrsg. Bayerisches Staatsministerium für Landesentwicklung und Umweltfragen, München 1972.

Gemeinden sind Berichtsgemeinden der Fremdenverkehrsstatistik): Zahl der Gäste: 424 627, Zahl der Übernachtungen: 3 318 995, durchschnittliche Aufenthaltsdauer 7,8 Tage.

Die nunmehr zu diskutierenden Zusammenhänge von Bevölkerung und Infrastruktur besitzen strukturelle und prozessuale Elemente. Bei einer Trennung der Aspekte nach Angebots- und Nachfrageseite sind hier zunächst die Zusammenhänge von angebotenem Infrastrukturspektrum und Bevölkerungszahl in ihrer Entwicklung zu analysieren. Darauf aufbauend ergibt sich die Möglichkeit einer räumlichen Differenzierung nach strukturellen Merkmalen wie Altersstruktur, Sozialstruktur, Erwerbsstruktur und dem jeweiligen Maß infrastruktureller Anpassung. Aspekte der Nachfrageseite treten stärker bei der Bedeutung der Infrastruktur in bezug zu räumlichen Bevölkerungsbewegungen hervor, wobei deutlicher als dies bislang in der Literatur geschieht auf sozial differenzierte Nachfragemuster nach infrastrukturellen Leistungen abgestellt werden muß.

Gründe für einen möglichen quantitativen Zusammenhang zwischen Bevölkerungsvolumen und Infrastrukturentwicklung sind als Hypothese gerade dort zu vermuten, wo die Auslastung vorhandener Kapazitäten im Vordergrund steht. Ferner würde diese These beinhalten, daß Infrastruktureinrichtungen in der Regel als eine *Folge* von Bevölkerungsveränderungen zu sehen sind.

Die Bevölkerungsentwicklung seit 1840 zeigt im Zeitablauf für die Gemeinden des Landkreises Miesbach eine ausgeprägte Differenzierung. Ausgangspunkte jeweils starker, wanderungsbedingter Bevölkerungszunahmen bilden funktionale Spezialisierungen der Gemeinden, wie z. B. der Beginn des Bergbaues in Hausham, Verwaltungs- und Schulausbau in Miesbach, Entwicklung des Kurbetriebs in Bad Wiessee oder Entwicklung des Fremdenverkehrs ganz allgemein. Eine besondere Zäsur stellt der sprunghafte Bevölkerungsanstieg durch Flüchtlingszuströme nach 1945 dar, der in den folgenden Jahren durch Etappenwanderungen wieder zum Teil abgebaut wurde. Gleichzeitig beginnt damit aber eine Phase sehr intensiver Mobilität, die begleitet wird durch eine rückläufige Bedeutung natürlicher Bevölkerungszunahmen, wobei nach 1970 zunehmend negative Salden der natürlichen Bevölkerungsbewegung zu verzeichnen sind. Die hohe Attraktivität der randalpinen Freizeitlandschaft hat, wie Arbeiten von RUPPERT und MAIER zeigen[9]), gerade die Gemeinden im Tegernseer Tal und Leitzachtal, neben ihrer Bedeutung im Naherholungs- und Fremdenverkehr, zu bevorzugten Standorten für Zweitwohnsitze und Altersruhesitze werden lassen. Die hierdurch aufgetretenen sozialen und altersstrukturellen Bevölkerungsänderungen haben zu einer starken Differenzierung des Urbanisierungsgrades der Gemeinden im Sinne von PAESLER beigetragen[10]).

Die im Urbanisierungsprozeß sich wandelnden Ansprüche an infrastrukturelle Leistungen lassen sich bei einer Zeitreihenanalyse infrastruktureller Investitionen nachverfolgen (vgl. Abb. 1). Einzelne Einrichtungen weisen einen artspezifischen Investitions-

---

[9]) Vgl. K. RUPPERT: Das Tegernseer Tal, Sozialgeographische Studien im oberbayerischen Fremdenverkehrsgebiet. Münchner Geographische Hefte, Heft 23, Kallmünz/Regensburg 1962. Vgl. K. RUPPERT, J. MAIER: Naherholungsraum und Naherholungsverkehr — Geographische Aspekte eines speziellen Freizeitverhaltens. In: Zur Geographie des Freizeitverhaltens, Hrsg. K. RUPPERT, J. MAIER: Münchner Studien zur Sozial- und Wirtschaftsgeographie, Band 6, Kallmünz/Regensburg, 1970, S. 55—78. Vgl. K. RUPPERT (Hrsg.): Geographische Aspekte der Freizeitwohnsitze, WGI-Berichte zur Regionalforschung, Band 11, München 1973.

[10]) Vgl. R. PAESLER: Urbanisierung als sozialgeographischer Prozeß — dargestellt am Beispiel südbayerischer Regionen, MSSW, Band 12, Kallmünz/Regensburg 1976.

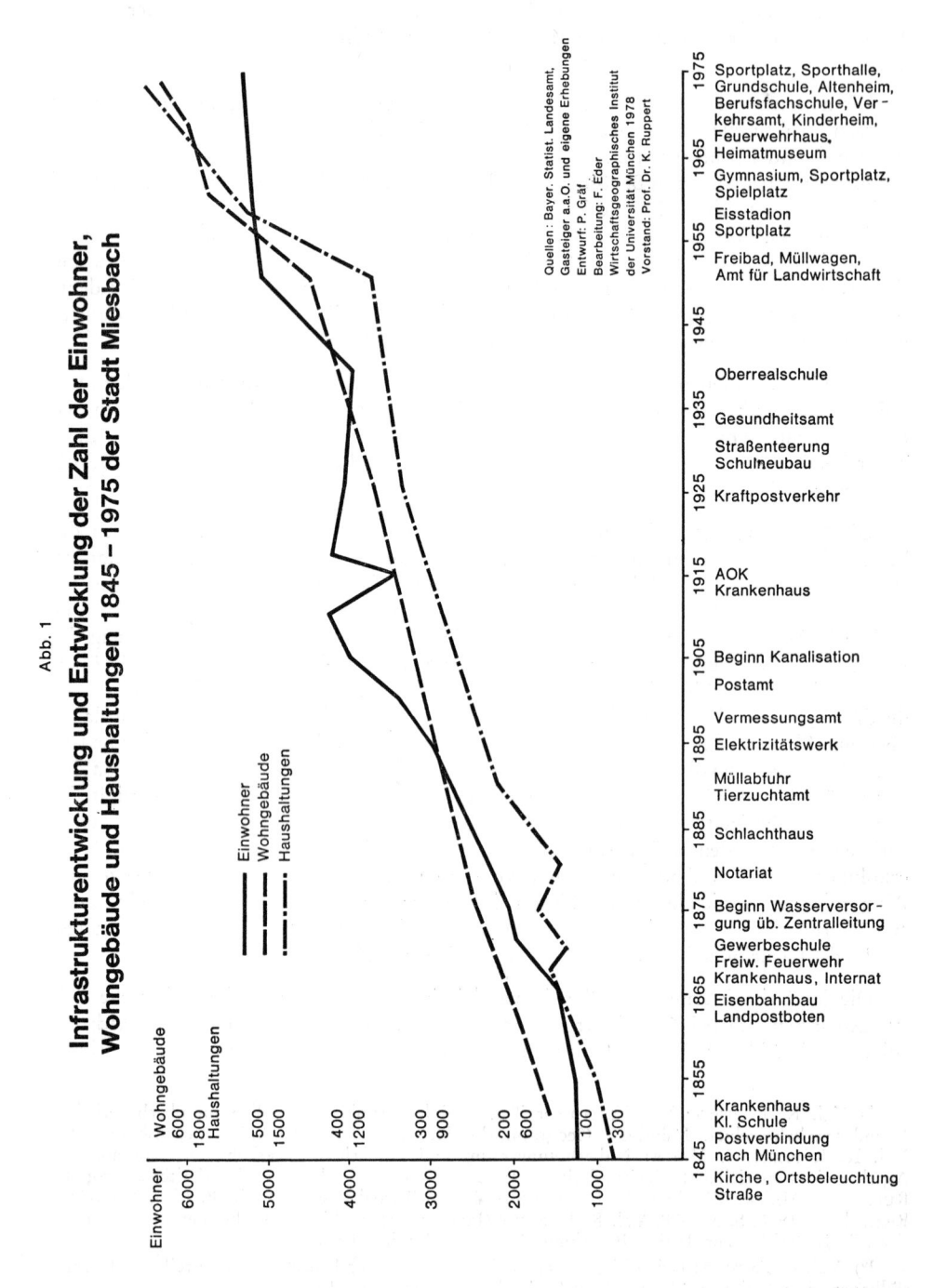

Abb. 1

Infrastrukturentwicklung und Entwicklung der Zahl der Einwohner, Wohngebäude und Haushaltungen 1845 – 1975 der Stadt Miesbach

— Einwohner
--- Wohngebäude
-·-·- Haushaltungen

Einwohner	Wohngebäude	Haushaltungen
6000	600	1800
5000	500	1500
4000	400	1200
3000	300	900
2000	200	600
1000	100	300

Jahr	Infrastruktur
1845	Kirche, Ortsbeleuchtung Straße
	Krankenhaus, Kl. Schule, Postverbindung nach München
1855	
1865	Eisenbahnbau, Landpostboten
	Gewerbeschule, Freiw. Feuerwehr, Krankenhaus, Internat
1875	Beginn Wasserversorgung üb. Zentralleitung
	Notariat
1885	Schlachthaus
	Müllabfuhr, Tierzuchtamt
1895	Vermessungsamt, Elektrizitätswerk
1905	Beginn Kanalisation, Postamt
1915	AOK, Krankenhaus
1925	Kraftpostverkehr
	Straßenteerung, Schulneubau
1935	Gesundheitsamt
1945	Oberrealschule
1955	Freibad, Müllwagen, Amt für Landwirtschaft
	Eisstadion, Sportplatz
1965	Gymnasium, Sportplatz, Spielplatz
1975	Sportplatz, Sporthalle, Grundschule, Altenheim, Berufsfachschule, Verkehrsamt, Kinderheim, Feuerwehrhaus, Heimatmuseum

Quellen: Bayer. Statist. Landesamt, Gasteiger a.a.O. und eigene Erhebungen
Entwurf: P. Gräf
Bearbeitung: F. Eder
Wirtschaftsgeographisches Institut der Universität München 1978
Vorstand: Prof. Dr. K. Ruppert

rhythmus auf, der teilweise auch nur in einer Epoche zu beobachten ist. Eine Zusammenfassung der Neuerrichtungen oder Erweiterung von Infrastrukturen zeigt jedoch im Zeitablauf ein exponentiell steigendes Anspruchsniveau in den vergangenen zwanzig Jahren.

In räumlicher Betrachtung zeigt die infrastrukturelle Entwicklungsdynamik als auch das Ausstattungsspektrum an sich eine starke Gliederung und innere Differenzierung. Gerade die überdurchschnittlich gut ausgestatteten Gemeinden (vgl. Abb. 2) Miesbach, Tegernsee und Schliersee zeigen hierin ein hohes Maß funktionaler Persistenz, die zum Teil auf die Bedeutung von Klöstern weit vor dem 19. Jahrhundert zurückzuverfolgen ist. Dabei unterstreicht RUPPERT für das Tegernseer Tal[11]), daß zunächst weniger die quantitative Bevölkerungszunahme als vielmehr die veränderte Bewertung eines Raumes mit nachfolgender sozialer Umschichtung der Bevölkerung auch für die infrastrukturelle Entwicklung Impulse zu setzen vermag. Dieses Ergebnis deckt sich mit Untersuchungen im ganzen Kreisgebiet, die zwar eine deutliche Abhängigkeit der Infrastrukturausstattung von der Siedlungskonzentration erkennen lassen (Korrelationskoeffizient r = 0,64), jedoch langfristig, in Abschnitten von 30–50 Jahren, einen rein quantitativen Zusammenhang von Zunahme der Bevölkerungszahl und einer Verbesserung der Infrastrukturausstattung kaum zeigt. Eine Ausnahme bildet die Epoche von 1900–1939, die einen sehr starken Zusammenhang erkennen läßt (r = 0,86). Hier läuft aber eine Periode allgemeiner, vor allem natürlicher Bevölkerungszunahme parallel zu einer Epoche flächenhafter, technischer Innovationen und Diffusionen[12]), wie Eisenbahnbau, Straßenbau, Elektrizitätsnetze, Grundschulausbau u. ä., deren zeitliche und räumliche Ausbreitung einen inneren Zusammenhang zur Bevölkerungszahl nicht erkennen lassen, so daß hier eine Scheinkorrelation vermutet werden muß. Beachtenswert ist jedoch — dies gilt vor allem für den Eisenbahnausbau —, daß diese Einrichtungen in der Regel noch als Vorleistungen und nicht als Folgeleistungen bevölkerungsbezogener Entwicklungen zu sehen sind.

Im starken Gegensatz hierzu stehen die Entwicklungen nach 1950, die Infrastrukturen in der Regel als Folgeeinrichtungen ausweisen, die nur längerfristig, über einen Zeitraum von mehr als 10 Jahren, eine schwache Reaktionselastizität erkennen lassen. Die relative Unabhängigkeit von der Bevölkerungszahl bleibt auch bei der Betrachtung unterer zentralörtlicher Bereiche erhalten, da bei einem Teil dieser Gemeinden die funktionale Überlagerung durch den Fremdenverkehr bei ihrer Infrastrukturausstattung deutlich hervortritt. Bezieht man in diesen Gemeinden zusätzlich die unterschiedlichen Gästezahlen und Aufenthaltszeiten in die Betrachtung mit ein, so werden die Abhängigkeiten zwar etwas deutlicher, besitzen aber dann — gerade im Hinblick auf die Kapazitätsauslastung — nur saisonalen Charakter.

Wie schon angedeutet, weisen die Gemeinden unterschiedliche Akzente in der Alters- und Sozialstruktur auf. Dies führt zu der Frage, inwiefern infrastrukturelle Entwicklungen solchen Differenzierungen angepaßt sind. Da einige Einrichtungen sehr stark altersgruppenbezogen sind, z. B. Kindergärten, Spielplätze, Altenheime, lassen sich räumlich differenzierte Anpassungsprozesse bei den Altersgruppen unter 15 Jahren bzw. über 65 Jahren besonders gut verfolgen.

---

[11]) K. RUPPERT: Das Tegernseer Tal, a. a. O.
[12]) Vgl. CHR. BORCHERDT: Die Innovation als agrargeographische Reglerscheinung. In: Arbeiten aus dem Geographischen Institut des Saarlandes, Saarbrücken 1961. Vgl. G. BAHRENBERG, J. LOBODA: Einige raumzeitliche Aspekte der Diffusion von Innovationen am Beispiel der Ausbreitung des Fernsehens in Polen. In: Geographische Zeitschrift, Heft 3, 1973, S. 165–194.

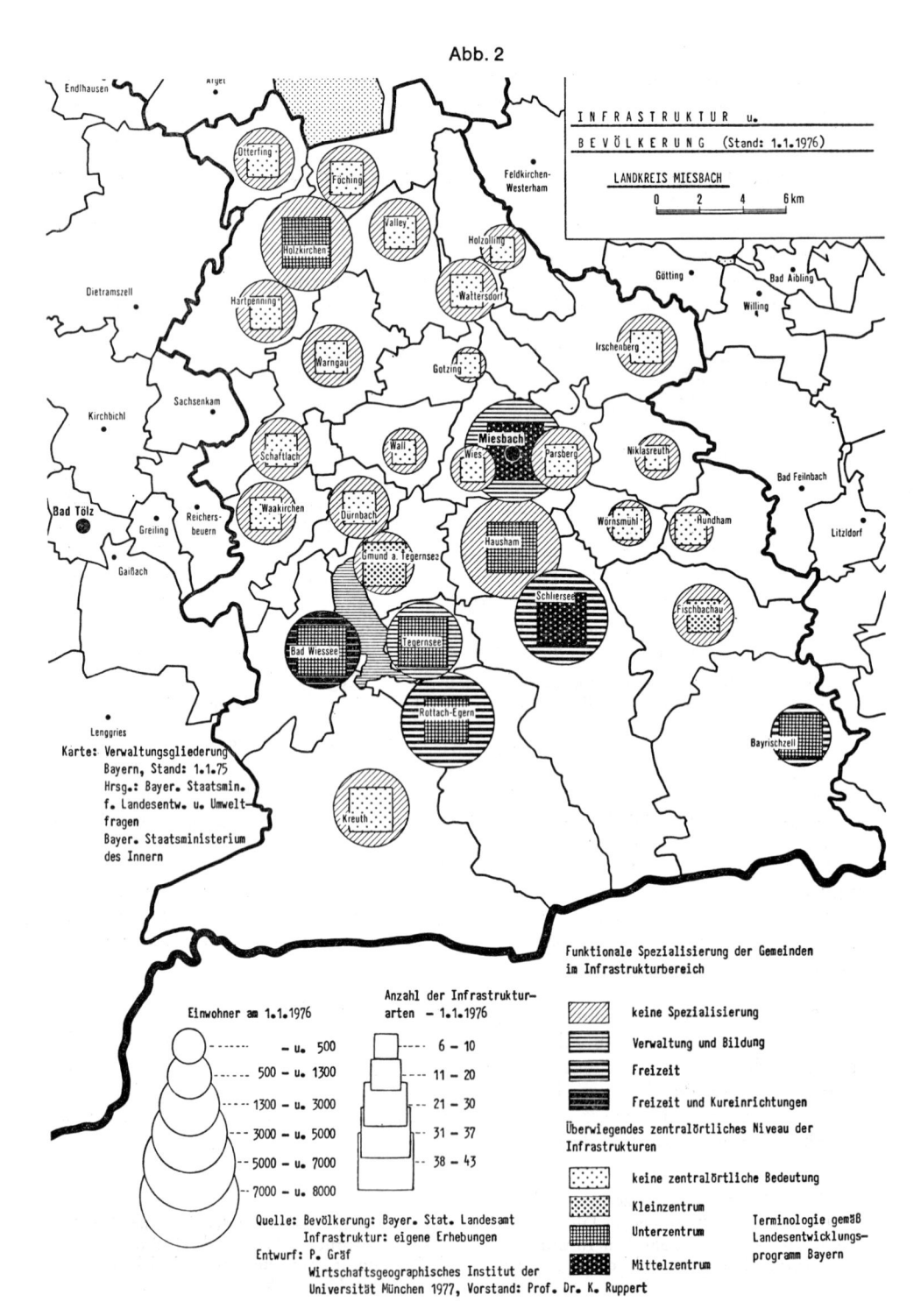

Abb. 2

INFRASTRUKTUR u. BEVÖLKERUNG (Stand: 1.1.1976)

LANDKREIS MIESBACH

Karte: Verwaltungsgliederung Bayern, Stand: 1.1.75
Hrsg.: Bayer. Staatsmin. f. Landesentw. u. Umweltfragen
Bayer. Staatsministerium des Innern

Einwohner am 1.1.1976
- u. 500
500 - u. 1300
1300 - u. 3000
3000 - u. 5000
5000 - u. 7000
7000 - u. 8000

Anzahl der Infrastrukturarten - 1.1.1976
6 - 10
11 - 20
21 - 30
31 - 37
38 - 43

Funktionale Spezialisierung der Gemeinden im Infrastrukturbereich
- keine Spezialisierung
- Verwaltung und Bildung
- Freizeit
- Freizeit und Kureinrichtungen

Überwiegendes zentralörtliches Niveau der Infrastrukturen
- keine zentralörtliche Bedeutung
- Kleinzentrum
- Unterzentrum
- Mittelzentrum

Terminologie gemäß Landesentwicklungsprogramm Bayern

Quelle: Bevölkerung: Bayer. Stat. Landesamt
Infrastruktur: eigene Erhebungen
Entwurf: P. Gräf
Wirtschaftsgeographisches Institut der Universität München 1977, Vorstand: Prof. Dr. K. Ruppert

Beide Altersgruppen weisen einen deutlichen Zusammenhang zur spezifischen Infrastrukturausstattung auf, jedoch mit unterschiedlichen Vorzeichen. Einrichtungen für Kinder und Jugendliche nehmen mit steigendem Anteil dieser Altersgruppe ab, sowohl relativ wie absolut. Da die Altersgruppe „unter 15 Jahren" gerade in den agrarisch orientierten Gemeinden noch relativ hohe Anteile besitzt, dokumentiert sich an diesem Beispiel der infrastrukturelle Nachholbedarf dieser Gemeinden. Im Gegensatz hierzu weist die Altersgruppe über 65 Jahren zu ihren spezifischen Einrichtungen eine positive Korrelation auf (r = 0,54), das heißt, die bevorzugten Standorte für Altersruhesitze unterstreichen ihre Attraktivität zusätzlich durch eine entsprechende Infrastrukturausstattung.

Zieht man die Stellung im Beruf und ihren Anteil an den Erwerbstätigen als sozialstrukturelles Merkmal heran, dann ist dem Anteil der Beamten und Angestellten durch seinen engen Zusammenhang zur Infrastrukturentwicklung Indikatorcharakter zuzubilligen. Eine mögliche Scheinkorrelation durch bevorzugte Konzentration dieser Gruppe in zentralen Orten, die schon durch ihre Funktion umfassender ausgestattet sind, ist für das Untersuchungsgebiet auszuschließen. In einem negativen, wenn auch schwächeren Zusammenhang zur Infrastrukturausstattung steht der Anteil der Selbständigen an den Erwerbstätigen einer Gemeinde. Diese soziale Differenzierung spiegelt nicht nur unterschiedliche Anspruchsniveaus der sozialen Merkmalsgruppen wider, sondern auch den relativ überproportionalen Einfluß der oberen Sozialschichten im Sinne von SCHAFFER[13]), da in den kommunalen Entscheidungsgremien diese Schichten tendenziell überrepräsentiert sind.

Diese schichtenspezifische Differenzierung zeigt ihre Auswirkungen auch bei der qualitativen Infrastrukturausstattung. Am Beispiel der Kindergärten verdeutlicht, nehmen die Kindergartenplätze bezogen auf Kinder unter 6 Jahren tendenziell mit dem Anteil der Beamten und Angestellten zu, was primär ein Ausdruck eines spezifischen Erziehungsverhaltens sein mag. Darüber hinaus sinkt aber die Zahl betreuter Kinder pro Betreuer mit zunehmendem Anteil dieser Gruppe, was zusätzlich die qualitative Differenzierung der Infrastrukturanpassung betont.

Eine sich ändernde Zusammensetzung der Erwerbsstruktur läßt nur für relativ kurze Zeitabschnitte sektorspezifische Zusammenhänge erkennen. So sind beispielsweise die Erwerbsstrukturänderungen von 1961-1970 in bezug auf die Infrastrukturänderungen 1961-1970 stärker an die Abnahmen im primären Sektor gebunden, während für die Entwicklung 1961-1975 die Zunahmen der Erwerbstätigen (relativ) im tertiären Sektor einen deutlicheren Zusammenhang aufweisen.

Eine gruppenspezifische Beeinflussung des Infrastrukturangebots deutet auf die Möglichkeit von Spannungen auf der Nachfrageseite hin. Beurteilt man die Versorgung einer Bevölkerung nicht nach formalen Kriterien wie „pro-Kopf-Werte" oder flächenbezogene Werte, sondern nach der Übereinstimmung von Angebots- und Nachfragemustern, dann lassen sich zwischen formaler Versorgung und Nachfragemustern zum Teil erhebliche Divergenzen feststellen. Die Gegenüberstellung vorhandener Infrastruktur und Änderungswünschen der Bevölkerung zeigt ausgeprägte, schichtenspezifische Nachfragemuster. Dabei besitzen Einrichtungen wie Ver- und Entsorgung, öffentlicher Personenverkehr und sportliche bzw. unterhaltende Freizeiteinrichtungen das besondere Interesse der Grundschicht, bei kulturellen Freizeiteinrichtungen treten die Wünsche der Oberschicht in den

---

[13]) Vgl. F. SCHAFFER: Sozialgeographische Aspekte über Werden und Wandel der Bergwerksstadt Penzberg. In: Mitteilungen der Geographischen Gesellschaft München, Band 54/2, München 1969.

Vordergrund. Die übrigen Infrastrukturen aus den Bereichen Bildung, gesundheitliche Versorgung und Verwaltung stehen bei der sozialen Mittelschicht im Blickpunkt des Interesses. Aus diesem Blickwinkel heraus ist tertiärer Überbesatz, ein Merkmal spezialisierter Fremdenverkehrsgemeinden, im Hinblick auf eine relative, schichtenspezifische Verbesserung der Versorgungssituation kritisch zu durchleuchten.

Für räumliche Bevölkerungsbewegungen ist dem Einfluß der Infrastruktur nur eine untergeordnete Rolle zuzuweisen. Neuere Analysen der Wanderungsmotive in den Räumen Augsburg und Stuttgart belegen dies auch für die Verdichtungsräume[14]). Obwohl sich für ausgewählte Gemeinden im Landkreis Miesbach nur bei rund 10 % der Zugewanderten in den vergangenen 10 Jahren eine allgemeine Verbesserung der infrastrukturellen Versorgungssituation ergeben hat, lassen sich auch hier schichtenspezifische Ausprägungen feststellen. Situationsverbesserungen werden dabei vor allem von Angehörigen der Grundschicht wahrgenommen, wobei hier Versorgungseinrichtungen wie Einkaufsmöglichkeiten und ärztliche Versorgung vor den übrigen Einrichtungen rangieren; bei der Mittelschicht liegen die Schwerpunkte bei den Bildungseinrichtungen und Verkehrsanschlüssen, während die Oberschicht primär freizeitorientierte Motive angab, was im Landkreis Miesbach bei den bevorzugten Standorten für Freizeitwohnsitze als gebietstypisch zu betrachten ist. Insgesamt entfiel die Hälfte der Wanderungsmotive auf arbeitsplatzbezogene und familiäre Gründe.

Zusammenfassend können die funktionalen Zusammenhänge von Bevölkerung und Infrastrukturen so charakterisiert werden, daß in der längerfristigen Entwicklung bevölkerungsbezogene Einflüsse weniger nach der Bevölkerungszahl, sondern mehr von sozialen Strukturänderungen und sich ändernden Verhaltensweisen zu erwarten sind, die in differenzierten Nachfragemustern ihren Niederschlag finden. Dennoch darf nicht übersehen werden, daß der Bevölkerungsaspekt nur einen Teil der komplexen Einflüsse der infrastrukturellen Entwicklung darstellt, in der finanzielle Spielräume, planerisch-politische Entscheidungen und ökonomisch-arbeitsfunktionale Einflüsse im weitesten Sinne ebenso ihren Stellenwert besitzen. Probleme der Zusammenhänge von Bevölkerung und Infrastruktur richtig einzuordnen, heißt, formale Versorgungsbetrachtungen durch sozial differenzierte Analysen der Versorgungssituationen zu ersetzen, um zu interpretierbaren und räumlich differenzierten Ergebnissen zu gelangen. Hierzu kann die Sozialgeographie sicherlich einen wesentlichen Beitrag leisten.

---

[14]) Vgl. F. Schaffer, F. Hundhammer, G. Peyke, W. Poschwatta: Randwanderung im Raum Augsburg, Struktur, Motive, Probleme. In: Beiträge zur Statistik und Stadtforschung Nr. 2, Augsburg 1975. Vgl J. Baldermann, G. Hecking, E. Knauss: Bevölkerungsmobilität im Großstadtraum, Motive der Gewanderten und Folgerungen für die Planung. In: Raumforschung und Raumordnung, Heft 4, 1976, S. 145—156.

Reichweiten sozialgeographischer Gruppen – dargestellt am Beispiel Moosburg an der Isar

von

Rüdiger Freist, München

Ehe ich die Diskussion um die sozialgeographische Gruppe aufnehme, möchte ich den Ort vorstellen, in dem diese Fallstudie angesiedelt ist: Moosburg an der Isar. Diese Stadt liegt zwischen Freising und Landshut. Ihre zentralörtliche Lage ist folgendermaßen zu kennzeichnen: Sie liegt am Rande des oberzentralen Bereichs München, aber verbunden mit der Möglichkeit, die Einrichtungen der Mittelzentren Freising und Landshut zu nutzen, das sogar Teilfunktionen eines Oberzentrums wahrnimmt.

Diese Lage im regionalen Bereich wirkt sich auf die Reichweiten sozialgeographischer Gruppen aus, ebenso das Angebot an Geschäften, an zentralen Diensten und anderen Einrichtungen in Moosburg selbst. Moosburg hat 12 000 Einwohner und ist Unterzentrum mit Teilfunktionen eines Mittelzentrums. Es soll in Zukunft voll ausgebautes Mittelzentrum werden, wenn es nach dem Willen der Landesplanung geht. Fragen wir nach dem Urbanisierungsgrad, wie ihn uns Herr Dr. PAESLER vorgeführt hat, so kann Moosburg gesehen werden als „allseits urbanisierter Ort im ländlichen Raum".

Damit man sich eine Vorstellung vom Ort selbst machen kann, werfen wir einen Blick auf die Differenzierung der innerstädtischen Raumstrukturen. Die Altstadt bildet den zentralen Geschäftsbereich mit scharfem Abfall der Angebots-Intensität nach außen. Nur entlang der Straßen nach Nord-Westen und Osten sind verkehrsorientierte Betriebe angesiedelt.

Dieses innerstädtische Geschäftsgebiet ist in sich nur wenig gegliedert, so sind auch die Branchen räumlich nicht differenziert. Neben diesem Angebot hier stehen eine große Zahl von Arbeitsplätzen zur Verfügung, zu zwei Dritteln im sekundären Sektor. Die Arbeitsplätze stellen hauptsächlich die Süd-Chemie und die Maschinenfabrik Steinbock zu knapp 40 %.

Kehren wir noch einmal zu den Gewerbestandorten zurück. Außer dem sich entwickelnden Subzentrum im Norden sind über das übrige Gebiet Geschäfte für die zumeist kurzfristige Bedarfsdeckung gestreut.

Das übrige Gebiet macht die Wohnbevölkerung aus. Anhand einer Reihe von Kriterien, wie z. B. Stellung im Beruf, Besuch des Gymnasiums, Einpersonen-Haushalte, Alter usw. wurde die Wohnbevölkerung typisiert. Ziel dieser Typisierung ist es, die sozial-räumliche Wohnsituation zu bestimmen. Das Ergebnis der Typisierung gliedert die Wohngebiete in gehobene und weniger bevorzugte Bereiche. Die weniger bevorzugten Gebiete liegen im Norden — verbunden mit einer sanierungsbedürftigen Bausubstanz, die gehobenen Wohngebiete erstrecken sich auf den Westerberg und auf das Gebiet zwischen Altstadt und Bahnhof. Wir können insgesamt eine nur geringe sozial-räumliche Segregation feststellen[1]).

Alle diese Raumstrukturen sind zum einen das Ergebnis raumwirksamen Handelns in der Vergangenheit, und zum anderen beeinflussen sie ihrerseits das raumwirksame Verhalten sozial-geographischer Gruppen in unserer Zeit sei es als Angebot oder als Einschränkung.

Kommen wir zu den sozialgeographischen Gruppen:

Das schon mehrfach angesprochene raumwirksame Verhalten bestimmt die sozialgeographischen Gruppen in ihrer Zahl und Art; und da das raumwirksame Verhalten von vornherein nicht an bestimmte Erhebungseinheiten gebunden ist, läßt sich die sozialgeographische Gruppe definieren als: „Anzahl von Personen und Personenaggregaten gleichartigen raumwirksamen Verhaltens".

Da in diesem Beitrag nur das raumwirksame Verhalten innerhalb bestehender Raumstrukturen von Interesse ist, wurden folgende Kriterien zur näheren Bestimmung ausgewählt. Es sind in erster Linie:

— Reichweiten der Grundfunktionen,

— ihre Art,

— ihre Häufigkeit,

— ihre Ausübungsdauer und

— ihre Richtung.

Über eine Matrix werden diese Kriterien miteinander verbunden. Das Ergebnis zeigt sich in dieser Übersicht:

— Wir haben neun Gruppen, die unterschiedliche Distanzen in Abhängigkeit von der Zeit zurücklegen,

— dann die Ausrichtung auf den Ort selbst oder nach außerhalb. Sie reicht von der ausschließlichen Innenorientierung auf Moosburg selbst bis zu einer ausgesprochenen Außenorientierung auf Freising, Landshut und München. Zum letzten lassen

— die Grundfunktionen nach Dauer und Häufigkeit einen deutlichen Anstieg von Gruppe I bis zu IX erkennen (die Daten beziehen sich auf den Untersuchungszeitraum von einer Woche).

Lassen Sie mich die Gruppen I bis IX als Gruppen bezeichnen, die wenig bis sehr aktiv sind. Lassen Sie mich bitte weiterhin 3 Gruppen herausnehmen und sie exemplarisch darstellen, und zwar

— die am wenigsten aktive Gruppe, die Gruppe I, mit einer ausschließlichen Orientierung auf Moosburg,

— dann eine als durchschnittlich aktiv zu bezeichnende Gruppe, die Gruppe V

— und schließlich die aktivste Gruppe, Nummer IX.

---

[1]) Karte 1 befindet sich in der Kartentasche.

Das raumwirksame Verhalten der inaktivsten Gruppe I ist beispielhaft an der Karte 2[2]) abzulesen:
— die alles überragende Grundfunktion ist das Wohnen — wie bei allen Gruppen — hier aber verstärkt;
— daneben tritt nur die Versorgungsfunktion räumlich außerhalb der Wohnung auf;
— die Wege sind kurz und nur wenig begangen.

Welches sind nun die Einflußgrößen, die dieses räumliche Verhalten bestimmen? Es sind eine hohe Wohndauer am Ort, relativ geringer Pkw-Besitz gekoppelt mit niedrigem bis mittlerem Einkommen, stagnierendes und schrumpfendes Familienstadium bei einem hohen Durchschnittsalter von über 50 Jahren. Bei einigen Mitgliedern dieser Gruppe sind körperliche Gebrechen für die geringen Reichweiten verantwortlich.

Kommen wir zur Gruppe V, also der durchschnittlich aktiven Gruppe. In diesem Beispiel ist das Arbeitsverhalten auf mehrere Baustellen gerichtet. Wir haben hier noch eine intensive Orientierung auf den Ort vor uns, aber auch in der Freizeit-Funktion eine bedingte Ausrichtung auf das Umland.

Die aktivste Gruppe, die Gruppe IX, wohnt nur kurz in Moosburg, alle sozialen Schichten sind in ihr annähernd gleich stark vertreten, alle besitzen einen Pkw, das Durchschnittsalter liegt bei 52 Jahren, der Bekanntenkreis ist groß. Diese Kräfte sind es u. a., die ein raumwirksames Verhalten hervorrufen, das wie folgt umschrieben werden kann:
— außenorientiert,
— hohes Maß an Aktivitäten aller Grundfunktionen und
— große Reichweiten.

Diese Reichweiten wollen wir bei den einzelnen Gruppen näher untersuchen. Sie werden in Zeit-Einheiten gemessen, da die Befragten die Entfernungen insbesondere innerhalb der Stadt und teilweise auch nach Freising, Landshut und München in erster Linie als Zeitaufwand sehen und nicht in der metrischen Distanz.

Mit der ausführlichen Darstellung der Reichweite sollen hier zwei Ziele verfolgt werden:
1. die bereits vorgeführten Aktivitätsräume im Innern zu gliedern und
2. die Reichweiten für die Anwendung in der Planung nutzbar zu machen.

Die innere Differenzierung des Aktivitätsraumes erfolgt nach der Intensität der Nutzung, d. h. der Dauer und Häufigkeit der Grundfunktionen, in Abhängigkeit von der Reichweite.

Betrachten wir die Kurvenverläufe (Abb. 1), dann zeigt sich:

Der Aktivitätsraum der Gruppe I bricht nach 20 Minuten Wegzeit scharf ab, ist in 10-15 Minuten bei Häufigkeit und Dauer nahezu deckungsgleich, zeigt aber keine Gemeinsamkeiten im Bereich von 5 Minuten.

Wie ist demgegenüber der Aktivitätsraum der durchschnittlich aktiven Gruppe V gegliedert?

Er zeigt eine hochgradige Deckungsgleichheit von Dauer und Häufigkeit der Ausübung der Grundfunktionen. Der geringe Anteilswert bei den 5 Wegzeitminuten unterstreicht das fehlende bzw. den Ansprüchen nicht genügende Angebot an Nutzungsmöglich-

---

[2]) Karte 2 befindet sich ebenfalls in der Kartentasche.

keiten in der Umgebung der Wohnung. Das Maximum der Nutzung bei 15 Wegzeit-Minuten weist auf das wahrgenommene Arbeitsplatzangebot in dieser Zeit-Entfernung hin. Nach 15 Minuten fällt die Nutzung deutlich ab und erreicht in größeren Entfernungen nur geringe Bedeutung.

Vergleicht man diese Innengliederung des Aktivitätsraumes mit der der Gruppe IX, so fehlt die Gleichläufigkeit der Kurven von Häufigkeit und Dauer. Obwohl beide Kriterien den Aktivitätsraum der Gruppe IX nicht eindeutig differenzieren, so ist er doch gegliedert. Wie bei Gruppe V und bei der Häufigkeit in Gruppe I folgt dem Zentrum nach außen ein nur wenig genutzter Bereich. Dann schließt sich ein Maximum bei 10-15 Minuten Entfernung an, das bei beiden Kriterien übereinstimmt und nach 15 Minuten abbricht. Das nächstfolgende Intensitätsfeld bezieht sich vorrangig auf Freising und ist durch eine lange Aufenthaltsdauer dort gekennzeichnet. Die Außenorientierung auf München kommt in den letzten relativen Maxima der Kurven zum Ausdruck. Der Aktivitätsraum dieser Gruppe findet seine größte Ausdehnung ausschließlich in Richtung München.

Zusammenfassend können wir die Aktivitätsräume in Intensitätsfelder gliedern, die generell

— das Wohnumfeld bis 15/20 Minuten umfassen (mit einer lagebedingten inneren Differenzierung),
— die einen weiteren Bereich bis 30 Wegzeit-Minuten beinhalten und die
— ein ferner gelegenes Feld bei ca. 1 Stunde umfassen.

Übersetzen wir die zeitlich gemessenen Reichweiten in Einheiten von 10 km, was für größere Entfernungen außerhalb der Stadt durchaus sinnvoll ist, so ergeben sich für die einzelnen Gruppen charakteristische Intensitätsprofile (Abb. 2).

Während der Kurvenverlauf der innenorientierten Gruppe steil abfällt, nutzen die beiden anderen Gruppen die Angebote zur Aktivität in Freising, Landshut und München. Für die Bewohner Moosburgs insgesamt ist die Lage gegenüber diesen Zentralen Orten nahezu gleich, trotzdem nutzen nicht alle Gruppen das Angebot dieser Städte in gleichem Maße.

Mit diesen Ausführungen über die Nutzung verorteter Angebote sind wir bei unserem nächsten Aspekt: der Anwendung der Ergebnisse dieser Studie.

Im Innerstädtischen tritt die Altstadt als Gebiet hervor, das am häufigsten aufgesucht oder durchfahren wurde, d. h. hier überlagern sich die Aktivitätsräume am häufigsten. Und zwar so häufig, daß Verkehrsstockungen unvermeidlich sind. Diese wiederum beeinträchtigen das Einkaufsverhalten.

Das Ziel für die Planung muß also sein: eine Verkehrsberuhigung in der Innenstadt herbeizuführen. Eine Straße, und zwar die Hauptgeschäftsstraße, sollte völlig für den Verkehr gesperrt und eine Umgehungsstraße angelegt werden.

Ein weiterer Punkt wäre z. B. die Entwicklung des Subzentrums. Es erstreckt seinen Einzugsbereich nur auf die Bevölkerung nördlich des Mühlbaches. Der Ausbau des Subzentrums ist nur dann sinnvoll, wenn im Norden neue Wohngebiete ausgewiesen werden. Denn wie die Analyse gezeigt hat, beginnen die Aktivitäten mit zunehmender Entfernung vom zentralen Geschäftsbereich sektoral auf dieses Zentrum zuzulaufen. Ein Subzentrum würde diese Tendenz im Norden zwar abschwächen; eine Entlastung für die Altstadt wird sie aber nicht bieten können, denn die Umkehrung räumlicher Verhaltensweisen von Bewohnern anderer Stadtteile auf dieses Subzentrum hin, erscheint kaum möglich.

Ein letztes Beispiel der Anwendung: Da in dieser Studie auch die Kräfte ermittelt wurden, die auf die sozialgeographischen Gruppen einwirken, können wir z. B. Forderungen für Standort-Planungen aufstellen. Alte Leute z. B. legen fast ausschließlich kurze Strecken zurück. Die Forderung an den Standort eines Altersheimes muß also lauten: ihn nahe eines Geschäftsbereiches zu verorten, d. h. innerhalb eines Zeitaufwandes von 10 bis 15 Minuten Fußweg.

Ich möchte mit diesem Beispiel meine Darstellung über die Reichweiten sozialgeographischer Gruppen beenden. Viele Probleme sind noch ungelöst, aber ich hoffe, einen kleinen Einblick in diese Fragestellungen der sozialgeographischen Gruppen gegeben zu haben.

Abb. 1
Gruppenspezifische Intensität der Nutzung nach Reichweiten (in Wegzeit-Minuten)

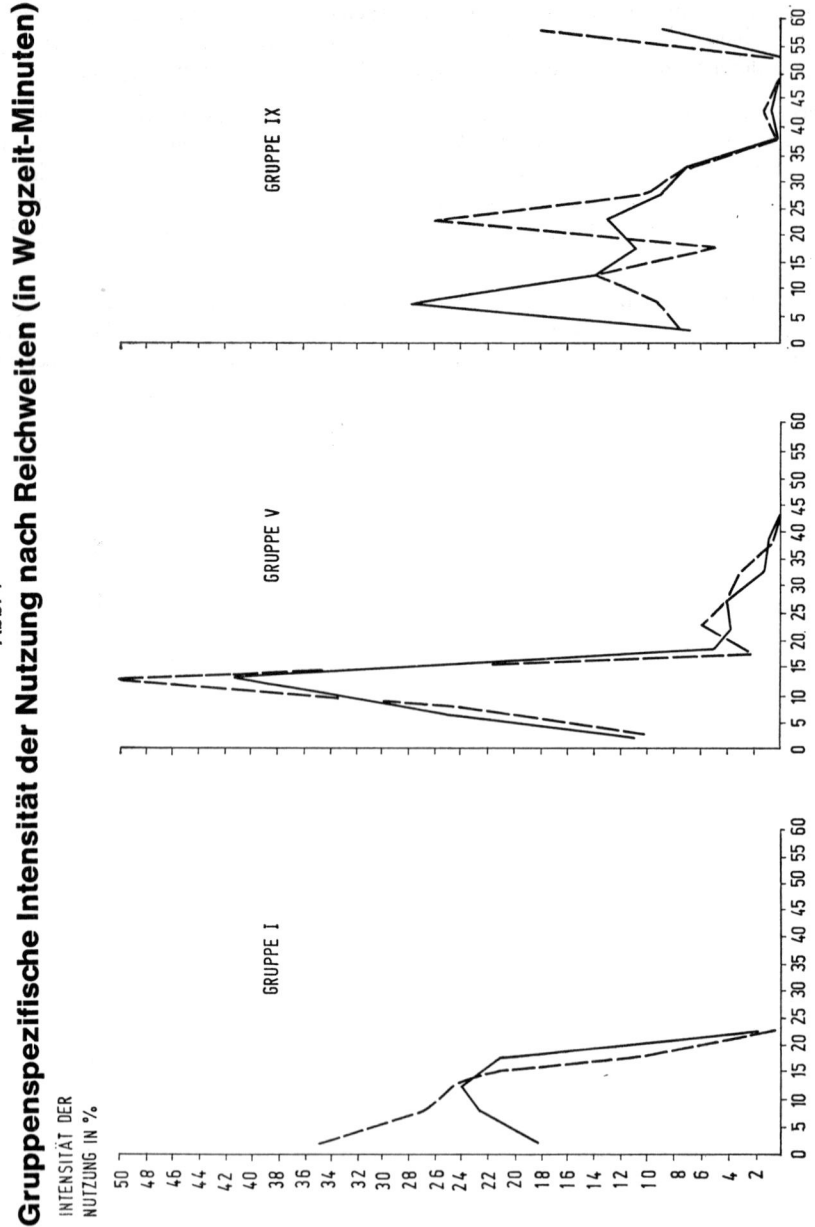

INTENSITÄT DER
NUTZUNG IN %

GRUPPE I

GRUPPE V

GRUPPE IX

WEGZEIT - MINUTEN VOM ZENTRUM DES AKTIVITÄTSRAUMES

––––– DAUER   ――――― HÄUFIGKEIT

Abb. 2
Gruppenspezifische Aktivitäten nach der Häufigkeit
(in Abhängigkeit der Reichweiten)

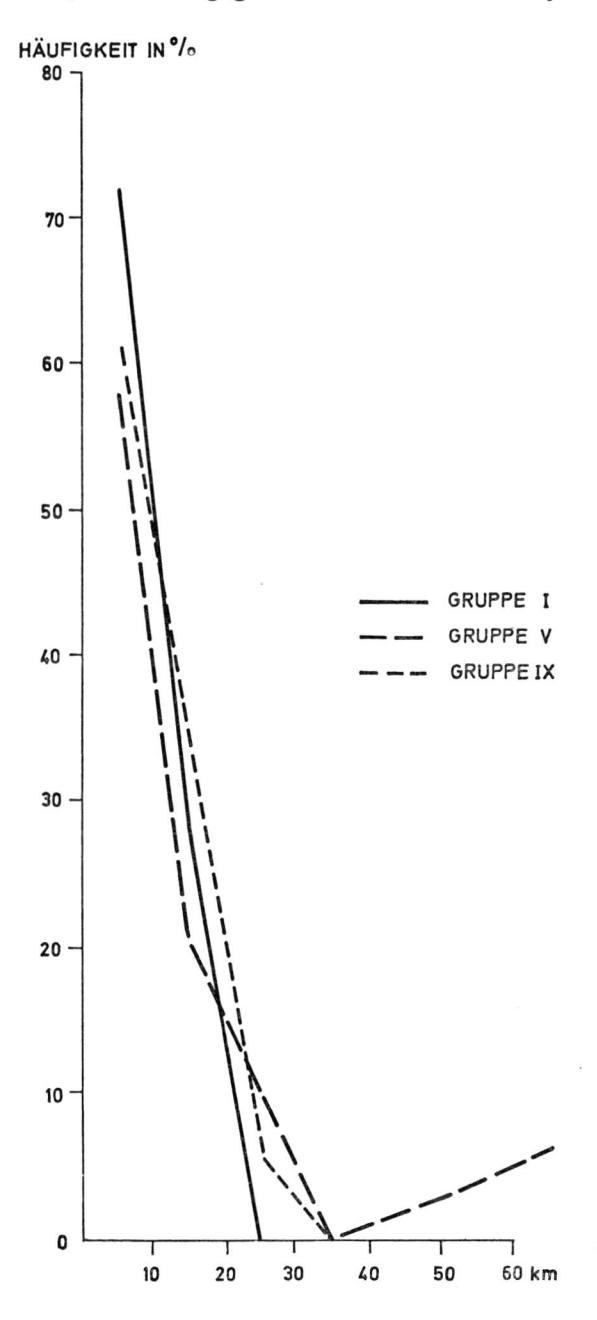

——— GRUPPE I
— — GRUPPE V
– – – GRUPPE IX

Zur bevölkerungsgeographischen Gliederung einer Mittelstadt, dargestellt am Beispiel Landshut

von

Herwig Grimm, München

I. Problematik und Zielsetzung der Studie

Das Interesse an der bevölkerungsgeographischen Differenzierung eines Stadtgebietes beruht „auf dem Hauptanliegen der Geographie: der Erforschung des regional differenzierten Wirkungsgefüges der Landschaft"[1]). Bevölkerungsgeographische Merkmale sind neben einer Reihe von anderen Merkmalsgruppen geeignet, eine Stadt räumlich zu gliedern. Ausgewählte Daten der letzten Volks- und Berufszählung sowie der Gebäude- und Wohnungszählung, welche für Landshut erstmals im Rahmen des Blocksystems aufbereitet wurden, dienen als statistische Grundlage dieser Untersuchung. Das Blocksystem[2]) beinhaltet die Unterteilung des Stadtgebietes in möglichst kleine räumliche Einheiten, Baublöcke genannt. Diese werden in der Regel von vier Straßen eingegrenzt und nochmals in Baublockseiten gegliedert, die jeweils zu einer Anliegerstraße hin orientiert sind. Leider veröffentlicht die amtliche Statistik Daten der hier verwendeten Art grundsätzlich nur auf Gemeinde- und Zählbezirksebene. Zählbezirke sind flächen- und/oder einwohnermäßig größer als die Baublöcke bzw. die noch kleineren Blockseiten.

Der Begriff „Mittelstadt", im Thema dieses Aufsatzes enthalten, erfordert natürlich eine Relativierung. Die Einteilung deutscher Gemeinden durch die amtliche Statistik in Land- (2 000—5 000 Einwohner), Klein- (5 000—20 000 Einwohner), Mittel- (20 000—100 000 Einwohner) und Großstädte (über 100 000 Einwohner) geht zurück auf das 19. Jahrhundert[3]). Sie ist durch das allgemeine Bevölkerungswachstum der Städte sowie durch die in deutschen Bundesländern in Gang befindliche Gemeindegebietsreform überholt. Hinzu kommt, daß heute funktionale und siedlungsmäßige Übergänge und Verzahnungen der Städte mit ihrem Umland die Regel sind. Neben der Einwohnerzahl gibt es noch ein Bündel weiterer Kriterien zur näherungsweisen Abgrenzung der Stadt. Stellver-

---

[1]) Karl Ruppert: Stadtgeographische Methoden und Erkenntnisse zur Stadtgliederung. In: Die Gliederung des Stadtgebietes, Forschungs- und Sitzungsberichte der Akademie für Raumforschung und Landesplanung, Band 42, Hannover 1968, S. 199.

[2]) Vgl. Karl König: Die Blocksysteme ausgewählter deutscher Großstädte. In: Die Gliederung des Stadtgebietes, Forschungs- und Sitzungsberichte der Akademie für Raumforschung und Landesplanung, Band 42, Hannover 1968, S. 75.

[3]) Vgl. Arthur Kühn: Aufgaben und Probleme der angewandten Stadtforschung. In: Die Mittelstadt (1. Teil), Forschungs- und Sitzungsberichte der Akademie für Raumforschung und Landesplanung, Band 52, Hannover 1969, S. 10.

tretend sollen hier die Funktionen städtischer Siedlungen genannt werden. Zusammenfassend sei gesagt, daß diese Studie nur Teilaspekte der Möglichkeiten einer bevölkerungsgeographischen Gliederung einer Stadt aufzeigen kann. So liefert die amtliche Statistik im Zusammenhang mit der anfangs erwähnten Sonderauswertung für Landshut beispielsweise keine Angaben zur natürlichen und räumlichen Bevölkerungsbewegung auf der Grundlage der Blockseiten bzw. der Baublöcke. Mit Hilfe der hier verwendeten statistischen Kriterien ist es ansatzweise möglich, zu Aussagen über Räume ähnlicher Sozialstruktur innerhalb einer Stadt zu gelangen [4]). Dies ist letztlich auch Absicht dieser Betrachtung.

II. Auswahl und Begründung der Kriterien zur bevölkerungsgeographischen Gliederung

1. „Wohnbevölkerung mit abgeschlossener schulischer Ausbildung" sowie „Erwerbspersonen nach der Stellung im Beruf"

Aufgrund des Zieles einer näherungsweisen sozialräumlichen Skizze Landshuts eingebunden in die Problemstellung einer bevölkerungsgeographischen Differenzierung des Stadtgebietes erscheinen die Kriterien „Wohnbevölkerung mit abgeschlossener schulischer Ausbildung" und „Erwerbspersonen nach der Stellung im Beruf" grundsätzlich als geeignet. Das Blocksystem der letzten Volks- und Berufszählung enthält für Landshut unter anderem den prozentmäßigen Anteil der Erwerbspersonen nach der Stellung im Beruf. Es werden dabei drei Gruppen berücksichtigt: Beamte und Angestellte, Selbständige und mithelfende Familienangehörige sowie Arbeiter. Die einzelnen Anteilswerte betragen unter Berücksichtigung der vorher angegebenen Reihenfolge 51, 12 und 37 %. Diese Anteilswerte ergänzen sich, da alle Erwerbstätigen erfaßt werden, zu 100 %. Zum zweiten erfolgt ein Ausdruck von Prozentwerten bezüglich der abgeschlossenen schulischen Ausbildung der Bevölkerung, wiederum auf der Basis der Baublockseiten. Somit ist es möglich, Bildungsgruppen gemäß einem einfachen, mittleren und höheren Schulabschluß auszuweisen. Beim einfachen Schulabschluß sind die Volksschulen berücksichtigt. Zur zweiten Bildungsstufe gehören die Absolventen von Berufsfach-, Fachober- und Ingenieurschulen sowie der Personenkreis mit mittlerer Reife. Die dritte Gruppe beinhaltet Personen mit Abitur bzw. abgeschlossener Hochschulbildung. Die Durchschnittswerte der Landshuter Bevölkerung für die drei Bildungsgruppen betragen 72 % für die untere, 22 % für die mittlere und 6 v. H. für die Gruppe mit dem höchsten Bildungsniveau. Für die genannten beiden Datenhauptgruppen erfolgt nun jeweils eine Typisierung mit Hilfe eines Dreieckdiagrammes. Bringt man die Typen der Wohnbevölkerung mit abgeschlossener schulischer Ausbildung mit denen der Erwerbspersonen nach der Stellung im Beruf mit Hilfe einer Matrix miteinander in Beziehung, so gelangt man tendenziell zu einer Grobgliederung in soziale Grund-, Mittel- und Oberschicht. Ohne Zweifel kommen Felduntersuchungen, die sich auf weitere Kriterien wie z. B. Einkommen, Wohnungs- und Haushaltsausstattung und berufliche Tätigkeit stützen, zu wesentlich genaueren Ergebnissen. Solche detaillierten Forschungen sind aber in vielen Fällen aus Zeit- und Kostengründen nicht durchführbar.

Zur theoretischen Fundierung des oben genannten Vorgehens sei kurz angeführt, daß die Aussagekraft des Bildungsabschlusses für die Bestimmung von sozialen Schichten in

---

[4]) Vgl. HERWIG GRIMM: Landshut — Sozialgeographische Studien über eine Mittelstadt, unveröffentlichte Diplomarbeit, München 1975.

der Vergangenheit zu wenig beachtet wurde. So prägt nach FÜRSTENBERG[5]) das Niveau des Schul- und Bildungsabschlusses in relativ vielen Fällen die soziale Ausgangsposition und den Erfolg des beruflichen Lebensweges.

2. Baualter der Wohnungen

Statistische Angaben dieser Art gehören ihrem Charakter nach nicht zum bevölkerungsgeographischen Datenkreis. Dieses Datum wird in diesem Fall deshalb mit hinzugezogen, da es bis zu einem gewissen Grad ein Spiegelbild des bevölkerungsgeographischen und sozialräumlichen Gefüges einer Stadt ergibt. Die bauliche Strukturschwäche eines Stadtbezirkes, hier dargestellt durch den Anteil der Wohnungen aus der Zeit vor 1900[6]), wird nämlich verhältnismäßig oft durch bevölkerungsgeographische Strukturen wie beispielsweise einem hohen Anteil von Rentnern und kinderreichen Familien ohne ausreichenden Wohnraum und Spielplätze für die Kinder charakterisiert. In stark sanierungsbedürftigen Stadtteilen werden wir aller Erfahrung nach keinen hohen Prozentsatz von Angehörigen der sozialen Oberschicht feststellen können.

III. Kurzcharakteristik von Landshut

1. Historisch-genetische Entwicklung

Die Topographie der Stadt wird wesentlich von der Isar geprägt. Nahe dem Steilhang, mit dem das Tertiärhügelland zum Isartal abfällt, wurde Landshut Anfang des 13. Jahrhunderts gegründet. Laufverlegung und Hochwasser der Isar waren in früheren Zeiten für die siedlungsmäßige Ausdehnung und Entwicklung Landshuts mit bestimmend. Im Zuge der Hochwasserfreilegung[7]), welche 1955 abgeschlossen wurde, konnte ein ca. 15 km² großes Gebiet als Siedlungs- und Wirtschaftsfläche neu hinzugewonnen werden. Für die siedlungsgeographische Betrachtung ist ferner die Tatsache interessant, daß Landshut erst im 19. Jahrhundert über die Grenzen hinauswuchs, welche im Mittelalter gesetzt worden waren[8]). Das verwaltungsmäßige Stadtgebiet änderte sich nach dem 1. Weltkrieg in größerem Ausmaß. Die Gesamtfläche betrug im Jahr 1864 ca. 13 km² und stieg bis Ende des Jahres 1976 auf 66,29 km² an[9]).

2. Raumgefüge und Lagebeziehungen

Die verkehrsgeographische Lage und Bedeutung von Landshut wird vom Straßen- und Eisenbahnnetz bestimmt. Allerdings fehlt noch immer der aus regional- und landesplanerischer Sicht dringend erforderliche Anschluß an das Bundesautobahnnetz, wenn man bedenkt, daß die Stadt im Rahmen der Hierarchie der zentralen Orte in Bayern als mögliches Oberzentrum fungiert und Niederbayern als einziger bayerischer Regierungsbezirk keine Anbindung an eine Autobahn aufweist.

---

[5]) Vgl. FRIEDRICH FÜRSTENBERG: Die Sozialstruktur der Bundesrepublik Deutschland, 3. Auflage, Opladen 1974, S. 52.

[6]) Vgl. Karte 1, befindet sich in der Kartentasche.

[7]) Vgl. Wasserwirtschaftsamt Landshut: Hochwasserfreilegung des Stadtgebietes von Landshut, Landshut 1957, S. 6 und S. 27.

[8]) Vgl. HANS BLEIBRUNNER: Landshut die altbayerische Residenzstadt, 2. Auflage, Landshut 1972, S. 12 f.

[9]) Vgl. PETER REINHOLD PREISSLER: Wirtschaft und Gesellschaft Landshuts in der Zeit von 1834 bis 1914, veröffentlichte Dissertation, Landshut, 1974, S. 68—72 und Amt für Stadtentwicklungsplanung und Statistik der Stadt Landshut: Statistischer Jahresbericht 1976, Landshut 1977, Abschnitt Bevölkerungs- und Gebietsstand.

3. Bevölkerungsverteilung und -entwicklung sowie Altersgliederung

Für die bevölkerungsgeographische Differenzierung des Stadtraumes von Landshut ist besonders die Verteilung der Bevölkerung von Interesse. Die Stadtteile „West", „Nikola" und „Peter und Paul" verdeutlichen durch ihre verhältnismäßigen hohen Bevölkerungsanteile ihre Funktion als Wohngebiete. Die geringen Bevölkerungszahlen von Schönbrunn im Osten und Münchnerau im Westen der Stadt resultieren aus dem mehr ländlichen Siedlungscharakter beider Stadtteile. Bei einer Fläche von 66,29 km² und einer Wohnbevölkerung von insgesamt 55 501 Einwohnern (Stand per 31. 12. 1976)[10]), errechnet sich für die Stadt eine Bevölkerungsdichte von 837 Einwohnern/km².

Bevölkerungsdichtewerte pro Baublock bzw. Stadtteil konnten aufgrund fehlender Flächedaten nicht ermittelt werden.

Als nächstes sei die Bevölkerungsentwicklung von Landshut aufgezeigt. Im Zeitraum von 1840 bis 1973, in ungefähr 130 Jahren also, hat sich die Bevölkerung mehr als verfünffacht. Sie stieg von 9 300 Einwohner im Jahr 1840 auf ca. 56 800 Einwohner. Allerdings brachten die Jahre 1974 und 1975 wieder einen Rückgang der Bevölkerung. Als Ursache müssen die negativen Salden der natürlichen Bevölkerungsbewegung sowie die Stadt-Umland-Wanderung angesehen werden. Die Entwicklung kann insgesamt aber als kontinuierlich wachsend bezeichnet werden. Eine Sprungstelle ergibt sich lediglich für den Bevölkerungsanstieg zwischen 1939 und 1945 und zwar von annähernd 31 500 auf 42 000 Einwohner. Hier wirkte sich die Zuwanderung von Flüchtlingen und Heimatvertriebenen aus, die als eine Folge des 2. Weltkrieges nach Landshut kamen. Eine Untersuchung, in welchem Umfang die natürliche und räumliche Bevölkerungsbewegung jeweils am Bevölkerungswachstum mitgewirkt haben, besteht nicht. Es sei noch vermerkt, daß das Bevölkerungswachstum Landshuts in den letzten Jahren überwiegend durch Eingemeindungen zustande kam.

Es kann gesagt werden, daß die Altersstruktur, räumlich betrachtet, keine stark ins Gewicht fallenden Verzerrungen aufweist. Dieses Urteil ergibt eine Typisierung mit Hilfe von Dreieckskoordinaten, beruhend auf der Einteilung der Landshuter Bevölkerung in drei charakteristisch erscheinende Altersgruppen: Die 0-14jährigen, die 15-65jährigen und die Gruppe der Personen, welche über 65 Jahre alt sind. Demographisch in Form der Alterspyramide gesehen ist allerdings zu bemerken, daß im Altersaufbau der Stadt die unteren Altersgruppen unterrepräsentiert sind. Insbesondere fällt der relativ geringe Anteil der 0-10jährigen auf. Dies dürfte nicht zuletzt auf die allgemein beobachtete Wanderung jüngerer Familien mit Kindern in das Umland von städtischen Siedlungen zurückzuführen sein.

IV. Regionale Interpretation[11])

Für das Stadtgebiet von Landshut ergibt sich, daß die soziale Oberschicht vorwiegend im Südosten der Stadt verbreitet ist. Die Lagegunst dieser Gebiete (vorteilhafte Hangexposition, weitgehende Nebelfreiheit auf den Höhen des Tertiärhügellandes, fehlende störende Einwirkungen durch Industrie- und Gewerbegebiete, keine größeren Belästigungen durch den Lärm von Durchgangsstraßen) sind u. a. Gründe dafür. Zu erwähnen sind in diesem Zusammenhang die Wohngebiete am Hof-, Moni- und Annaberg. Die soziale

---

[10]) Vgl. Amt für Stadtentwicklungsplanung und Statistik der Stadt Landshut: a. a. O., Abschnitte Bevölkerungs- und Giebietsstand.

[11]) Vgl. Karte 2, befindet sich in der Kartentasche.

Mittelschicht, teilweise auch die Oberschicht, bevorzugt als Wohngegend den Landshuter Westen, insbesondere den Stadtteil „West". Die soziale Grundschicht bestimmt in gewisser Weise den Landshuter Norden, nämlich die Sankt-Wolfgang-Siedlung, die Bayerwaldsiedlung und die Wohnflächen innerhalb des Landshuter Industriegebietes. Im Süden der Stadt tritt diesbezüglich der Stadtteil „Achdorf" hervor. Soziale Mischgebiete sind die Stadtteile „Peter und Paul" und „Nikola", am Rand der östlichen bzw. nördlichen Innenstadt gelegen, sowie der historische Stadtkern, die sogenannte Altstadt. Es sei noch einmal betont, daß es sich hier um tendenzielle Aussagen handelt.

Interessant ist nun der Umstand, daß der Stadtteil „Altstadt" von allen Stadtteilen die größte Sanierungsbedürftigkeit zeigt. Etwa 45 % aller Wohnungen besitzen kein eigenes WC, ungefähr 54 % kein eigenes Bad und ca. 86 % keine Sammelheizung. Die jeweiligen Durchschnittswerte für die Gesamtstadt betragen 14, 27 und 75 %. Beim Ausstattungsmangel „Wohnungen ohne eigenes WC" zeigt sich weiter, daß die Anteilswerte der Stadtteile „Berg" und „Achdorf" im Süden Landshuts noch über dem städtischen Durchschnitt liegen. Beim Ausstattungsmangel „Wohnungen ohne eigenes Bad" ergibt sich grundsätzlich das gleiche räumliche Verteilungsmuster[12].

Selbstredend korrespondieren im allgemeinen das Baualter einer Wohnung und ihre baulich-sanitäre Ausstattung miteinander. Gewisse Wechselbeziehungen zwischen der räumlichen Verbreitung von Wohnungen mit hohen Anteilswerten in bezug auf baulich-sanitäre Ausstattungsmängel, einem relativ hohen Anteil an Wohnungen aus der Zeit vor 1900 und den Wohngebieten der Grundschicht können festgestellt werden.

V. Schlußbemerkung

Erkenntnisse bevölkerungsgeographischer Untersuchungen sind eine wichtige Grundlage für die Planungspraxis. Neben dieser generellen Aussage bleibt festzuhalten, daß sich kleinräumige Untersuchungen, wie sie hier im Ansatz vorgenommen wurden, z. B. für städtebauliche Sanierungsmaßnahmen oder für die Beurteilung der infrastrukturellen Versorgung eines Stadtgebietes bzw. -teiles als Notwendigkeit herausstellen. Im Idealfall wäre es wünschenswert, die Ergebnisse kleinräumiger bevölkerungsgeographischer Untersuchungen laufend fortzuschreiben. Elektronische Datenverarbeitung und Computerkartographie liefern dazu die notwendige Arbeitskapazität. Die Bevölkerungsgeographie, hier verstanden als angewandte Geographie, kann dem Stadtentwicklungsplaner eine echte wissenschaftliche Hilfestellung bieten.

---

[12] Vgl. Amt für Stadtentwicklungsplanung und Statistik der Stadt Landshut: Landshut, Modernisierungszonen, Untersuchung/Festlegung, Landshut 1974, S. 6 f.

VI. Literaturverzeichnis

Amt für Stadtentwicklungsplanung und Statistik der Stadt Landshut: Landshut, Modernisierungszonen, Untersuchung/Festlegung, Landshut 1974 und Statistischer Jahresbericht 1976, Landshut 1977.

BLEIBRUNNER, HANS: Landshut die altbayerische Residenzstadt, 2. Auflage, Landshut 1972.

FÜRSTENBERG, FRIEDRICH: Die Sozialstruktur der Bundesrepublik Deutschland, 3. Auflage, Opladen 1974.

GRIMM, HERWIG: Landshut — Sozialgeographische Studien über eine Mittelstadt, unveröffentlichte Diplomarbeit München 1975.

KÖNIG, KARL: Die Blocksysteme ausgewählter deutscher Großstädte. In: Die Gliederung des Stadtgebietes, Veröffentlichungen der Akademie für Raumforschung und Landesplanung, Forschungs- und Sitzungsberichte, Band 42, Hannover 1968.

KÜHN, ARTHUR: Aufgaben und Probleme der angewandten Stadtforschung. In: Die Mittelstadt (1. Teil), Veröffentlichungen der Akademie für Raumforschung und Landesplanung, Forschungs- und Sitzungsberichte, Band 52, Hannover 1969.

PREISSLER, PETER REINHOLD: Wirtschaft und Gesellschaft Landshuts in der Zeit von 1834 bis 1914, veröffentlichte Dissertation, Landshut 1974.

RUPPERT, KARL: Stadtgeographische Methoden und Erkenntnisse zur Stadtgliederung. In: Die Gliederung des Stadtgebietes, Veröffentlichungen der Akademie für Raumforschung und Landesplanung, Forschungs- und Sitzungsberichte, Band 42, Hannover 1968.

Wasserwirtschaftsamt Landshut: Hochwasserfreilegung des Stadtgebietes von Landshut, Landshut 1957.

Räumliche Strukturmuster ausländischer Arbeitnehmer in der Region München, dargestellt am Beispiel der Gemeinde Karlsfeld bei München

von

Editha Kerstiens-Koeberle, Bayreuth

I. Problemstellung

In den letzten 15 Jahren hat sich die Zahl der in der Bundesrepublik Deutschland tätigen ausländischen unselbständigen Erwerbstätigen von 325 000 1960 auf 2,5 Mio. Ende 1973 erhöht. Seit dem Anwerbestop vom November 1973 und bedingt durch die wirtschaftliche Rezession ist die Zahl um rund 500 000 rückläufig. Die ausländische Wohnbevölkerung wird 1975 auf rund 4 Mio. geschätzt, das sind rund 6,5 % der gesamten Wohnbevölkerung[1]). Allein schon dieser grobe Zahlenüberblick umreißt die quantitative Bedeutung der ausländischen Arbeitnehmer und läßt vermuten, daß sich dies auch raumwirksam ausprägt.

Für die Geographie sind nun auf Grund ihres Forschungsobjektes nicht die Situation der Ausländer an sich, sondern vor allem die räumlichen Auswirkungen und die dahinterstehenden Kräfte, die zu diesen Erscheinungsformen führen, zu analysieren. Auf Grund dieser Zielsetzung kann man drei Hauptthemenkomplexe differenzieren, die im Rahmen geographischer Untersuchungen behandelt werden:

— erstens den Komplex der räumlichen Mobilität der ausländischen Arbeitnehmer;

— zweitens den Komplex der räumlichen Auswirkungen der ausländischen Arbeitnehmer im Zielgebiet;

— drittens den Komplex der Rückwirkungen der ausländischen Arbeitnehmer auf das Heimatland und die Heimatgemeinde.

Im Rahmen dieses Referates soll vor allem der zweite Aspekt berücksichtigt werden, nämlich die räumlichen Strukturmuster der Ausländer in einer Stadtrandgemeinde, in der Gemeinde Karlsfeld bei München.

---

[1]) W. W. Puls: Gastarbeiter oder Einwanderer. In: Geographische Rundschau, Heft 2, 1975, S. 49.

Karlsfeld gehört zu jenen Gemeinden, die im Rahmen eines Forschungsprogrammes „Räumliche Strukturmuster von Stadtrandgemeinden im Münchner Westen" untersucht wurden. Diese Gemeinde wurde mit in die Untersuchung einbezogen, da sie einerseits durch den Prozeß der Stadtrandwanderung, vor allem in den 60iger Jahren gekennzeichnet ist, zum anderen aber, weil sie einen überdurchschnittlich hohen Anteil an Ausländern aufweist. Anfang 1974 erreichte der Anteil mit 24 % den höchsten Stand und lag damit an der Spitze aller bayerischen Gemeinden [2]. Dies veranlaßte dann den Gemeinderat im Februar 1974 zur Verhängung eines absoluten Zuzugsstop für Ausländer, so daß der Anteil 1976 auf rund 20 % gesunken ist [3]. Die Attraktion Karlsfelds für die ausländischen Arbeitnehmer beruht vor allem auf seiner Nähe zu München und den drei großen Industriekomplexen des Maschinenbaus MTU, M.A.N. und Krauss-Maffei, die unmittelbar an das Gemeindegebiet von Karlsfeld angrenzen.

Der hohe Anteil an Ausländern ließ nun vermuten, daß sich dies auch räumlich niederschlägt. Anhand der Strukturmuster der Ausländer in Karlsfeld konnten nun zum einen räumliche Erscheinungsformen aufgezeigt werden, die auch in anderen von Gastarbeitern bevorzugten Gemeinden aufgetreten sind, wie ein Vergleich mit ähnlichen Studien zeigt [4]. Zum anderen konnten auch neuere Entwicklungstendenzen erfaßt werden, die in der Literatur bisher wenig beschrieben wurden.

II. Verteilung der Ausländer in der Region München

Der Zustrom der Ausländer erfaßt schon länger nicht mehr nur die Großstädte, sondern auch die umliegenden Gemeinden, die arbeitsfunktional auf die Großstadt bezogen sind und durch relativ gut ausgebaute Verkehrsverbindungen an die Stadt angebunden sind. Auf die Region München bezogen ist die stärkste Konzentration an Ausländern natürlich in der Stadt selbst mit rund 199 000 Ausländern, während in den umliegenden Landkreisen immerhin rund 54 000 Ausländer registriert sind [5].

Karte 1 verdeutlicht nun für 1970 auf Gemeindebasis die räumliche Verteilung der Ausländer in den Landkreisen Dachau, Fürstenfeldbruck, München und Starnberg. Dabei läßt sich klar ein Kranz von Gemeinden um die Stadt differenzieren, die einen hohen Anteil an Ausländern aufweisen, neben Gemeinden, die direkt an München angrenzen, vor allem jene Gemeinden entlang der S-Bahn-Strecken bzw. in der Nähe von Industriebetrieben. Der hohe Anteil an Ausländern in Karlsfeld kommt schon in dieser Karte von 1970 zum Tragen, obwohl er noch weit unter dem von 1974 lag. Die noch stärker landwirtschaftlich orientierten Gemeinden in den Verkehrszwickeln weisen hingegen nur sehr bescheidene Anteilswerte auf. Man kann also neben einer starken Konzentration in München und den angrenzenden Gemeinden einen rapiden Abfall des Ausländeranteils zum Rande hin feststellen.

---

[2]) Topos-Arbeitsgemeinschaft für Stadtplanung, Regionalplanung und Architektur: Gemeinde Karlsfeld — Entwurf für einen Flächennutzungsplan, München 1976, S. 10 f.

[3]) Ebenda, S. 10 f.

[4]) Vgl. u. a. F. GEIGER: Zur Konzentration von Gastarbeitern in alten Dorfkernen. In: Geographische Rundschau, Heft 2, 1975, S. 61—70; H.-G. WEHLING, A. WERNER: Kleine Gemeinde im Ballungsraum, Gelnhausen/Berlin 1975; M. BORRIS: Ausländische Arbeiter in einer Großstadt, Frankfurt/a. M., 1974; H. REIMANN (Hrsg.): Gastarbeiter, München 1976; Landeshauptstadt München, Kommunalpolitische Aspekte des wachsenden ausländischen Bevölkerungsanteils in München, München 1972.

[5]) Daten des Bayerischen Statistischen Landesamtes, Stand 31. 12. 1975.

Regionale Struktur- und Prozeßmuster in den Gemeinden der Landkreise
Dachau, Fürstenfeldbruck, München und Starnberg

Karte 1 **Anteil der Ausländer an der Wohnbevölkerung 1970**

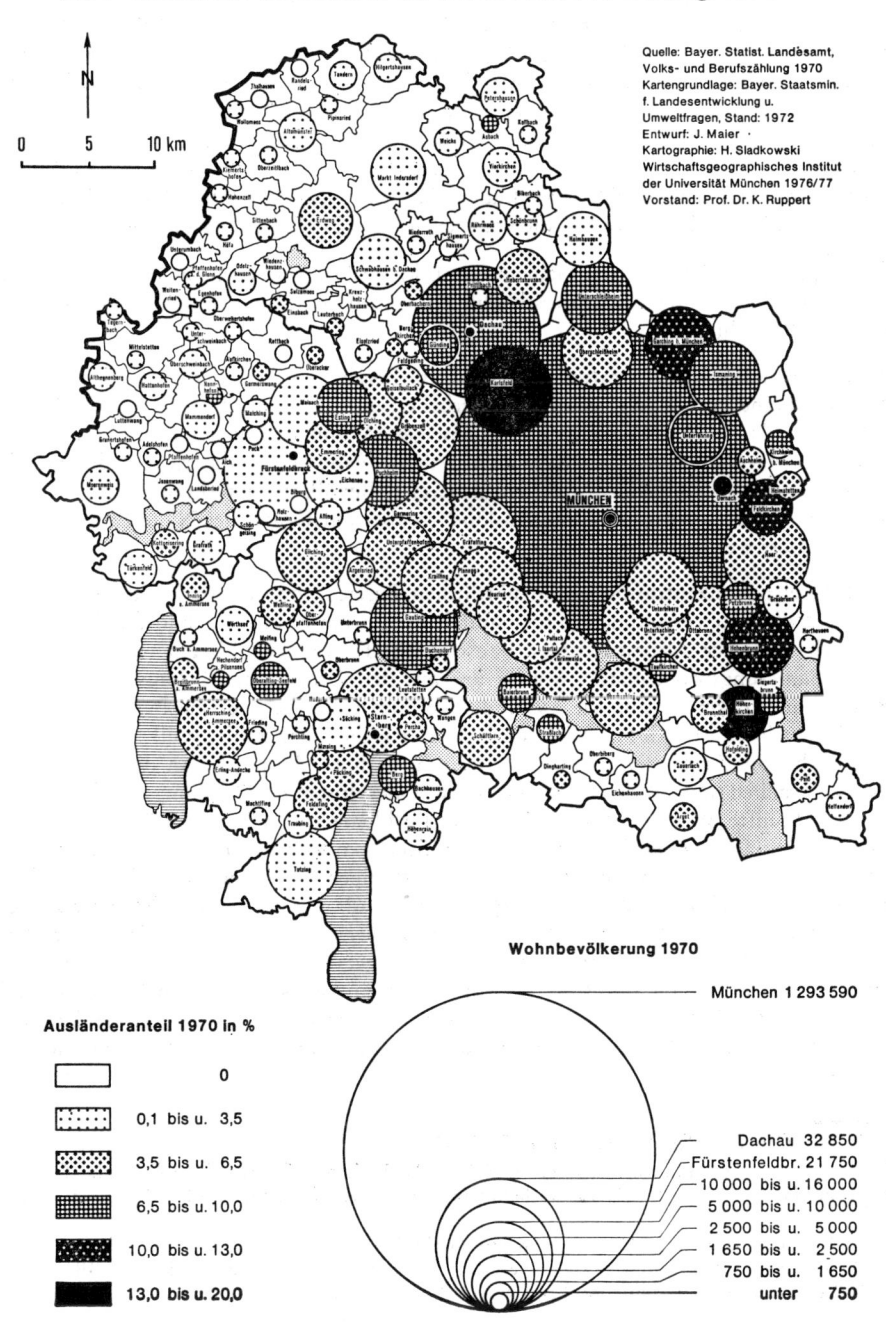

Quelle: Bayer. Statist. Landesamt,
Volks- und Berufszählung 1970
Kartengrundlage: Bayer. Staatsmin.
f. Landesentwicklung u.
Umweltfragen, Stand: 1972
Entwurf: J. Maier
Kartographie: H. Sladkowski
Wirtschaftsgeographisches Institut
der Universität München 1976/77
Vorstand: Prof. Dr. K. Ruppert

Wohnbevölkerung 1970

München 1 293 590
Dachau 32 850
Fürstenfeldbr. 21 750
10 000 bis u. 16 000
5 000 bis u. 10 000
2 500 bis u. 5 000
1 650 bis u. 2 500
750 bis u. 1 650
unter 750

Ausländeranteil 1970 in %

- 0
- 0,1 bis u. 3,5
- 3,5 bis u. 6,5
- 6,5 bis u. 10,0
- 10,0 bis u. 13,0
- 13,0 bis u. 20,0

III. Räumliche Strukturmuster der Ausländer in der Gemeinde Karlsfeld bei München

Wie bereits erwähnt, besitzt die Gemeinde Karlsfeld den höchsten Ausländeranteil in der Region München. Die Entwicklung der Ausländerzahlen zeigt von 1970 mit 15,6 % bis zum Zuzugsstop Anfang 1974 mit 24 % eine enorme Zunahme in relativ kurzer Zeit. Durch den Zuzugsstop und die wirtschaftliche Rezession sank der Anteil 1976 auf 20 %, einen Anteilswert, der immer noch über dem von 1973 liegt[6]. Betrachtet man nun die Verteilung der Ausländer in Karlsfeld 1976 auf Baublockbasis (Karte 2), so zeigt sich zunächst eine relativ breite Streuung über das Gemeindegebiet. Relativ niedrige Werte sind vor allem in jenen Bereichen zu finden, in denen in den letzten Jahren Ein- und Zweifamilienhäuser erbaut wurden, die vorwiegend von Deutschen bewohnt werden.

Im folgenden sollen nun die Gebiete herauskristallisiert werden, in denen der hohe Ausländeranteil zu Konzentrationserscheinungen geführt hat, die sich in der Struktur der Gemeinde niederschlagen.

— Eine erste starke Konzentration ergibt sich im Bereich nördlich des Industriegeländes. Hier in der Nähe von Industrie- und Gewerbebetrieben finden sich häufiger Ausländerwohnbereiche, da es sich zum einen um betriebseigene Wohnbereiche handelt, zum anderen aber, da es Gebiete sind, die durch die unmittelbare Nähe zum Industriegelände und die damit verbundenen Emissionen von der deutschen Bevölkerung nicht mehr als Wohngebiet angenommen werden, von den Ausländern aber auf Grund der Nähe zum Arbeitsplatz akzeptiert werden.

— Eine zweite Konzentration ist im nördlichen Bereich von Alt-Karlsfeld (östlich der Allacher Straße), zu verzeichnen. Hier handelt es sich um einen Ein- und Zweifamilienhausbereich mit alter vernachlässigter Baustruktur. Es handelt sich um ein Gebiet mit typischer Sanierungsproblematik, wie sie uns aus den Großstädten bekannt ist. Gerade diese Wohnungen werden nun an Ausländer vermietet, da die deutsche Bevölkerung die hohen Mieten im Vergleich zur Wohnungsqualität nicht mehr zahlen will und nach und nach auszieht, die Ausländer aber einerseits nicht so hohe Ansprüche an die Wohnungsausstattung stellen und andererseits auf Grund des knappen Wohnungsangebotes auf solche Unterkünfte angewiesen sind. Ähnliche Probleme treten in der Münchner Straße auf, wo die Ausländer zum Teil in umgebauten Scheunen wohnen. Diese Bereiche gehören zu den Problemgebieten der Gemeinde, denn in wenigen Jahren werden die jetzt schon erkennbaren Mängel durch die Überbelegung mit Ausländern und das Desinteresse der deutschen Hausbesitzer an einer Renovierung noch verstärkt auftreten. Diese angesprochenen Bereiche ähneln jenen sogenannten „Gastarbeitervierteln", die wir aus zahlreichen Untersuchungen u. a. von Frankfurt, Berlin und München kennen[7]. In München sind dies vor allem Bereiche in der Innenstadt sowie die Innenstadtrandbezirke, Gebiete, die durch starke bauliche Mängel gekennzeichnet sind und zum Teil zur Flächensanierung anstehen[8].

---

[6]) Topos: Gemeinde Karlsfeld..., a. a. O., S. 10 f.

[7]) M. Borris: Ausländische..., a. a. O., S. 130; A. F. Cato: Gastarbeiter: Gäste im Ghetto. In: structur, Heft 4, 1976, S. 73; Landeshauptstadt München: Kommunalpolitische..., a. a. O., S. 43 f.

[8]) Vgl. Landeshauptstadt München: Kommunalpolitische..., a. a. O., Kartenbeilage, sowie H. Schrettenbrunner: Wanderbewegungen am Arbeitsmarkt (Gastarbeiter in der BRD). In: W. Benicke (Hrsg.): Geographie, Frankfurt a. M., 1973, Karte 20.

Karte 2
Sozialgeographische Strukturanalyse von Karlsfeld
Anteil der Ausländer an der Wohnbevölkerung 1976

Anteilswerte in %
- 0
- unter 10
- 10 bis u. 15
- 15 bis u. 25
- 25 bis u. 40
- 40 bis u. 76

Quelle: Einwohnerkartei der Gemeinde Karlsfeld
Entwurf: J. Maier
Grundkarte: F. Eder
Kartographie: H. Sladkowski
Wirtschaftsgeographisches Institut der Universität München 1976/77
Vorstand: Prof. Dr. K. Ruppert

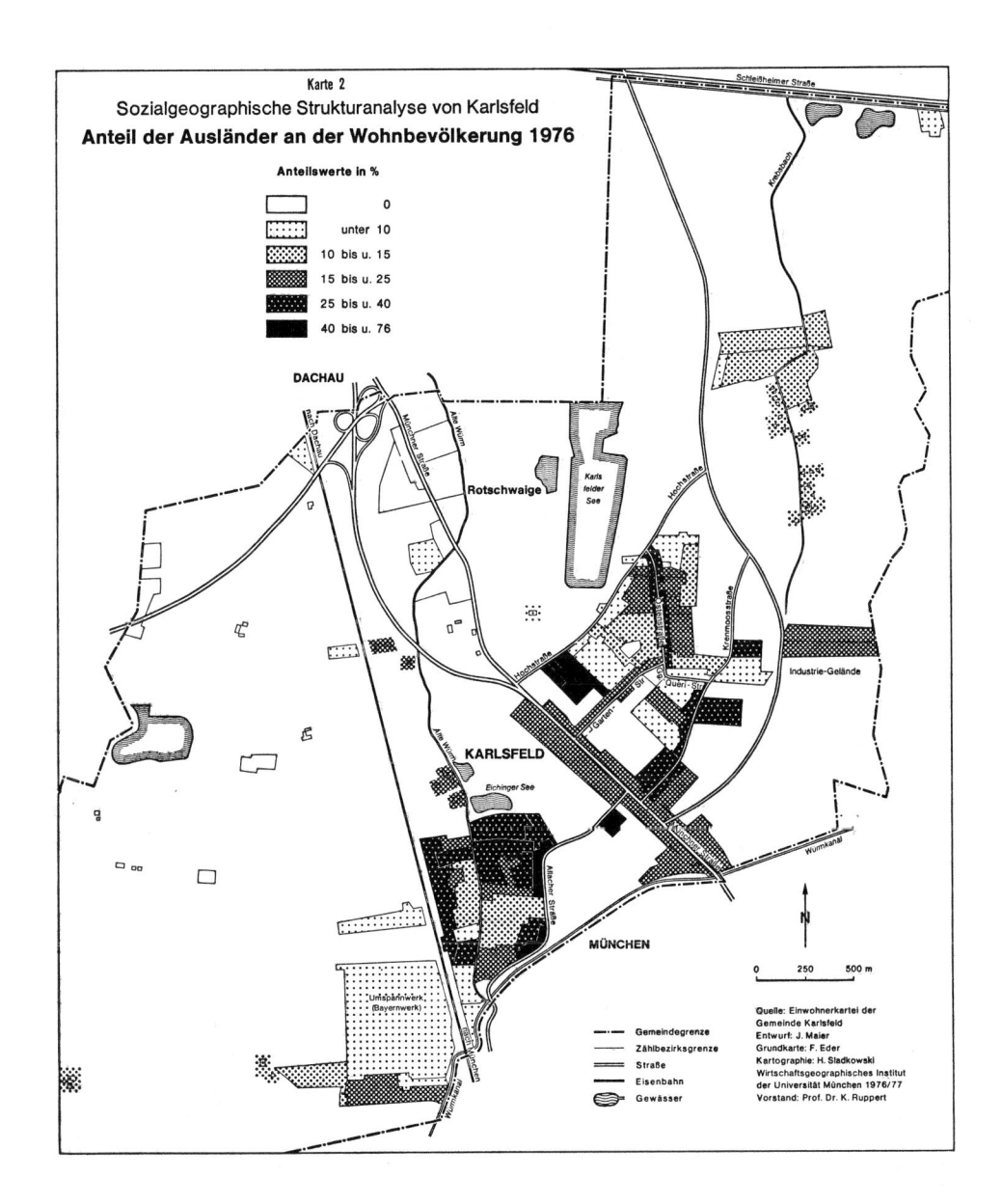

— Im Gegensatz zu diesen Typen ist die dritte Konzentration zu sehen, die zwischen der Garten- und Hochstraße, nahe dem neuen geplanten Zentrum von Karlsfeld liegt. Hierbei handelt es sich um zwei Hochhausblocks, die zum Teil von Ausländern bewohnt werden, während die umliegenden Ein- und Zweifamilienhäuser vorwiegend Deutschen gehören. In den Hochhauskomplexen traten 1970 Ausländeranteilswerte von bis zu 77 % auf. Hier drückt sich aber keine Sanierungsproblematik aus, denn die Blocks wurden erst vor wenigen Jahren errichtet. Dies zeigt sich auch darin, daß in den letzten Jahren der Ausländeranteil zurückgegangen ist, und von der Gemeinde gefördert Deutsche eingezogen sind. Die Konzentration der Ausländer drückt hier vielmehr jenes Bedürfnis nach direktem Kontakt zu Landsleuten oder Leuten gleicher Zuwanderungssituation aus. Denn diese Kontakte bieten eine erste Hilfe zum Einleben und zur Anpassung an die neue Umgebung.

— Als letztes möchte ich noch einen anderen Typ der Wohnsituation von Ausländern beschreiben, der allerdings in der Karte nicht durchschlägt, da er quantitativ noch nicht von so großer Bedeutung ist, aber für die weitere Gemeindepolitik von Bedeutung ist. Einige Ausländer haben sich bereits in die Ein- und Zweifamilienhäuser im Ortszentrum eingemietet oder bereits Eigentum erworben. Bei dieser Gruppe scheint die Integration in der Gemeinde bereits relativ groß zu sein, der Eigentumserwerb deutet an, daß sie in der Bundesrepublik Deutschland bleiben will.

Ein Vergleich mit der Situation 1970 zeigt eine Verstärkung der Konzentration in den oben genannten Schwerpunkten, während es in anderen Gebieten (z. B. Rotschwaige) zu einem Rückzug gekommen ist. Man kann also von einem Prozeß der räumlichen Konzentration der Ausländer sprechen, kaum aber von einer Ghettobildung, wie sie gelegentlich in der Literatur angesprochen wird. Denn die Ghettobildung impliziert eine räumliche und soziale Abkapselung aufgrund von rassischen oder sozialen Gegensätzen mit klaren Grenzen nach außen. Die ist hier aber keineswegs gegeben, vielmehr bestehen zahlreiche Kontakte zur deutschen Bevölkerung. Außerdem zeigen auch die Ausländer eindeutige Integrationsabsichten, die in einer kleinen Gemeinde wie Karlsfeld eher zu verwirklichen sind wie in Großstädten, in denen die Isolierung doch größer ist.

Nach Herkunftsländern unterschieden kommen die meisten Ausländer in Karlsfeld aus Griechenland und Italien, es folgen Spanien, Jugoslawien und die Türkei. Die Differenzierung der Standorte der Ausländerwohnungen nach Herkunftsländern erlaubt ebenfalls räumliche Muster zu unterscheiden. Nehmen wir zunächst die Bereiche stärkster räumlicher Konzentration heraus, so dominieren im Wohngebiet nördlich des Industriegeländes und in den beiden Hochhausblocks die Italiener (mehr als 50 %). In Alt-Karlsfeld (östlich der Allacher Straße) hingegen machen die Griechen die Hauptgruppe aus, ebenso wie in einigen Schwerpunkten entlang der Ostenstraße (60 % und mehr). In allen anderen Standorten kommt es zu keiner dominanten Position einer Nationalität. Was die Jugoslawen betrifft, so ergeben sich keine räumlichen Schwerpunkte, sondern eine relativ disperse Verteilung auf die verschiedenen Standorte.

IV. Tendenzen der Integration der Ausländer

Von deutscher Seite kommt es zu keiner direkten Ablehnung oder Diskriminierung der Ausländer. Im allgemeinen kann man die Haltung als neutral bezeichnen, wie Befragungen der Karlsfelder Bevölkerung gezeigt haben. Die meisten Kontakte mit Ausländern bestehen am Arbeitsplatz, aber immerhin gaben 20 % der befragten Karlsfelder an,

Abb. 1

Altersaufbau der jugoslawischen Staatsangehörigen mit Wohnsitz in Karlsfeld 1976

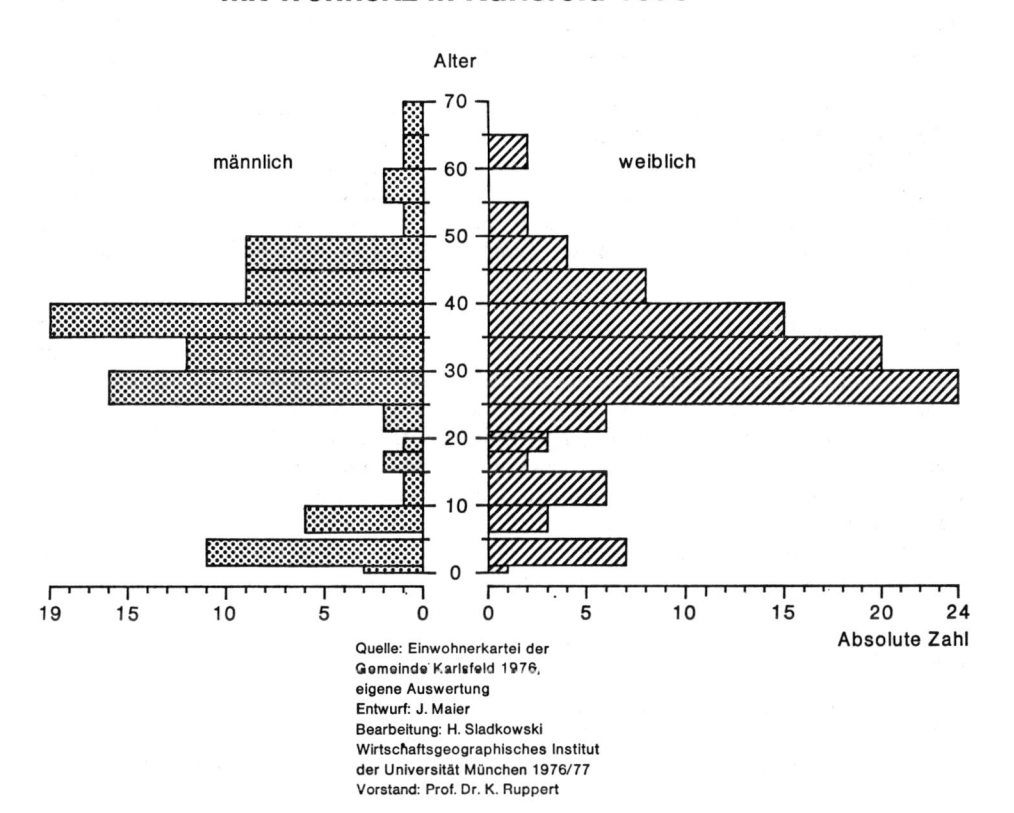

Quelle: Einwohnerkartei der
Gemeinde Karlsfeld 1976,
eigene Auswertung
Entwurf: J. Maier
Bearbeitung: H. Sladkowski
Wirtschaftsgeographisches Institut
der Universität München 1976/77
Vorstand: Prof. Dr. K. Ruppert

auch außerhalb des Arbeitsbereiches Kontakt zu Ausländern zu haben⁹). Unter den Kindern — der sogenannten zweiten Generation — sind die Kontakte natürlich viel intensiver.

Neben der Befragung der Karlsfelder wurde zusätzlich eine Befragung der jugoslawischen Arbeitnehmer in Karlsfeld durchgeführt. Insgesamt konnten 73 Fragebogen ausgewertet werden, das sind 55 % der in Karlsfeld registrierten Jugoslawen. Im Schwerpunkt kommen sie aus Slowenien, Kroatien, der Vojvodina und zum Teil aus Serbien. Es handelt sich überwiegend um junge, verheiratete Leute mit einem oder mehreren Kindern (21-40 Jahre 64 %, verheiratet 85 %, 1 und mehr Kinder 75 %) (Abb. 1). Bei den jugoslawischen Arbeitnehmern handelt es sich keineswegs nur um unqualifizierte Arbeitskräfte. 25 % hatten zwar keine abgeschlossene Schulausbildung und ein ebensohoher Prozentsatz arbeitete als Hilfsarbeiter, aber bereits 47 % sind Facharbeiter und 14 % sind sogar hochqualifizierte Fachkräfte (Ingenieur, Techniker, Kaufmann), möglicherweise aus Slowenien.

Die meisten dieser Jugoslawen leben bereits länger in Deutschland. 22 % sind zwischen 1960 und 1968 zugezogen, 64 % zwischen 1968 und 1971, hier ist der stärkste Boom zu verzeichnen, 12 % nach 1971. Während die Hälfte zunächst nach München zog und dann nach Karlsfeld übersiedelte, ging ein Viertel direkt nach Karlsfeld. Der überwiegende Teil — 70 % — lebten zum Befragungstermin bereits zwischen 4 und 8 Jahren in der Gemeinde. Dies deutet schon auf eine gewisse Persistenz hin und läßt vermuten, daß sich diese Leute schon in die Gemeinde eingelebt haben. Diese Tendenz zur Integration drückt sich auch in anderen Aussagen aus. Allein 50 % der Befragten wollten nicht mehr nach Jugoslawien zurückkehren, 14 % waren noch unentschlossen. Berücksichtigt man die unsichere rechtliche Situation, so ist dies ein sehr hoher Prozentsatz. Daß die Absicht, nach Jugoslawien zurückzukehren, nicht sehr groß ist, zeigt sich auch in der Besuchshäufigkeit des Heimatlandes. 29 % besuchen es nur einmal im Jahr, 41 % nur zweimal im Jahr, trotz der relativ kurzen Distanz.

Insgesamt ist wohl damit zu rechnen, daß ein größerer Prozentsatz der ausländischen Arbeitnehmer, die schon mehrere Jahre in Deutschland leben, für immer bleiben wollen. Damit werden aber auch Fragen der Integration für die Gemeindepolitik wichtig, die von der Wohnsituation der Ausländer über die Schulausbildung der Kinder bis zur Beteiligung an der Gemeindepolitik (z. B. Ausländerbeirat) reichen. Diese bisher vernachlässigten Probleme werden in den nächsten Jahren in verstärktem Maß auf die Gemeinden zukommen, wobei sich allerdings die ungeklärte politische Zielsetzung der Bundesregierung¹⁰) hemmend auf eine aktive Ausländerpolitik der Gemeinden auswirken wird.

---

⁹) Vgl. dazu H.-G. WEHLING, A. WERNER: Kleine Gemeinde im Ballungsraum, Stuttgart 1975, S. 40 ff.

¹⁰) Vgl. dazu W. W. PULS: Gastarbeiter..., a. a. O., S. 49—60, sowie Bundesanstalt für Landeskunde und Raumordnung: Regionalisierte Ausländerpolitik. In: Informationen zur Raumentwicklung, Heft 2, 1974.

Forschungs- und Sitzungsberichte
der Akademie für Raumforschung und Landesplanung

Band 122:

Zur Bedeutung rückläufiger Einwohnerzahlen für die Planung

Aus dem Inhalt:

		Seite
Karl Schwarz, *Wiesbaden*	Vorwort	VII
Paul Jost, *Saarbrücken*	Raumwirksame Effekte einer Bevölkerungsimplosion	1
Karl Schwarz, *Wiesbaden*	Auswirkungen der Wanderungen auf die Bevölkerungsentwicklung und die Altersstruktur	15
Welf Selke, *Bonn-Bad Godesberg*	Der Bevölkerungsrückgang in der Bundesrepublik Deutschland und seine Bedeutung für die Raumordnungspolitik	35
Gerhard Gröner, *Stuttgart*	Landwirtschaftliche Bevölkerung und ländlicher Raum seit 1960 in Baden-Württemberg	53
Wolfgang Schütte, *Stuttgart*	Planerische Richtwerte als Vorgaben für das künftige Entwicklungspotential der Regionen in Baden-Württemberg	91
Hans-Joachim Hoffmann-Nowotny, *Zürich*	Zur Soziologie demographischer Prozesse	105
Karl König, *Augsburg*	Geburtenrückgang und Konsequenzen für die Stadtentwicklung	129
Siegfried Schmeling, *Kassel*	Die Bedeutung sozialer Verhaltensweisen für die Vorbereitung von Planungsentscheidungen für die Stadtentwicklung	161
Heinrich Klose, *Kassel*	Bevölkerungsentwicklung und ihre Auswirkungen auf die Infrastruktur im Landkreis Kassel	187
Gerd Markus, *Bremen*	Bevölkerungsprognosen im Rahmen langfristiger städtischer Entwicklungs-Rahmen-Planung	207
Gerd Markus, *Bremen*	Infrastrukturelle Folgen abnehmender Einwohnerzahlen	229
Karl-Heinz Dehler, *Hanau*	Planungsprobleme bei städtischem Einwohnerrückgang	247

Der gesamte Band umfaßt 279 Seiten; Format DIN B 5; 1978; Preis 48,— DM

Auslieferung
HERMANN SCHROEDEL VERLAG KG · HANNOVER

Forschungs- und Sitzungsberichte
der Akademie für Raumforschung und Landesplanung

Band 125:

Beiträge zum Problem der Suburbanisierung (2. Teil)

Aus dem Inhalt:

Seite

Olaf Boustedt, München	Vorwort	VII
Hans Hellberg und Hans-Georg Strauf, Hamburg	Suburbanisierung unter veränderten Rahmenbedingungen?	1
Jürgen Friedrichs, Hamburg	Steuerungsmaßnahmen und Theorie der Suburbanisierung	15
Hans-Gottfried v. Rohr, Hamburg	Die Steuerung des Suburbanisierungsprozesses — Möglichkeiten und Grenzen zwischen Wohnungspolitik und Regionalentwicklung	35
Olaf Boustedt, München	Überlegungen zur planerischen Beeinflussung der Suburbanisierung	69
Gerhard Stepper, Hannover	Landesplanerische Ordnungs- und Entwicklungsvorstellungen für den suburbanen Raum	85
Klaus Fischer, Mannheim	Ziele und Instrumente zur Steuerung des Suburbanisierungsprozesses	97
Karl König, Augsburg	Suburbanisierung und Stadtverkehr — Räumliche Differenzierung der Daseinsgrundfunktionen und deren Einflüsse auf den Pendelverkehr zur Kernstadt, dargestellt am Beispiel der Stadtregion Augsburg —	127
Anneliese Siebert, Hannover	Probleme der territorialen Neugliederung in suburbanen Räumen	157
Hans-Friedrich Eckey, Sprockhövel	Das Suburbanisierungsphänomen in Hamburg und seinem Umland	185

Entschließung der Ministerkonferenz für Raumordnung zur Gestaltung der Ordnungsräume vom 31. Oktober 1977 211

Der gesamte Band umfaßt 214 Seiten; Format DIN B 5; 1978; Preis 48,— DM

Auslieferung
HERMANN SCHROEDEL VERLAG KG · HANNOVER